아주
정상적인
아픈
사람들

일러두기

이 책은 2019년에 출간된 《죽고 싶은데 살고 싶다》의 개정판이다.

이 책의 등장인물은 모두 실존인물이며, 저자 폴 김을 제외하고 가명을 사용했다.

아주
정상적인

아픈
사람들

폴 김+
김인종

마
름
모

사람들은 스스로 정상이라고 생각하며 살아간다.

이 착각에서 깨어날 때 회복이 시작된다.

이 책은 그 착각과 회복의 기록이다.

마지막 전선에서 온 통신이다.

2부 무너지는 가족

3부 생명의 강

4부 역전시키는 삶

10 딜레마의 역전

11 고통의 공유

1부

보이지 않는
전쟁

왜 나의 고통은 끝나지 않으며,
왜 나의 상처는 중하여 치료되지
않는 것입니까?

예레미야

영혼의 전쟁터 브라이언

2003년. 아프간 전쟁에 해병으로 파견됐던 브라이언이 돌아왔다. 해병 중위의 계급을 달고 있었다. 식당에 종화와 마주앉은 그는 치아가 환하게 드러나던 10대 시절의 웃음은 사라졌다. 승리한 전쟁에서 돌아왔지만 활기는 예전 같지 않았다.

"벙커에 폭탄이 날아들었어. 큰 소리와 함께 벽들이 무너지고 나는 허공으로 날아가 떨어졌지. 귀가 먹은 줄 알았어. 이

마에서는 피가 흐르고. 아무 소리도 들리지 않는데 연기와 먼지 속에서 부대원들이 뛰는 모습이 무성영화처럼 보이더군. 공포와 혼란이 마치 슬로비디오 같았어."

눈을 떠보니 앞에는 지프차가 뒤집혀 있었다. 꿈에서 깨어난 듯 브라이언은 부대원들을 부르며 옆에 떨어진 자신의 자동소총을 집어 들고 벙커의 더 낮은 위치로 뛰었다. 그날 여섯 시간 동안 아홉 명의 부대원들이 폐기된 건물과 연결된 벙커 안에서 탈레반과 총격전을 벌였다. 두 대의 지프차는 모두 파괴됐고 무전은 연결되지 않았다. 부대원들은 통신과 지원이 두절된 아프가니스탄의 한 촌락에서 되풀이해 총격을 가해오는 탈레반과 싸웠다. 얼마 후 탈레반은 일곱 구의 시체를 두고 사라졌다. 총격전 끝 무렵에 브라이언의 옆에 있던 동료 한 명이 숨졌다. 아무 말도 남기지 않고 한순간에 떠났다.

"전쟁이 이긴 줄 알았는데 계속되더라고."

브라이언은 왜 그날 본부와의 통신수단이 모두 끊겼는지 이해가 가지 않는다. 부대원들은 홀로 남겨진 가운데 기약 없는 싸움을 벌여야 했다. 통신이 연결돼 헬리콥터 지원을 받았더라면 상황은 일찍 종료됐을 테고, 동료도 살아서 함께 부대로 돌아올 수 있었을 것이다. 구조와 지원이 없는 전선에서 그들은 자신들만을 의지해 싸워야 했다.

브라이언은 인생에 어느 순간 자신만 남겨질 때가 있음을 알게 됐다. 그가 어릴 적부터 배우며 믿고 의지했던 신도 아무런 대답도 보내주지 않으며, 절박한 외침과 기도에도 불구하고 견딜 수 없는 침묵만 이어진다. '전쟁터의 참호 안에서는 무신론자가 없다'는 말처럼, 브라이언은 참호 안에서 하나님을 불렀다. 그러나 하나님의 응답이 없을 수 있고, 그로 인해 참호 안에서는 무신론자가 생겨날 수도 있다.

브라이언은 인생에서 총질과 폭음과 두려움과 기약 없는 기다림밖에 없는 때가 있음을 알게 되었다. 그곳은 다른 아무런 수식어가 없는, 그저 죽음과 삶 둘 중 하나만 존재하는 곳이었다. 부와 가난, 선과 악, 정의도 이념도, 그렇게 붙들었던 진리도 그저 형용사들에 불과했고, 다만 두 가지 주어, '삶'과 '죽음'만 있는 곳이었다. 두 개의 주어만 존재하는 곳. 그리고 그가 믿던 하나님과의 통신이 끊긴 곳.

"그곳은 내가 성경에서 보던 곳이었어. 이상하고 이해가 가지 않는 장면이었지. 아프가니스탄에서 그곳이 어떤 곳이라는 걸 알았어."

예수가 이 잔을, 죽음의 잔을 치워달라고 '땀방울이 핏방울이 되도록' 매달렸던 기도가 침묵으로 돌아왔던 곳. "어찌하여 나를 버리십니까?"라고 마지막으로 외쳤던 나무 위. 하나님의 반응이 없는 곳. 브라이언은 그날 참호 속에서 그곳을 경험했다.

종화가 로스앤젤레스의 고향 집으로 돌아온 그를 만났을 때, 그는 어린 시절의 값진 추억을 많이 잊고 있었다. 둘은 동네 쇼핑몰에 새로 오픈한 햄버거 가게에서 마주 앉았다.

"샌 디마스 레이크에서 보트를 탔을 때는 매튜가 호수 한가운데서 물속으로 뛰어들었잖아. 내 보트로 헤엄쳐 왔지."

종화의 말에 브라이언은 매튜를 생각하며 미소를 지었다.

"매튜 어머니는 어떻게 지내?"

"소식 못 들었어? 여기서는 매튜 생각을 떨칠 수가 없다고 뉴욕으로 이사 갔어. 매튜 동생이 뉴욕에서 자리를 잡았거든. 매튜 엄마는 매튜가 엄마를 구하고 대신 죽었다고 많이 괴로워했잖아."

매튜는 고등학교 2학년 때 엄마가 운전하는 차를 타고 집으로 돌아오다가 음주운전 차량과 충돌하며 숨졌다. 음주운전 차량은 빨간불을 무시하고 달리다 매튜가 탄 조수석으로 돌진했고, 이 차량을 먼저 발견한 매튜는 충돌 직전 운전석의 엄마를 덮치며 감싸 안았다. 매튜는 현장에서 사망했다.

매튜의 엄마는 나중에 매튜가 오른쪽 허리에 찼던 핸드폰이 부서져 있는 것을 보았다. 핸드폰과 함께 부서진 아들의 몸이 그녀를 구한 것이다.

"매튜 어머니는 우울증으로 고생했는데 동부 쪽으로 이사를 간 후 소식이 없네."

"우리를 볼 때마다 많이 우셨지."

브라이언이 허공을 쳐다보며 기억을 더듬었다. 그는 차분했지만 대화에 집중하지 못했다. 때때로 어색한 침묵이 흘렀다.

"법무부에 일이 생겼어. 정보 관련 일인데 아프간 파병 장교를 우선적으로 채용해주더군. 우리 자주 못 만날 거야."

10여 년 만에 만난 그들은 그동안 각자가 갈라진 길들로 멀리 갔음을 깨달았다. 공통된 현재는 없었고, 과거는 많이 사라졌다. 미래에는 더욱 멀리멀리 헤어질 것 같았다. 아프가니스탄에서의 고립된 전투 이후 그에게 어떤 일들이 벌어졌는지는 다 알 수 없었지만 종화는 그가 트라우마 속에 있음을 보았다. 때때로 화제를 놓치기도 했다. 전에는 없던 일이었다.

"너 보니까 참 좋다. 우린 좋은 친구였던 건 확실해. 잘 버티자. 행운을 빌게."

그날 헤어지던 브라이언의 말이었다.

2년쯤 지난 어느 날 브라이언의 어머니에게서 종화에게 연락이 왔다. 브라이언에 대해 의논할 일이 있다고 집으로 와주었으면 했다. 브라이언의 어머니는 많이 늙어 있었다. 브라이언의 아버지는 옛날 그대로 얼굴이 환하게 펴지는 미소로 종화를 맞았다.

"곰이 상상했던 만큼 그렇게 크지 않다고 했었지?"

그는 종화가 세쿼이아 국립공원에서 만났다던 곰 이야기를 꺼내며 말을 이었다. 오랜만에 만난 두 남자의 대화를 듣던 어머니가 브라이언이 방에서 자고 있다며 속삭이듯 말했다. 긴장되고 걱정스러운 표정이었다.

"브라이언이 병을 앓고 있어."

3개월쯤 전에 일을 그만두고 외출을 거의 하지 않는다며, 방 안에서만 지내면서 때로는 사소한 일로 분노를 폭발한다고 했다. 브라이언은 제대한 후 연방 검찰에서 일을 해왔다.

"어제 아는 의사에게 상담했더니 정신과 전문의를 만나야 한다네."

최근에는 그의 방에서 동아줄이 발견됐는데, 머리를 집어넣을 수 있는 묶임까지 완성돼 있었다.

"요즘 자주 차고를 드나드는데, 천장이랑 대들보 기둥들을 살펴보면서 수상한 행동을 해. 살고 싶지 않다는 말도 중얼거리고."

어머니와 얼마간 얘기하고 있을 때 브라이언이 방에서 나왔다. 그는 표정 없이 종화 앞에 앉았다. 잠시 침묵이 흐른 후 그는 종화를 보며 말했다.

"총으로는 쉽게 끝내버릴 수 있는데. 나 좀 도와줄 수 있어?"

그는 오른손 검지로 자기의 머리를 가리키며 방아쇠를 당기는 시늉을 했다. 상황은 심각했다. 브라이언은 자살 충동에 휩싸여 있었다. 브라이언의 병세가 나타나면서 부모는 위험성을 감지하고 집 안에 있는 총기를 모두 치워버렸다.

브라이언은 지금 종화에게 총을 구해달라고 말하는 중이었다. 자살을 시도하는 사람들은 한 번에 성공하는 방법을 찾기 마련이다. 부상을 입은 채 다시 살아난다는 것은 그들에게 가장 끔찍한 시나리오이다. 브라이언은 벌써 여러 경로로 죽음을 찾고 있었다.

그날 종화는 정신병원으로 전화를 걸었다. 브라이언의 치료나 입원 여부를 알기 위해서였다. 정신병원에서는 우선 일반 병원으로 가서 브라이언의 건강 상태가 어떤지, 정신병동에 입원 가능한지를 확인해보라고 했다. 종화와 브라이언 가족들은 브라이언의 생명이 위험하다고 병원에 설득했고, 결국 그날 오후 구급차가 집에 도착했다.

그 후로 10년. 브라이언은 그가 말한 '잘 버티기'에 자주 실패했다. 기대했던 미래와는 다른 시간들이 덮쳐왔다. 어떤 삶에는 대개의 인간이 살아보지 않은, 아니 볼 수조차 없는 또 다른 세상이 있었다. 어느 날 영혼의 격전장에 서 있는 자신들을 보게 되고, 어둠이 지난 2000년간 어떻게 연명하며 선한 인간들을 포섭해왔는가도 알게 됐다. 때로는 뜻하지 않게 던져진 전쟁터에 서 있기도 했다. 뼈와 살이 부서지는 아프가니스탄의 싸움터가 아니다. 어느 순간 실존하는 세력에 의해 하이재킹을 당했다. 브라이언이 폭발하는 벙커 속에서 본 것과 비슷한 어둡고 먼지 자욱한 파괴 속으로 끌려왔다. 영혼의 전쟁터였다.

뇌기능장애자들, 정신질환자◆들은 이곳에서 싸움을 벌이고 있다. 그들의 뇌 안테나가 작동을 멈추었다. 혹시 작동이 되더라도 구조의 답신이 오지 않는 경우도 있다. 정신질환자들의 삶 그리고 그들과 함께 살아가는 삶들은 어떤 기약이 없는 삶이기도 하다. 그리고 이 영혼의 싸움터에서의 또 다른 발견은 이 세상의 거의 모든 사람이 알게 모르게 정신적 장애를 겪으면서, 정신질환의 거대한 스펙트럼에 포함되어 있다는 사실이다.

◆　'정신질환'이라는 단어는 사실 애매하고 차별적인 용어다. 위장이 아플 때 '위장질환'이라고 부르지 뭉뚱그려 '육체질환'이라고 명명하지 않는다. 그러나 뇌기능장애나 뇌질환은 그냥 모두 '정신질환' '정신병'으로 부른다. 이렇게 명확히 구별 짓지 않고 모호하게 부름으로써 이 질환들을 터부시하고 죄악시하는 차별과 편견의 뉘앙스를 만들어간다. 정신병, 정신질환이란 인간의 최고 관제탑인 뇌의 기능에 이상이 생긴 육신의 병의 하나이다. 심장병도 심부전, 심장마비, 동맥경화 등의 구체적인 병명이 구별되듯이, 정신질환도 증세에 따라 뇌기능장애 혹은 뇌질환과 같이 구체적이고 의학적인 이름으로 불러야 한다는 인식은 많이 확산됐다. 정신질환, 정신병이란 뇌라는 '육체의 한 부분'에 생긴 병이다. 이 책에서는 많은 부분에서 정신질환을 '뇌질환' 혹은 '뇌기능장애'라는 용어로도 표현했다.

무지의 세계 선혜

　고등학교 시절 선혜는 목표하는 대학이 있었다. 그 대학이 요구하는 학업 성적과 지원자들의 극심한 경쟁 때문에 가족들은 망설였지만 선혜의 도전 의지를 막을 수 없었다. 그녀는 열심히 공부했다.

　그녀의 부모는 딸에게 안전한 선택을 바랐다. 학교 선생님도 만일에 일어날지 모를 위험스러운 결과를 원하지 않았다. 그녀는 이 같은 주위의 권유에 자신의 바람을 접었다. 기준을 낮추어 원하지 않는 대학에 합격했다.

　한 학기를 다니면서 그녀는 그 대학 분위기와 문화에 적응하기가 어려웠다. 그 대학은 남성적인 문화가 지배하고 있었다. 여학생들이나 신입생들은 그 문화에 맞춰 당연히 따라가는 분위기였다. 수업에서 느끼는 학문적인 성취에도 만족할 수 없었다. 선혜가 말한 이런 이유들은 그녀가 원했던 대학을 가지 못했던 불만에서 찾아진 것들일 수도 있었다.

　한 학기가 끝나갈 무렵 선혜는 원래 그녀가 목표로 했던 대학에 다시 도전하기로 결심했다. 가족들은 선혜의 이야기를 대수롭지 않게 여기며 반대했다. 선혜는 가족 간의 의사결정에 큰 역할을 하는 오빠에게 호소했다. 오빠와는 말이 통할 것 같았다.

"오빠, 나 휴학하고 대학 준비 다시 할래."

그러나 오빠의 반응은 의외로 간단하고 실망스러운 것이었다.

"그 대학이 어때서? 그냥 다니지."

"아니, 나에게 좀 더 맞는 대학을 가고 싶어."

"그 정도면 됐지, 여자가 뭘……"

오빠는 여동생의 꿈을 하찮은 것으로 여겼다. 오빠는 자신의 이 말에 반응하던 선혜의 표정과 한마디 대답을 지금도 잊지 못한다.

"여자가 뭐라고?"

선혜는 믿었던 오빠에 대한 실망과 놀라움 그리고 꺾인 자존심 때문에 달라진 눈빛으로 오빠를 쳐다보았다. 선혜는 그렇게 그 대학을 계속 다녔다.

1년이 지나면서 선혜는 학교에 가지 않고 집에만 있기 시작했다. 말수도 적어졌다. 고등학교 시절에도 가끔 그렇게 방에만 틀어박혀 있는 날들이 있었다. 학교에 다녀오면 방에서 나오지를 않았다. 가족들은 당시 선혜가 입시 공부를 하느라 그러는 줄 알았다.

그러나 이번에는 경우가 조금 달랐다. 선혜는 아침에 늦게 일어났고 온종일 방에 있으면서 식사도 별로 하지 않았다.

"식사하자" "학교 가야지"라고 말하는 부모에게 화를 냈다. 그렇게 열심히 봉사하던 교회도 차츰 발을 끊었다.

그리고 그녀의 이상한 증상이 드러나기 시작했다. 용모를 다듬지 않고 옷차림새가 어울리지 않았다. 혼자 뜻 모를 말도 자주 했다.

어느 비 오는 날 그녀는 빗속에 맨발로 나가 있었다. 비를 맞으며 혼자 노래를 부르면서 동네를 걸었다. 이를 목격한 동네 이웃에게서 무슨 일이 있느냐고 연락이 왔다. 가족들은 선혜가 정상이 아님을 깨달았다.

"그때 병원을 갔어야 했습니다."

당시를 회고하는 오빠의 말이다. 선혜 아버지는 교회의 장로이고 어머니는 권사로서 신실한 크리스천들이었다. 선혜 부모와 장남인 오빠는 자연스럽게 교회 담임목사를 찾아갔다.

"기도합시다. 영적인 공격입니다. 하나님이 고쳐주실 겁니다."

목사는 팽팽한 긴장감으로 확고하게 말했다. 이때부터 가족들은 기도에 매달렸다. 고등학교에 다니던 선혜의 두 여동생도 기도에 합류했다.

그러나 그 기도와는 상관없이 선혜의 병세는 계속 악화했다. 담임목사는 선혜의 악화하는 병세를 접할수록 더욱 강한 기도를 원했다.

"귀신이 들린 겁니다."

온 가족이 며칠씩 금식을 했고, 새벽기도에 매달렸다.

어느 날 어머니는 선혜가 온종일 방에서 혼자 중얼거리고 있다고 했다. 오빠가 들어가보니 여동생은 옆에 누가 있는 듯 소리를 내어 대화하고 있었다. 오빠는 순간적으로 생각했다.

'아, 이 애한테 확실히 뭐가 씌었구나!'

"제가 그때 그 증세가 환청이나 환시라는 것만 알았어도 병원에 데리고 갔을 겁니다."

오빠는 30년이 지난 지금도 그때를 떠올리면 걷잡을 수 없는 후회가 밀려온다. 그때 오빠는 병원 대신 즉시 교회로 달려가서 밤샘 기도를 하며, 동생에게서 귀신이 떠나게 해달라고 외쳤다.

어느 날 동생은 "팔목 위로 무엇이 기어 다닌다"며 팔목을 자꾸 긁었다. 오빠는 선혜의 팔목을 들어올려 보았다

"자, 봐라. 팔목에 아무것도 없어. 뭐가 기어 다닌다는 거야?"

"오빠, 그게 없다고 해도 나는 그 기어 다니는 벌레를 느껴. 참을 수가 없어."

이때도 오빠는 동생의 몸에 귀신이 장난친다고 확신했다.

"지금은 그것이 환각증세 중 하나인 환촉幻觸이라는 걸 알

고 있죠. 정신질환에 조금만 관심을 두었다면 그런 기본적인 지식을 알 수가 있었는데……"

교회 중책들이 집으로 와서 선혜를 붙들고 소리치며 기도했다. 선혜가 반항할수록 그들은 더 세게 그녀를 몸으로 누르고 "예수 그리스도의 이름"으로 안수라는 것을 했다. 이를 비웃기나 하듯 선혜의 병세는 더욱 심해졌다.

어느 날 집에서 난동을 부리는 선혜를 가족들이 팔다리를 붙잡고 기도했다. 오빠는 온 힘을 쓰며 반항하는 여동생을 때리며 "귀신아 떠나가라!"고 소리쳤다. 어머니는 울며 말했다.

"얘야. 동생을 때리지는 말아라."

그날 오빠는 후회하며 여동생이 지쳐 쓰러져 있는 방에 들어가봤다.

누워 있는 선혜가 방에 들어온 오빠의 눈을 쳐다보며 흐느끼듯 말했다.

"오빠, 나 귀신 들린 거 아냐…… 그런 거 아냐……"

오빠는 아직도 동생의 그 절절한 눈빛을 잊지 못한다.

"저는 그때 '아, 동생이 진심을 말하는구나'라는 생각이 들었습니다."

오빠는 이를 설명하려고 또 목사를 찾아갔다.

"동생이 귀신이 들린 게 아니라고 말합니다. 저도 그런 생각이 듭니다."

그러나 목사의 신념은 변함없었다.

"사탄은 처음부터 거짓의 영靈입니다. 그 거짓말에 넘어가면 안 됩니다. 속으면 안 됩니다!"

목사는 가족들의 신앙과 기도에 문제가 있다며 '간절한' 기도를 요구했다. 가족들, 선혜의 아빠와 엄마, 오빠, 두 여동생은 더욱 기도에 매달렸다. 집은 날마다 기도 외치는 소리와 선혜의 발작으로 시끄러웠다.

그렇게 10년의 세월이 흘렀다. 가족들은 지칠 대로 지쳤다. 선혜의 병세는 나아지기는커녕 내리막길로 달려갔다. 부모가 지친 것은 물론 여동생들은 집에서 함께 살 수가 없었다. 선혜는 폭력적으로 변해갔다. 칼을 들고 가족들에게 달려들기 시작했다. 부엌에서 칼을 잡고 달려드는 선혜를 제압하는 순간을 놓치면, 온 가족이 방으로 뛰어들어가 문고리를 잡았다. 선혜는 칼로 문짝을 찍어댔다. 어느 순간 칼이 쟁그랑하고 바닥에 떨어지는 소리를 오빠는 지금도 기억한다. 그 칼 떨어지는 소리는 그에게 트라우마로 남아 있다.

오빠는 절망했다.

"저는 그때 더 이상 생을 지탱해갈 힘이 고갈됐습니다. 죽기로 결심했습니다. 그리고 하나님 앞에서 그 결심을 얘기했습니다. 그러나 제가 죽으면 아픈 선혜와 함께 남은 가족들은

26

어떻게 됩니까?"

가족들의 기도는 소용이 없었고 어느 날 또다시 선혜가 칼을 들었을 때 가족들은 생명의 위협을 느꼈다. '이러다가 살인사건으로 우리 가족이 신문에 나겠구나.' 오빠는 경찰을 불렀다. 출동한 경찰은 선혜를 곧장 정신병원으로 이송했다.

"왜 이제야 오셨습니까?"

선혜를 진찰한 의사의 첫 마디였다.

"10년 동안 뭐하셨습니까? 왜 이 지경이 되도록 방치하셨습니까?"

오빠를 포함해 가족들은 아무 말도 하지 못했다.

"우울증, 조현병이 복합적으로 발병해서 아주 악화했습니다. 이런 병은 발병 초기에 치료했어야 합니다. 그러면 정상 생활도 가능했죠. 너무 오래도록 병을 악화시켰군요."

선혜의 치료는 그렇게 시작됐다. 선혜의 병은 가족들이 그렇게 매달리던 기도, 그렇게 떠나가라고 외쳐대던 귀신과는 상관이 없었다.

병원에서 치료를 받은 얼마 후, 선혜는 조용해졌고 대화가 통했다. 가족들에게는 기적 같은 일이었다. 두 달을 병원에서 머물며 약을 먹고 치료를 받은 후 많이 회복돼 집으로 돌아왔다. 그러나 그녀는 정상적인 삶을 꾸려갈 수 없었다. 너무 늦게 치료를 시작한 탓이었다. 원하던 대학 공부도 계속할 수 없었다. 선혜는 그렇게 조개껍데기 속으로 들어갔다. 세상과 단절돼 살아야 했다.

선혜의 오빠는 고통의 세월 속에서 동생을 보살피며 목사가 됐다. 그가 폴 김이다.

폴은 그 후로 25년간 선혜와 같은 환자들과 그 가족들을 찾아 캘리포니아 곳곳을 다녔다. 뇌기능장애, 정신질환에 대한 무지와 편견과 싸우고 있다. 환자들과 그 가족들이 아무런 도움이나 희망 없이 살아가고 있는 곳, 그 전쟁터에서 그들과 '함께'한다. 그 전쟁터는 아무런 구조의 신호나 응답이 없는 곳도 많다. 폴은 하나님의 침묵이 하나님이 없음을 뜻하는 것이 아님을 잘 알고 있다. 알 수 없다고 해서 그 존재가 없는 것도 아니다. 알 수 없는 침묵과 함께 버티는 곳이 마지막 전선이다.

폴에게는 처방전도 없고, 병을 몰아내는 기적의 능력도 없다. 다만, 아픈 사람 그리고 아픈 사람만큼 고통당하는 가족들을 위로하고 안내하며 '함께' 살아갈 뿐이다. 이 병과의 싸움은 '함께함으로써' 치료가 시작되기 때문이다. 이 책은 그 싸움 그리고 그 싸움을 함께하는 것에 관한 이야기이다.

가족이라는 딜레마 박문성과 스텔라

생물학에 '부모는 항상 자식을 이긴다'라는 연구가 있다 (R. D. 알렉산더). 그 주제의 모순을 증명하려는 '자식이 항상 부모를 이긴다'라는 역설도 있다. 생존경쟁과 유전자 싸움에 관련된 논쟁들이다. 이들 학설에 따라 가정 내에서 부모가 이기든 자식이 이기든 어느 한쪽으로 결론을 내기는 힘들다. 논제 자체가 검증이 불가능한 가설일 수 있다. 일반적으로 부모와 자식 관계를 이기고 지는 관점으로만 보기는 어렵기 때문이다.

그러나 교육·법률·종교 등을 통한 구체적인 제약이나 간섭이 작용하지 않으면 이 싸움의 승자는 엉뚱한 제삼자, '악'이 될 수 있다. 악은 어떤 경우 이러한 특별한 간섭의 힘까지도 압도해버린다. 악의 활동이란 시각에서 보면, 힘이나 체격, 처세술이나 지식 그리고 경제권에서 대부분 (자식이 10대가 될 때까지 혹은 그 후에도) 자식을 압도하는 부모가 자식을 이긴다. 이 같은 부모의 압도를 막아낼 법이나 규범이 작동하지 않을 때 문제는 어려워진다. 가정 내에서 종종 이 규범이나 병에 대한 무지, 가부장적 가치관으로 인해 비극적 결과들도 발생한다.

가정이라는 폐쇄적인 울타리 안에서 가족 상호 간에 일어나는 파괴와 상처는 그 심각성에도 불구하고 외부에 노출되지 않을 때가 많다.

박문성 씨는 한국군으로 월남전을 다녀온 사람이다. 그는 자신의 정체성을 월남 파병 군인에서 찾을 정도로 그 시절과 군인정신(과연 참된 군인정신인지는 모르겠지만)을 자랑하고 있다. 그것을 자신의 인생의 동력으로 여기고 있다.

박 씨는 한국에서 결혼 후 70년대 말에 샌프란시스코로 이민을 왔다. 그는 샌프란시스코 부두에서 몇몇 식당에 식당 용품들을 납품하면서 경제적인 기반을 잡았다. 냅킨에서 주방 용기 그리고 광고 용품도 제공했다. 나중에는 그와 거래하는 업소들이 늘어나면서 중국에서 수입되는 양념과 소스까지 공급하는 큰 비즈니스로 성장했다. 두 딸을 두고 사회 활동도 활발히 하면서 남들이 보기에 성공적인 이민 가정을 꾸렸다.

박문성 씨의 부인이 2010년 '정신건강가족미션Mental Health Family Mission'(MHFM)의 폴 김 목사를 찾아왔다. 그녀는 폴에게 딸을 만나달라고 요청했다. 폴은 어머니의 요청대로 샌프란시스코 교외의 박문성 씨 집을 찾아가 박 씨의 딸 스텔라를 만났다.

스텔라는 30대 중반의 나이였다. 조용한 모습이었으나 눈에는 두려움이 있었다. 그녀는 부모와 함께 살면서 밖을 나가지 못하며 집에서 지내고 있었다. 폴은 스텔라에게 자신을 소개하고 어떤 일을 하는지 말해주었다.

"스텔라 같은 사람을 찾아가서 얘기 들어주는 일을 주로 해요."

"참 좋은 일 하고 계시네요."

스텔라의 첫 마디였다. 그녀는 밀폐된 오랜 세월 동안 혹시 자기에게 일어날지도 모를 좋은 일들을 기다리고 있었는지 모른다. 그동안 좋은 일들은 일어나지 않았지만 말이다.

스텔라는 조현병을 앓고 있었다. 약으로 회복된 상태이지만 세상과 격리된 외로운 삶을 살고 있었다. 몇 마디가 오간 후에 스텔라는 폴에게 신뢰감을 보였다.

정신질환을 앓고 있는 아픈 이들이 폴과 잠시 대화를 한후 경계심을 푸는 경우가 많다. 폴이 자신의 고통을 통해서 얻은 경험과 지혜 그리고 이들 병에 대한 지식이 그 같은 동료 분위기를 조성한다. 어떤 경우 뇌기능장애자나 그 가족들은 의사의 처방전에 대해 폴에게 조언을 구하기까지 한다. 이들은 속에 있던 아픈 얘기들을 털어놓는다.

"초등학교 5학년 때였어요. 두 살 터울인 여동생 우진이랑 옥신각신 말다툼이 생겼어요. 아마 서로 툭툭 치기도 했을 거예요. 아버지가 그 광경을 보고 저희 둘을 불렀어요. 그리고 우리 둘을 서로 마주 보며 서게 했지요."

스텔라의 얼굴이 고통으로 일그러지기 시작했다.

"아버지는, '자 너희들 서로 미워하지? 그래서 이렇게 싸우는 거지? 서로 미워하며 싸우면 어떻게 되는지를 가르쳐주

마. 서로 뺨을 때려! 언니가 먼저 동생의 뺨을 때려라. 그러면 우진이가 다시 언니의 뺨을 때려라!' 하고 말했어요."

자매의 아버지는 한국군 시절 군대에서 행해지던 변태적인 벌을 이들 어린 자녀에게 시행하고 있었다. 어린 두 자매가 놀라서 어쩔 줄을 모르자 아버지는 이렇게 말했다.

"아버지 말을 안 들어? 스텔라, 빨리 못하겠어? 너 동생 미워하잖아! 그러면 때려야지!"

공포 속에서 울며 스텔라가 동생의 뺨을 살짝 때리자 아버지는 다시 소리쳤다.

"그렇게 하는 게 아니야! 어떻게 하는 줄 모르겠어? 아버지가 가르쳐주마."

그러면서 아버지는 우진의 뺨을 힘을 다하여 내려쳤다.

"이렇게 하는 거야!"

바닥에 나뒹구는 우진을 보며 아버지가 소리쳤다.

"해봐!"

스텔라는 자기가 동생의 뺨을 때리는 것이 아버지가 동생의 뺨을 때리는 것보다 훨씬 나을 것으로 판단했다. 그녀는 이것도 어쩌면 두 딸을 남자처럼 키우고 싶은 아버지의 속마음일지도 모른다고 생각했다. 아버지는 아들이 없는 것을 서운해했고, 스텔라의 여동생도 남자의 이름으로 지었다.

열한 살, 아홉 살의 두 자매는 그날 그렇게 서로 뺨을 때렸다. 약하게 때리면 아버지가 나서서 두 딸의 뺨을 때리며 "이렇게 하는 거야!"라고 소리쳤다. 언니와 동생은 울면서, 무서움에 떨며 그렇게 서로의 뺨을 때렸다.

'인간의 얼굴을 한 야만'이라는 글귀가 있다. 이 상황은 '아버지의 얼굴을 한 악마'라는 표현이어야 한다. 그날 어린 이 두 자매의 영혼에 어떤 각인이 새겨졌을까? 미숙하고 맑은 어린 영혼들에게 칼로 후벼 판 이 상처가 두 자매를 정상적으로 자라게 할 수 있었을까? 스텔라가 증언한 이 한 번의 경우로 끝났을까? 고등학교 때까지 이런 영혼의 파괴는 계속됐다.

"하이스쿨 때 공부하다가 밤 11시쯤 잠이 들었어요. 그때 아버지가 일을 끝내고 집에 돌아왔죠. 2층에서 자고 있는 우리를 깨웠어요."

아버지는 거실에 우뚝 서 있었다. 아버지는 딸들이 남자처럼 '씩씩하게' 크기를 원했다.

"아비가 힘들게 일하고 밤늦게 돌아왔는데 너희들은 자고 있어? 인사도 안 해?"

그러고는 두 자매를 거실 바닥에 무릎 꿇려 앉혔다. 세 시간 동안 훈계와 폭언이 계속됐다. 아버지는 이날도 두 딸을 남자 보듯이 대하며 '훈련'을 시켰다.

"어머니는 그때 무얼 하셨어요?"

폴의 질문에 딸의 곁에 있던 어머니가 말했다.

"말렸죠. 남편이 한 시간쯤 야단을 칠 때 이젠 됐다고 그만하라고 말렸어요. 그렇지만 늘 그렇듯이 말을 안 들었어요—뭐 벌써 끝내라고? 이제 서론도 안 끝났는데 그만하라고? 네가 그따위로 애들을 가르치니까 애들이 이 모양이잖아!—그러면서 남편은 저랑 한바탕 말싸움을 한 후에 더 격하게 두 시간 이상 아이들을 혼냈어요."

그날 아버지는 두 딸에게 군대식 벌로 '빳다(엎드리게 해서 엉덩이를 몽둥이로 매질하는 것)'를 치는 것으로 끝냈다. 그는 무의식 속에서 두 딸이 남자이기를 바랐다.

그들의 가족생활에 범람했을 폭력과 긴장, 미움과 두려움은 더 이상의 증언을 듣지 않아도 충분하다. 이런 아버지 밑에서 자라는 자녀들이 흔히 하는 말로 '미치지 않으면 다행'일 것이다.

아버지에 대한 극도의 공포와 미움 속에서도 자매는 버티며 자라났다. 아버지 박문성 씨의 사업인 식당 비품 공급이 도매로 확대되면서 주문도 계속 늘어났다. 가족들은 경제적으로 안정된 생활을 계속했다.

스텔라는 가정에서 겪는 스트레스 속에서도 신앙의 끈을 놓지 않으며 견디어냈다. 북가주의 유명한 명문 사립대학에 들어갔다. 그러나 어둠의 세력은 이 가정을 물고 떠나지 않았다.

"대학교 2학년 때 교회 집회에서 큰 은혜를 받았어요. 기도 도중에 아버지에 대한 미움이 사라지고 회개를 했어요. 아버지와 화해하고 다시 시작하자는 마음이 생겼죠. 아버지에게 사죄해야겠다고 결심했어요."

그날은 비가 오는 날이었다. 아버지 박문성 씨는 집 거실에 앉아 있었다. 스텔라는 기쁜 마음으로 아빠에게 다가갔다.

— 아빠, 아빠에게 드릴 말씀이 있어요. 날을 정해서 하려고 했는데 아빠가 마침 오늘 쉬시는 날이네요.

— 뭔데?

— 죄송한 말씀 드리려구요. 저 그동안 아빠를 많이 미워했어요. 아빠가 저희에게 한 고통스러운 일들 때문에 정말 아빠를 싫어했어요. 어떨 때는 아빠가 일을 나가시면 오늘 사고가 나서 들어오지 않았으면 좋겠다는 생각까지 했어요. 이런 생각을 했었다는 것도 지금 생각해보니 너무 죄송해요. 아빠에게 너무 못한 거, 미워한 거 이런 것들을 아빠에게 고백하고 용서를 받고 싶어요. 그래서 이렇게 말씀드리는 거예요. 아빠 용서해주세요.

그러나 딸의 이 같은 애틋한 고백에 대한 아버지의 반응은 야수와 같은 것이었다.

— 뭐? 네가 나한테 그런 생각을 하고 있었어? 그래? 용서를 해달라고? 어떻게 그런 말이 입에서 나오냐. 아빠가 사고가

났으면 좋겠다고? 이런 나쁜 년 같으니라고. 너는 오늘부터 내 딸 아냐! 저리 가!

"저는 그때 너무 당황하고 놀랐어요. 저의 회개와 용서 구함을 통해 아버지와 새로운 관계를 맺고 다시 사랑으로 시작될 줄 알았어요."

폴 앞에서 스텔라는 당시의 무서움을 떠올리며 두 손을 모아 잡고 조용조용 말했다. 스텔라의 어머니가 딸의 이야기를 가끔 이어주었다.

스텔라 아버지의 분노는 걷잡을 수 없었다.

—네가 내 딸이라면서 어떻게 아비가 죽고 집에 돌아오지 않기를 바라? 아빠가 없으면 우리 가정이 행복할 거라고 생각했다고? 이런 못된 년. 너는 내 딸 자격이 없어!"

스텔라는 당황함과 두려움 속에서 계속 아빠에게 매달렸다.

—아빠, 지금은 그런 생각들 다 없어졌고요, 옛날 이야기라니까요. 이제 아빠하고 잘 지낼 거예요. 그래서 이렇게 말씀드리는 거예요. 아빠가 저를 용서해주시면 돼요."

그러나 스텔라의 진정성은 통하지 않았다. 거실에서 무릎을 꿇고 아버지의 용서와 회심을 간구하는 딸을 뿌리치고 박문성 씨는 뒤뜰로 나갔다. 스텔라는 아버지를 쫓아 뒤뜰로 나가 다시 아빠 앞에 무릎을 꿇고 간절히 자신의 진정성을 되풀

이해서 얘기했다.

　―아빠 잘못했어요. 마음 푸시고 용서해주세요. (진실로
는 누가 누구를 용서해야 했을까?)

　박문성 씨는 빗속에서 무릎 꿇고 빌고 있는 딸을 힘껏 걷
어찼다.

　―너는 내 딸이 아니야!

　딸은 쓰러지며 머리를 나무에 부딪혔다. 이마에서 피가
흘렀다.

　―너는 피가 철철 나도록 사죄를 해도 네 잘못을 용서받
을 수 없어.

　박문성 씨는 거실로 들어갔고 스텔라는 아버지를 쫓아 들
어가 또 아버지의 회심을 구했다. 두 시간 이상 딸은 거실과 뒷
마당을 오가며 아버지에게 매달렸다. 보다 못한 어머니가 뛰
쳐나와 아버지를 말렸다.

　어머니는 2층 딸의 방으로 스텔라를 이끌고 가 피를 닦아
주었다. 그녀는 말없이 늘어진 딸을 안아주면서 말했다.

　―샤워하고 그만 쉬어라.

　다음 날 아침, 어머니는 딸이 학교 갈 시간에도 나오지 않
자 딸의 방으로 올라갔다. 누워 있는 딸을 깨웠을 때, 어머니는
딸의 눈동자가 돌아가 있는 것을 보았다. 그녀는 초점 없는 눈

으로 허공을 응시하며 어머니의 말에 아무런 반응도 보이지
않았다.

그녀의 영혼은 빼앗겨버렸다. 그날 이후 스텔라는 온전
한 정신을 잃고, 외부 출입을 끊은 채 10년을 그 방에서 지내
게 된다.

악마는 직접 일을 할 때도 있지만 대부분 사람을 사용해
그의 일을 해나간다. 박문성 씨는 자신도 모르게 악마의 에이
전트 역할을 했다. 사랑스러운 한 소녀의 영혼은 이렇게 납치
되고 짓밟혔다.

폴이 스텔라를 찾아간 것은 스텔라가 그 집에서 밖으로
나오지 않은 10년의 세월 후였다.

어머니와 딸의 이야기가 끝나갈 즈음 폴이 어머니에게 물
었다.

"어떤 증상들이 있었나요?"

"망상, 환청이 있고 무엇이 보인다고도 했어요. 환시라고
하더군요."

폴과 스텔라와 어머니는 그렇게 앉아 긴 얘기를 나누었
다. 스텔라는 대화에 큰 어려움이 없었다. 딸 옆에 앉은 어머니
에게 물었다.

"의사는 언제 보셨나요?"

"시간이 많이 흐른 후에 병원에 갔습니다. 조현병이라는

진단이 나왔습니다."

폴은 30년 전 한 정신과 의사가 자신에게 했던 똑같은 질문과 질책이 떠올랐다. '그동안 뭘 하시고 이제 오시는 겁니까. 왜 이 지경까지 되도록 놔두셨습니까.'

"처음에는 기도만 많이 했어요. 주변에 알리는 것도 부끄러웠죠."

폴은 이런 경우 항상 그렇듯이 또 혼란과 슬픔이 몰려왔다. 문득 귀신도 예수님을 경배한다는 성경 글(마가복음 5장 6~7절, 그가 멀리서 예수를 보고 달려와 절하며 큰 소리로 부르짖어 이르되 지극히 높으신 하나님의 아들 예수여)이 떠올랐다.

이들 가족 중에서 과연 미친 자는 누구인가? 누가 누구를 위해서 기도해야 할까? 폴은 이 가정에 근본적인 환부가 있는 한 병원 치료도 한계가 있을 것이라는 생각이 들었다.

오후 5시가 되자 스텔라는 아버지가 올 시간이라며 황급히 2층으로 올라갔다. 딸이 예상했던 그 시간에 과연 아버지가 도착했다. 문을 열고 집으로 들어서는 그는 활기차고 당당했다. 폴과의 대화에서도 거침이 없었다. 그는 딸의 병에도 불구하고 가장으로서 집안의 경제를 책임지고 아이들을 규율 아래서 똑바로 키워야 한다는 신념에는 변함이 없는 남자였다. 아들이 없는 한풀이를 두 딸에게 하는 것도 느낄 수 있었다.

그는 삶을 '안 되면 되게 하는' 군인정신으로 살아왔다며 살아남기 위해 '사투'를 벌인 그의 이민생활에 대해 열정적으로 얘기했다. 자신의 이민자로서의 삶이 가족, 특히 두 자녀를 올바르게 키우고, 풍족하게 뒷바라지하기 위한 희생이었다고 말했다. 자신의 헌신에 대해서는 자부할 만큼 열심히 살아온 가장이었다.

폴은 딸의 병에 대해서도 아버지와 대화를 나누었다. 딸의 치료 방법에 대해서도 여러 가지 조언을 해주었다. 폴은 대화 끝 무렵에 아버지에게 말했다.

"스텔라 아버님. 따님에게 지금이라도 가셔서 '내가 잘못했다'라는 한마디만 해주실 수 있을까요? 딸의 회복에 큰 효과, 아니 결정적인 치료가 될지도 모릅니다."

그러나 박문성 씨의 대답은 캄캄한 벽과 같은 것이었다.

"제가 왜 그런 말을 해야 하죠? 아무도 도와주지 않는 이민생활 가운데서도 저는 자식들 교육을 위해 최선을 다했습니다. 잘못이 없는데 잘못했다는 말은 할 수가 없을뿐더러 지금은 너무 늦었습니다."

아버지는 후회하고 있었다. 그러나 그 후회가 사과로는 진전되지 않았다. 폴과 스텔라 아버지와의 대화는 여기에서 끝났다.

•

박문성 씨 가족의 이야기는 여기서 끝나지 않는다. 딸 스텔라가 병을 얻은 후 몇 년이 지나지 않아 여동생 우진에게서도 뇌질환의 증세가 나타나기 시작했다.

우진의 아버지에 대한 미움과 분노는 몇 년에 걸쳐 그녀의 마음 깊숙이 뿌리를 내렸다. 언니가 발병한 후로는 공포와 트라우마까지 그녀를 짓눌렀다. 대학에 가서는 아버지와 대화를 하지 않았고 눈 마주치는 것도 싫어했다. 그 와중에도 예배에 열심히 참석하고 신앙에 의지하며 지냈다.

그런 그녀가 대학에 진학하고 열아홉 살이 되면서 증세가 시작됐다. 심한 스트레스 속에 환청이 들리기 시작했다. 거울을 보고 있으면 '너는 인생을 망칠 거다. 너는 불행해질 거다. 내가 너를 파괴시킬 거다'라는 환청이 계속됐다. 우진에게도 조현병의 증세가 시작된 것이다.

우진은 어머니에게 이 사실을 알렸고 어머니와 즉시 병원을 찾아가 의사와 상담하고 약을 복용하기 시작했다.

어머니는 두 딸이 병을 앓게 되자 두려움과 절망에 빠졌다. 주변에서는 그녀의 이 같은 사정을 전혀 몰랐고 그녀도 내색하지 않았다. 가족들은 어디에 도움을 청해야 할지 깜깜했다.

조현병을 겪으며, 한편으로는 치료를 계속하며 우진은 학교생활이나 교회생활, 친구와의 만남에서 자꾸 무언가가 잘못되어가는 것을 느꼈다. 그녀의 의도와는 다른 결과들이 나오는 언행을 하는 자신을 발견하곤 했다. 그녀는 약을 복용하면서도 혼자 이 병을 치료한다는 것에 힘겨움을 느꼈다.

어느 날 우진은 결심했다. 청년집회 도중에 받은 메시지에 감동해 자신을 오픈하기로 했다. 자신의 병과 증세를 얘기하고 믿음의 동료들에게 도움을 청하기로 한 것이다. 그리고 청년부 구역예배에서 기도 제목을 나누는 자리에 나갔다. 우진은 자신의 처지와 병을 이야기하고 약도 먹고 있다고 '커밍아웃'을 하며 동료들에게 기도 제목을 내놓았다.

"제가 정신적으로 문제가 있습니다. 의사를 만나보았고 처방받은 약도 먹고 있지만 계속 치료를 받아야 합니다. 여러분들의 기도를 부탁합니다."

결과는 우진의 예상과는 달랐다.

그 다음번 구역예배에서 우진은 충격을 받았다. 그녀와 함께하던 그룹의 교회 청년들은 아무도 우진의 옆에 앉지 않았다. 전화도 SNS 메신저도 뚝 끊겼다. 우진은 믿을 수가 없었다. 그녀는 주변의 모든 사람이 담합해서 자신을 속이고 떠난 것처럼 느껴졌다. 우진의 어머니가 한 기독교신문에서 폴의 칼럼 기사를 보고 폴을 찾게 된 것도 이즈음이다. 그녀는 폴을 찾아가 두 딸의 얘기를 하며 도움을 구했다.

01
싸움의
시작

"교회 청년부 구역예배에서 그 기도 제목을 내놓기까지 3년이란 세월이 걸렸죠. 그러나 그 결과는 재난이었습니다."

우진이 폴을 처음 만났을 때 한 말이다.

'사람들이 왜 나를 슬금슬금 피하지?'

우진의 고백과 기도요청이 있었던 다음 주부터 그녀는 교회 청년부에서 외톨이가 됐고 그 충격은 우진에게 엄청났다. 2주, 한 달, 두 달이 가면서 그녀의 마음속에는 분노, 좌절감, 사람들에 대한 배신감, 믿음과 신앙에 대한 의심이 가득 차올랐다.

"교회에서 사랑을 얘기하고 서로를 위해 기도하자는 가르침과 믿음 안에서 나를 오픈하고 기도 제목을 내놓았는데 내 옆에 앉지도 않는 겁니다."

이 말을 하면서 우진은 폴 앞에서 눈물을 흘렸다. 폴은 우진의 마음을 어루만져주었다.

우진은 그 일 이후 교회에 나가지 않는다. 신앙 얘기를 하면 말을 딱 끊는다. 교회 얘기는 입 밖에도 내지 못하게 한다.

"교회나 하나님 얘기는 하지 마세요. 다만 제가 겪은 이야기를 들어주세요."

우진의 병은 가정에서 아버지의 폭력적인 언행으로 오랫동안 진행됐지만, 그녀가 교회에서 커밍아웃하며 받은 충격도

컸다. 교회의 도움이 결정적으로 필요한 시점에 그녀는 다시 한번 추락하는 끔찍한 경험을 한 것이다.

"교회에서 뇌질환 상담을 해야 하고, 그것이 반드시 교회의 기능이어야 한다는 법은 없습니다. 그러나 오히려 교회가 이들 아픈 자들의 증상을 악화시키는 장소나 계기가 된다면, 교회가 바쁜 걸음을 멈추고 심각히 이 문제들을 들여다보아야 합니다."

폴의 말이다.

로스앤젤레스의 거리에, 오렌지카운티 부촌의 거리에 나서 보면, 영성이 조금 있는 사람들이라면 곧 그 낌새를 차릴 것이다. 거리에 '뇌기능질환'을 앓고 있는 사람들이 건널목마다 서 있다. 마켓 카트를 끌고 좀비처럼 길을 오가는 것을 볼 수 있다. 영혼을 잃은 자들의 허무한 발걸음들이다. 어떤 이유에서인지 영혼의 전투에서 패하고, 아무 의지 없이 허공을 떠돌게 되는 우리 이웃, 그 가족들의 영혼들이다. 그들에게서는 예배와 기도가 사라졌다.

아흔아홉 마리의 양이 있는 곳에서는 예수를 찾을 수가 없다. 그는 잃어버린 한 마리의 양을 찾아다니고 있다. 예수는 청년 모임에서 내놓은 마음이 시체로 돌아온 영혼의 무덤가에 있다. 그가 있는 곳은 월남전의 용맹한 군인 아버지에게 파괴된 영혼들이 피를 흘리는 영혼의 격전장 그리고 사드락, 메삭, 아벳느고 세 사람이 던져진 불구덩이 용광로이다. 그는 최전 방에 있다. 대부분 신앙인이 믿으려 하지 않고 받아들이려 하지 않지만, 싸움은 아직도 끝나지 않았다.

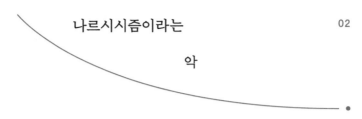

나르시시즘이라는 악

수선화와 메아리

그리스로마 신화에 나오는 나르키소스는 다른 사람을 사랑할 줄 모른다. 자기 자신 혹은 거울 같은 물속에 비친 사람과 사랑에 빠졌을 뿐이다. 아름다우면서도 우화 같은 이 이야기가 현대 정신의학의 한 중요한 지류로 자리 잡으면서 '나르시시스트'는 정신의학계에서는 기분 좋은 이름은 아니다.

나르키소스 이야기는 여러 가지 버전이 있지만 나르키소

스와 에코의 이야기가 그 주류를 이룬다. 나르키소스가 어릴 적에 그의 어머니는 한 예언자를 찾아가 나르키소스가 오래도록 잘 살 수 있을지를 물어본다. 남성과 여성의 성전환을 경험했던 이 테이레시아스라는 예언자는 먼 시일 후에야 알 수 있는 의미 있는 답변을 해준다. "그가 자기 자신을 알지 못한다면 오래 살 것이다."

나르키소스는 자라서 열여섯 살의 멋진 청년이 된다. 숲속의 많은 님프(요정)들이 준수한 그의 모습에 반해 쫓아다니지만, 청년 나르키소스는 사랑을 모른다. 이 님프 중에 에코라는 아름다운 요정이 있었다. 그녀는 쉬지 않고 말을 하는 수다쟁이였다. 신들의 왕 제우스가 이 에코에게 눈독을 들이자 질투의 화신인 부인 헤라가 에코에게 보복을 가한다. 헤라는 에코가 오직 남의 말만 따라 하도록 하고, 스스로 자신의 말을 할 수 없게 만든다.

이 에코가 나르키소스를 보고 첫눈에 반한다. 에코는 그를 쫓아다니며 사랑을 갈구하지만, 나르키소스는 에코에게 눈길도 주지 않고 말도 붙이지 않는다. 어느 날 사냥 도중에 길을 잃은 나르키소스가 사람들은 어디 있는가 하고 소리 지르고, 자신의 말을 할 수 없는 에코는 그대로 이 말을 받아 외친다.

나르키소스가 말한다.

"누구인가?"

48

에코는 말한다.

"누구인가?"

다시 나르키소스는 말한다.

"왜 나를 따라다니는가?"

에코가 답한다.

"왜 나를 따라다니는가?"

이런 대화가 계속되니 나르키소스는 불같이 화를 내고, 남을 따라 하는 혀 때문에 사랑을 고백할 수 없는 에코는 답답함과 절망 속에서 숲속의 깊은 동굴로 숨어버리고 만다.

그 동굴에서 에코는 나르키소스를 그리워하며 말라갔다. 에코는 온몸이 사라지며 죽게 되었고 목소리만 남게 되었다. 그것이 에코 echo, '메아리'이다.

이 비극적인 짝사랑의 소식을 들은 복수의 신이 나르키소스에게 징계의 손길을 뻗친다. 나르키소스는 어느 날 숲속을 가다가 은빛 연못에 비친 한 아름다운 청년의 모습을 본다. 그는 그 모습에 도취해 사랑에 빠진다(자기 자신인 줄 몰랐을까). 그러나 그를 만지려고 혹은 키스하려고 할 때마다 그의 모습은 번번이 물결로 갈라지고, 나르키소스는 이루어질 수 없는, 만질 수 없는 사랑에 절망한다. 결국, 연못 위의 그 모습을 잡으려고 물속으로 뛰어들지만 그는 깊은 물속의 세계로 빠져들며 죽고 만다.

존 윌리엄 워터하우스, 〈에코와 나르키소스〉

그 자리에 피어난 꽃이 수선화narcissus이다.

이 아름답고 슬픈 이야기와는 달리 나르시시즘의 정신질환은 오늘날의 세계에 만연해 있고, 정신의학계에서 유행병처럼 큰 관심을 모은 분야이다. 거의 모든 사람이 나르시시즘의 스펙트럼 안에 분포되어 그 스케일의 수치가 낮은 '나르시시즘 결핍'에서 수치가 높은 '극단적인 나르시시즘' 그리고 중간에 해당하는 '건강한 나르시시즘'으로 구분되고 있다.◆

극단적인 나르시시스트는 아니지만 수치가 7에서 8 사이의 나르시시스트들은 우리 주변에 넘쳐난다. 이들 중에는 쉬지 않고 글을 써서 SNS에 올리는 '그래포매니아graphomania'(쓰기에 집착하는 사람)라는 부류도 등장한다. 이들은 자신이 올린 글이나 사진에 대한 SNS 친구들의 반응에 따라 극심한 감정의 기복을 겪기도 한다. '카페인(카카오스토리, 페이스북, 인스타그램) 우울증'이란 단어가 생길 정도이다. SNS에 중독된 나르시시스트들의 숨겨진 모습이기도 하다. 그렇지만 이들에게서는 악의 모습은 아직 드러나지 않는다.

◆ 개인의 나르시시즘 성향을 조사하는 39개의 문항이 있고, 이 문항 조사의 결과에 따라 피조사자는 나르시시즘 0부터 10, 즉 결핍에서 중독까지의 분류에 속하게 된다. 낮은 수치는 나르시시즘 결핍Narcissism Deficit, 중간 수치는 건강한 나르시시즘 Healthy Narcissism, 그리고 오른쪽 10으로 가는 높은 수치는 극단적인 나르시시즘 Extreme Narcissism이다. 크레이그 맬킨, 《나르시시즘 다시 생각하기》, 이은진 옮김, 푸른숲, 2017.

자기애성 인격장애

그러나 우리가 이야기하려는 자기애성 인격장애Narcissistic Personality Disorder(NPD)는 파괴적이다. 자기애성 인격장애자, 즉 NPD 환자들은 다른 사람에 대한 공감이 형성되지 않고, 감정 이입이라는 개념을 모른다. 즉 다른 사람이 겪는 고통을 깨달을 수 없고, 그가 어떤 감정 상태에 있는지 고려하지 않거나 적극적으로 무시한다. 이 때문에 이들은 때로 무자비하고 잔인한 연쇄살인범이나 고문, 성폭행 살인범이 되기도 한다. 어린 자녀들의 뺨을 때리고, 또 서로 뺨을 때리게 하며 폭행하는 스텔라의 아버지는 자녀들이 어떤 공포감을 느끼는지 전혀 이해하지 못하는 NPD 환자이기 때문에 아무런 죄책감 없이 그런 행동을 하는 것이다.

정신의학계에서는 이 NPD 환자들을 치료하기가 극히 힘들거나 어쩌면 불가능하다고 말한다. 전문가들이 보는 NPD의 일반적인 증상은 원하는 것을 이루는 성공, 권력에 대한 욕망, 자신이 최고여야 한다는 집착, 좋은 것, 아름다운 것, 때로는 완벽한 배우자에 대한 환상fantasy 등이 있다. 이 같은 환상은 역으로 그 자신 안에 있는 공허함과 부족함, 인정받지 못한 데 대한 보상작용으로 나오는 것이다. 이 환상이 채워지지 않을 경우, 그는 좌절과 함께 극심한 분노를 느낀다. 앞서 살펴본 스텔라의 아버지는 최고의 군인이자 가정에서의 리더였고 이민자로서 성공했으며 올바른 자녀교육에 대한 환상을 가지고 있었다.

이들 NPD 환자들은 자신이 항상 남보다 우월하다고 믿으며 남들을 열등하게 취급한다. 그래서 자기보다 나아 보이는 사람에 대해 강렬한 질투를 느낀다. 자신이 항상 이 세계의 중심에 있다고 생각해 자신의 중요성을 강조하고, '잘난' 사람들에게 둘러싸여 칭찬과 인정을 받으려 한다. 대화할 때도 주로 자신에 대해 이야기하는데, 그 내용은 사실과 어긋나는 경우가 많다. 대부분은 자신의 부족함을 감추려는 시도이기도 하다. 이들은 다른 사람들이 무조건 순종하고 명령을 따르기를 기대하거나 강요한다.

주변 사람들의 인격을 황폐하게 하고 육체적·정신적으로 주변인들을 서서히 죽여가는 NPD의 인물상이 잘 그려지지 않는다면, 그 대표적이고 극단적인 인물로 아돌프 히틀러를 연상하면 된다. 그리고 스텔라의 아버지를 함께 그 자리에 대입하면 된다. 히틀러는 독일이라는 나라의 정권을 잡았고, 스텔라의 아버지는 한 가정의 정권을 쥐었다는 것이 다를 뿐이다.

아직도 수많은 스텔라의 아버지들이 그들의 가정에 군림하면서 이념으로, 종교로, 지식으로 그리고 어떤 경우 이 모든 것을 합친 아집의 NPD로 가족들을 통치하고 있다. 관련된 사람 대부분이 이 사실을 모르고 있거나 감추고 있을 뿐이다. 이로 인해 정신병원에 가지 않는 뇌질환자(스텔라의 아버지)들이 오히려 정상인(스텔라)을 미치게 해 정신병원으로 보내는 뒤집힌 현실이 횡행한다.

높은 목표에 대한 성취 노력, 정당한 경쟁심, 완벽한 일 처리에 대한 욕구는 건강한 생활 능력이다. 자신과 사회의 발전에 결정적인 역할을 하는 요소이다. 그러나 이 같은 행동 양식이 자존감의 부족, 시기심, 집착과 이루어질 수 없는 환상에 근거한 병적인 것이라면 좌절이 올 때 분노와 무자비한 폭력이 행사된다. 물리적인 폭력이 행사되지 않더라도 그가 주변에 전달하는 '조용한 강요'와 '거짓된 환상'은 가족과 주변 사람들을 정신적·영적으로 천천히 파괴해간다. NPD 환자들에 의해 파괴된 다른 가족들, 특히 그 부모 밑에서 자란 자녀들은 다음과 같은 증상이나 성격을 보인다.

첫째로, 자신들의 의견이나 실존이 남에게 들리거나 보이지 않는다고 생각한다. 즉 남들한테 인정받지 못하는 것을 당연시하게 된다. 부모에게서 수치를 당하고 학대를 당하면서 자존감이 낮은 상태로, 심하면 자신에 대한 자존감을 잃은 상태로 성장하기 때문이다.

둘째로, 이 같은 환경 속에서 자녀들은 부모를 자랑스럽게 할 만큼 잘해야 하지만, 결코 부모를 넘어서는 안 된다는 모순된 메시지를 부모한테서 지속적으로 받는다. 자신들이 하나의 인격체라기보다는 부모의 보조품이나 액세서리로 취급받으며, 개인의 존재로서가 아니라 부모의 기준에 따른 행위로써 평가받는다.

셋째로, 자신감을 개발시켜가는 것도 제한을 받으므로 자녀들은 항상 불만족스럽다는 평가 속에서 자라난다. 자녀들은 자신들의 주체identity를 알지 못하고 자신들의 감정을 믿지 못하며 자신에 대한 회의 속에서 지내게 된다. 실재적인real 자신에 대해서는 두려움을 느끼며 감정적으로 공허하다. 따라서 감정적인 성숙이 중단된다.

넷째로, NPD 환자 부모는 부모와 가족들을 지키기 위해 자녀들에게 비밀을 지키라고 교육한다. 아이들은 자신들이 이용당하고 조작당한다고 느끼지만, 그 굴레에서 빠져나오는 것은 대단한 용기와 모험이 필요하다.

자기애성 인격장애의 부모와 자녀들

2018년 1월 캘리포니아 페리스라는 소도시에서 17세 소녀가 집 창문을 뚫고 탈출해 낡은 핸드폰으로 경찰을 찾았다. 소녀의 진술을 듣고 출동한 경찰들이 그 집에서 발견한 것은 갇혀 있는 열세 명의 자녀들이었다. 2세에서 29세까지의 자녀들이 함께 있었고 이들 중 두 명은 침대에 묶여 있었다. 집 안에는 악취가 가득했다.

이들은 제대로 먹지 못해 17세 소녀가 10세 정도로 보였다. 열세 명 자녀의 부모 데이비드와 루이스 터핀 부부는 아이들을 홈스쿨링으로 가르친다며 집 안에서만 지내게 했다. 아이들이 이웃과 이야기하는 것을 통제하면서, 정작 SNS에는 가족들의 다정한 사진들을 올렸다. 이웃들은 경찰의 발표에 경악했다. 그들을 '나이스'한 부모로 알았기 때문이다.

이들 열세 명의 자녀들은 자신을 돌보는 방법을 배우지 못하고 의존적으로 자라났기 때문에 부모를 떠나 탈출하거나 신고한다는 것은 꿈도 꾸지 못했다. 한 가닥 빛처럼 의식이 깨어 있는 17세 소녀의 모험으로 이들은 부모라는 감옥에서 탈출한 것이다. NPD 부모들의 자녀 조작은 의외로 강력하다.

NPD 부모 밑에서 자라는 자녀들은 받아들여지고 사랑받는다기보다는 비평받고 판단된다고 느끼게 되고, 어떨 때는 사랑과 인정, 주목을 받으려고 시도해보지만 번번이 좌절한다. 스텔라가 교회 집회에서 깨달은 체험 이후 아버지에게 시도했던 것이 아버지로부터의 이 같은 인정과 주목이었을지도 모른다. 그러나 돌아온 것은 더욱 가혹한 폭력이었다. NPD 부모는 가족이라는 울타리 안에서 그만큼 강력하다.

스텔라의 동생 우진은 이런 아버지 밑에서 자라며 대인관계의 기술을 잃어버렸다. 자신이 잘했을 때 스스로 자부심을 느끼고 칭찬하도록 교육받지 못했기 때문이다. 자신들이 가치가 없고 사랑받을 만한 존재가 아니라는 열등감이 형성됐기 때문이다. 자신을 잘 돌보는 방법을 배우지 못하고 의존적이된 자신을 발견하게 되지만, 감정적으로 사회적으로 본받을만한 건강한 롤모델이 없었다.

의지할 곳 없는 우진은 마지막 시도로 자신에 대한 비밀을 모두 털어놓는 방식으로 교회에서 도움과 사랑을 요청하지만 역시 실패로 끝난다. 여기서 교회 청년부라는 소그룹은 이상처 받은 젊은 여성의 상황을 개선할 수 있는 지식이나 수단이 없었다.

놀랍게도 NPD 부모의 자녀들 중에는 예외적으로 뛰어나게 성공하는 자녀들도 있다. 우선 부모의 욕구와 행동이 건강하고, 자녀가 부모의 수준과 요구에 부합할 수 있을 때 신문이나 방송에서 성공적인 스토리로 등장하기도 한다. 그러나 대부분의 NPD 부모의 자녀들은 자기 스스로를 사보타주하거나 파괴하는 성인으로 자라게 된다. 그 결과로 자녀들은 성인이 되어 외상후스트레스장애Post-Traumatic Stress Disorder(PTSD), 우울증depression, 불안장애anxiety disorder 등을 겪곤 한다.

골프 천재라는 타이거 우즈는 NPD 환자 아버지 밑에서 성공한 대표적인 경우로 정신의학자들은 보고 있다. 그 성공이라는 것이 결국 개인의 행복이라는 측면에서는 허상으로 드러났지만 말이다. 물론 다 그런 건 아니지만, 인생에서 실패한 NPD 환자 아버지 밑에서 NPD 환자 아들이 생성되고, 그 아들도 인간적으로는 실패한 삶을 살았다는 정신의학적 분석이 있다.[◆]

타이거 우즈의 아버지처럼 아들을 이기적이고 무정하며 강하게 키워내는 극단적 나르시시스트가 있는가 하면, 자녀들을 자신감과 꿈이 없고, 사회성이 결여된 환자로 키워내는 나르시시즘 결핍 부모가 있다. 이들은 극단적 나르시시스트와는 달리 품행이 조용하나 자녀들이 결코 부모의 가치관에서 벗어나지 못하도록 한다. 이들 부모는 자주 슬픈 얼굴을 하거나 절망적인 표정을 자녀들에게 보여줌으로써 자녀들의 죄의식을 키운다.

한 어머니는 딸이 어릴 적 인형을 가지고 많은 상상을 동원하며 즐겁게 놀고 있을 때 눈짓을 주었다.

—너무 까불거나 즐거워하면 안 돼.

미혜라는 이 딸이 커서 발레리나가 되고 싶다는 꿈을 얘기할 때, 이 어머니는 어두운 얼굴로 현실을 얘기하며 딸의 황

◆   Joseph Burgo, *The Narcissist You Know*, Touchstone, 2015.

당함을 지적해낸다.

—현실과 꿈은 다른 거야. 너의 한계를 알았으면 좋겠다.

미혜가 전과목 A를 받은 성적표를 들고 왔을 때도 엄마의 얼굴은 밝지 않다.

—교만해지면 안 돼. 공부를 잘하는 것이 인생의 성공은 아니야.

미혜는 자신도 모르는 사이에 생각과 행동이 덫에 걸린 것처럼 갑갑해졌다. 이 어머니는 딸이 최근에 인기 있는 래퍼에 대해 신이 나서 얘기할 때는 더욱 심각한 얼굴이 된다.

—너무 요새 것들에 빠지고 있어 걱정이 된다.

이 어머니는 딸이 크는 동안 딸을 격려하거나 칭찬하고, 딸의 꿈을 함께 나누어보는 말이나 행동은 전혀 하지 않았다. 그렇다고 딸을 자기 뜻대로 무자비하게 몰아가며 강요나 폭언을 한 것도 아니다. 어머니는 딸에게 조용하게 자신만의 사리분별을 가르치며 지속적으로 브레이크를 걸었고, 자신의 실망하는 모습을 딸에게 보여줌으로써 딸의 자신감을 꺾어버렸다. 미혜는 자신의 행동으로 인해 어머니가 실망하고 슬퍼하는 것을 두려워해 자신의 꿈, 생각과 의지를 접고 살아가게 됐다.

미혜는 어머니의 소원대로 약대에 진학했지만 결국 우울증 환자가 되어 집으로 돌아왔다. 딸은 대학생활에 자신감이 없었고, 대인관계에서도 자신의 의사 표현을 제대로 할 수가 없었다. 딸은 항상 자신이 주장하는 것이 틀리고 나쁜 것이라고 주입시킨 소극적 NPD 어머니에게 세뇌당했다. 딸은 어머니를 벗어나는 순간 둥지로부터의 도약과 둥지 안에서의 삶 둘 중에서 갈등하다가 결국 둥지를 날아오르지 못하고 추락해 버린 것이다.

미혜의 이 같은 상황의 원인은 심리상담가가 그녀의 어머니를 만나면서 발견하게 됐다. 미혜의 어머니는 얌전하고 지적이었지만 여느 NPD 부모들처럼 결코 자기 성격의 이상을 인정하지 않았다. NPD 환자의 전형적인 특징을 가진 미혜의 어머니는 모든 것을 남의 잘못, 나쁜 대학, 나쁜 세상 탓으로 돌렸다. 미혜의 어머니 같은 이들은 세상이 아닌 자신들 속의 깊은 어두움을 들여다보려 하지 않는다. 두렵기 때문이다. 그들에게 가해진 과거의 상처가 드러나는 것을 인정할 수 없기 때문이다.

한 가지 의문이 있다. 스텔라와 우진, 두 딸이 아버지로부터 고통을 당하거나 비정상적인 양육을 받고 있는 동안 그 어머니는 무얼 했을까? 어머니는 왜 자녀들을 그러한 환경에서 벗어나도록 돕지 못했을까? 스텔라의 어머니는 남편을 쫓아내거나, 아니면 자신이 자녀들을 데리고 피신할 생각을 하지 못했을까?

이 의문에 대한 답은 나르키소스를 사랑했던 에코에게서

찾을 수 있다. 에코는 나르키소스의 소리를 똑같이 메아리로 대답했을 뿐 자신의 목소리를 내지 못했다. 에코는 나르시시즘 측정 수치의 0에서 2 사이에 있는 사람들이다. 동반자에게 자신의 의지나 욕구를 드러내지 않거나 오히려 그것들을 헌납하고, 낮은 자존감으로 지낸다. 항상 걱정이 많으며 감정적으로 연약하다.

스텔라의 어머니는 남편에게서 벗어나지 않으며 가정을 지켰다고 생각했을지 모른다. 그러나 그런 가정을 지키는 동안 자녀들은 파괴되었다. 자기애성 인격장애, 즉 NPD 환자와 에코가 만났을 때 그 부부나 가족은 위험한 관계가 된다. 그러나 주변에서는 이들 부부를 '추진력 있는 남자'와 '순종적인 여자'의 관계로 보았다.

NPD 부모들이나 그 밑에서 자라난 자녀들이 잘 발견되지 않는 것은 당연하다. NPD 부모들 대부분은 남들 앞에서는 매우 모범적으로 자신들과 그 가족들을 보여주기 때문이다. 그러나 실제로 NPD 부모들은 자녀들에게 뇌질환을 촉발시키는 에이전트 역할을 한다. 때때로 '남들 보기에 모범적인 부모들' 밑에 병든 자녀들이 숨어 있다.

이들 부모에 대한 교육과 함께 그들 밑에 가려져 병들어가는 뇌질환자들을 찾아내야 한다. 그 환자들을 시급히 끌어내야 한다. 부모들에게도 치료를 병행해야 한다. 그들은 결코 자신들이 병들지 않았다고 강변하겠지만 이 '에이전트'들은 뇌 질환을 겪고 있을 뿐만 아니라 주변에 병을 전파하며, 영적으로도 깊이 병들어 있을 수 있다. 사실 그들은 멀쩡한 자신의 가족을 병들게 하는 '진짜 환자'들이다. 스텔라와 우진은 정신질환과 뇌기능장애에서 벗어나지 못하는 고난을 겪고 있지만, 병의 방아쇠를 당긴 아버지는 오늘도 그의 신조를 꿋꿋이 지키며 '건강한' 사회생활을 꾸려나가고 있다.

문화의
희생자들

바람이 불어오는 곳

바람이 불어오는 곳 그곳으로 가네

그대의 머릿결 같은 나무 아래로

덜컹이는 기차에 기대어 너에게 편지를 쓴다

꿈에 보았던 길 그 길에 서 있네

설레임과 두려움으로 불안한 행복이지만

우리가 느끼며 바라볼 하늘과 사람들

힘겨운 날들도 있지만 새로운 꿈들을 위해

바람이 불어오는 곳 그곳으로 가네

햇살이 눈부신 곳 그 곳으로 가네

바람에 내 몸 맡기고 그 곳으로 가네

출렁이는 파도에 흔들려도 수평선을 바라보며

햇살이 웃고 있는 곳 그곳으로 가네

나뭇잎이 손짓하는 곳 그곳으로 가네

휘파람 불며 걷다가 너를 생각해

너의 목소리가 그리워도 뒤돌아볼 수는 없지

바람이 불어오는 곳 그곳으로 가네

한국에서 많이 사랑받는 '항상 젊은' 가수 김광석의 노래 〈바람이 불어오는 곳〉이다. 김광석은 많은 아름다운 노래들, 그 노래에 얽힌 사연들과 함께 큰 의혹을 남기고 서른한 살의 생을 마감했다(그가 타살되었다는 의혹을 제기하는 사람들도 있지만, 경찰의 수사 결과는 여전히 자살이다).

그의 자살, 타살 여부와는 상관없이 그의 노래에서 그의 마음 상태에 대한 힌트를 얻는다. 〈바람이 불어오는 곳〉, 이 노래를 부르다보면 그 가사의 서정적인 아름다움과는 별도로 가사의 맥을 쫓아가는 것이 '정상인'으로서는 쉽지 않다. '장소의 혼돈' 때문이다. 작사자인 김광석이 일종의 파라노이아(편집

증) 속에서 '여기저기 달리고 있음running high'을 볼 수 있다. 그의 생각과 마음은 육체가 쫓아갈 수 없을 정도로 전방위, 즉 모든 방향으로 달리고 있다.

그가 향하는 "바람이 불어오는 곳"은 처음에 "나무 아래"였다가 다음 소절에서 "덜컹이는 기차"로 넘어간다. 그리고 그는 곧이어 현실과 상상의 교차점 같은 "꿈에 보았던 길"에 서 있다. 그는 영혼의 여행을 하고 있다. 우울증이나 매닉 상태의 사람들이 상상 속에서 혹은 그 상상을 실제화해서 여러 장소를 달리는 것과 비슷한 상황이다.

"꿈에 보았던 길"에 서 있던 김광석은 다음 절에서 "햇살이 눈부신 곳"으로 가고 있다. 나무 아래, 기차 안에, 햇살이 눈부신 곳에 있었던 그는 곧이어 바다에 나가 있다. "출렁이는 파도"에 흔들리며 배 안에서 "수평선을 바라보고" 있다. 그다음 절에 그는 벌써 출렁이는 배에서 나와 "나뭇잎이 손짓하는 곳"으로 와 있다.

그리고 그의 가사는 그가 스스로 여러 문제에 봉착했다고 말하면서도 그 해결책에 대해서는 '느낌'이나 '꿈'으로만 답하고 있다. 그는 현실적이고 실천적인 답을 찾지 않고 있다. 오히려 해결책을 회피하는 분위기가 다분하다.

이 노래의 마지막 구절에서 우리는 그의 돌아올 수 없는 마음 상태를 엿볼 수 있다. "너의 목소리가 그리워도 뒤돌아볼 수는 없지." 이미 이 노래를 만들 시점에 그의 마음 한구석에서는 자살의 결심이 자리 잡고 있었거나, 자살이 아니더라도 죽음에 대해 준비한 마음이 있었을지도 모른다. 목소리가 그리운 사람을 뒤돌아보지 않겠다는 매정할 정도의 결심이었다. 이런 결심은 흔히 자살 충동에 시달리는 사람들이 어쩔 수 없이 '끌려가는' 결심이다. 이 노래를 들을 때 혹은 그 가사를 볼 때 그의 마음에 깊은 병이 찾아왔음을 알아챘어야 했다. 그는 의사의 상담을 받았어야 했다.

김광석이 그의 마음 상태를 대중 앞에서 드러낸 적이 있었다.

> 한동안 뭔가 모르게 마음이 무겁고 답답했을 때요. 뭐, 정말 그만 살까? 이런 생각도 하고 그럴 때 어차피 그래도 살아가는 거 좀 재밌거리 찾고 살아봐야 되지 않겠는가……

그가 생을 마감하기 1년 전, TV 슈퍼 콘서트에서 한 말이다. "정말 그만 살까?" 이런 말이 대중 앞에서 쉽게 터져나왔다. 이 구절을 들은 수많은 대중이 그냥 웃어넘겼지만, 이 말은 매우 심각한 것이었다. 그는 이 말 후에 〈일어나〉라는 그의 노래를 부르고 무대를 내려갔다. 그 가사들은 이렇다.

검은 밤의 가운데 서 있어 한 치 앞도 보이질 않아
어디로 가야 하나 어디에 있을까 불러봐도 소용없었지
인생이란 강물 위를 뜻 없이 부초처럼 떠다니다가
어느 고요한 호숫가에 닿으면 물과 함께 썩어가겠지
일어나, 일어나 다시 한번 해보는 거야……

어떤 이들은 이 노래가 밝고 희망적이라는 평을 하지만,
"검은 밤"으로 시작되어 이어지는 이 노래의 가사들은 실제적
으로 헤어날 수 없는 깊은 절망을 노래하고 있다. 그가 소리치
는 "일어나, 일어나"는 마치 성경책을 펼치려던 한 우울증 환
자의 고백과 같다.

김광석의 "일어나, 일어나"는 밝고 힘찬 격려의 소리가 아
니다. 그것은 당시 '한 치 앞도 볼 수 없는 밤' 속에서 혼자 힘으
로 일어날 수 없는 김광석의 절규였다. 자기를 일으켜 세워달
라는 구조의 신호였다. 밤하늘 별의 반짝임이었다. 이런 심리
상태의 그는 결코 혼자 일어나지 못한다.

그가 〈바람이 불어오는 곳〉 마지막 소절에서 그리워했던
"너의 목소리"의 주인공은 그가 그토록 사랑했던 딸이라고 추
정된다. 그의 사망 11년 후 그의 딸도 열일곱 살의 나이에 이
세상을 떠났다.

자살은 죄인가 병인가 스콧과 성희

암이 죽음의 한 원인이듯이 우울증도 죽음의 한 원인이다. 암으로 인한 죽음이 자살이 아니듯, 우울증으로 인한 죽음도 병사이다. 즉 폐암으로 죽은 사람이나 뇌기능장애로 인한 자살이나 모두 병으로 생을 마감했다고 보는 시각이다. 이들 죽음에 대해서 차별적 시각을 제거할 수 있는 의학적 증거의 홍보가 필요하다. 일반적으로 '정상인'으로 분류되는 사람들의 자살은 이 논의에 포함되지 않는다.

역사적으로 수많은 '정상인'들이 명예와 신념에 따라 스스로 목숨을 끊었다. 조선 말기 조선의 자주독립을 열방에 알리기 위해 고종에 의해 헤이그에 파견된 이준 열사의 자결이나, 적에 패하여 포로가 되는 수치를 겪는 것보다 자살을 택했던 한국 역사 속의 장군들, 그런 남편을 따라 함께 죽음을 택하는 부인들, 2차 대전 일본 패전 장군들의 자결 그리고 한국 사회에 큰 충격을 준 대통령이나 국회의원의 자살은 본인의 신념이나 의지에 따른 행위이다. 그 같은 결정에 이르는 과정이 병적인 정신 상태일 수도 있지만 정신질환자의 자살과는 다른 카테고리에 속한다.

정신질환자들의 자살은 본인의 의지와 상관없이 끊임없이 그리고 감당할 수 없도록 환자들의 마음을 막다른 상황으로 몰고 간다. 거기에는 목표를 지향하는 신념이나 의지가 힘을 쓰지 못한다. 많은 경우 그들에게는 삶보다 죽음이 편한 것이다. 어떤 정상인들에게 자살은 선택일 수 있지만, 환자들에게는 선택의 여지가 없는 강박이나 강요이다. 그들의 병적인 상황을 파악하고, 이해하고, 신체적·영적 치료를 통해 그 상황에서 빠져나오게 해야 그들은 삶의 양지로 벗어나올 수 있다. 암 환자를 전방위로 치료해 죽음의 위험에서 건져내고(혹은 실패하더라도), 우울증 환자를 적극적으로 치료해 자살의 위기에서 살려낸다면(혹은 실패하더라도), 두 경우의 환자에 대하여 편견 없이 최선을 다하는 것이다.

그러나 현재의 사회적 통념이나 의료 시스템은 우울증 환자보다는 폐암 환자에게 더 긍정적으로 작용한다. 어떤 뇌질환의 증상이 환자를 자살로 이끌 때 이를 막을 방법은 암 환자를 살리는 기술보다 제한돼 있다. 뇌질환은 아직도 풀지 못한 뇌의 화학적 메커니즘으로 가득 차 있기 때문이기도 하지만, 이 병에 대한 무지와 편견이 효과적인 치료에 걸림돌이 되기 때문이다. 이 무지와 편견은 세습되어온 사회적 통념, 그릇된 종교관에서도 비롯됐다.

●

　성희의 남편 스콧은 40대의 건강한 사업가였다. 골프는 아마추어 중에서도 잘 치는 싱글 수준이었고 일에도 열심이었다. 부부는 아침마다 골프장을 함께 다녔다. 산호세에서 상업용 부동산 브로커를 하면서 한국에서 미국에 진출한 기업들의 회사 건물 구매를 중개했다. 수입도 좋았다. 젊은 나이에 골프장이 내려다보이는 게이트 커뮤니티에 좋은 집도 마련했다. 중학교와 초등학교에 다니는 두 아들도 있었다.

　그런데 성희는 남편 스콧이 가끔 죽고 싶다는 말을 하는 것이 이해가 안 됐다. 삶에 열심이면서 죽겠다는 말은 농담 같기도 했다. 그 신호를 알아차렸어야 했다. 스콧은 친구들에게도 죽고 싶다는 말을 했다. 저녁식사 자리에 친구들끼리 모여 대화를 나누다가도 그는 갑자기 살고 싶지 않다는 말을 했다.

　"힘들어, 그만 살고 싶은 마음이 계속 있어. 왜 그런지 모르겠다."

　친구들은 "너같이 잘나가는 애가 죽고 싶다면 우리는 어쩌란 말이냐?"라고 말했다. "잘난 아들들, 아내가 있는데 무슨 소리. 농담하지 마라"면서 전혀 믿지 않았다.

　스콧은 추수감사절을 며칠 앞두고 권총으로 자살했다.

　가족이나 친구들은 믿을 수가 없었다.

70

03
문화의
희생자들

그의 장례를 앞두고 성희 씨에게서 폴에게 연락이 왔다. 기독교 장례로 치르고 싶은데 자살한 사람이어서 목사들이 집례를 맡지 않으려고 한다는 것이다. 성희 씨는 폴의 부인 학교 후배였다. 스콧의 부인에게 기꺼이 집례를 맡겠다고 답했다. 폴은 벌써 여러 번 자살한 사람의 장례를 맡았다. 그때마다 폴은 가족에게 유서를 보여달라고 요구했다.

"남편 스콧이 어떤 상황이었는지 알기 위해서 유서를 봐야 합니다."

폴은 이런 장례식에서 자살한 사람이 천국에 갔는지 아닌지를 확인해줄 수도 없었고, "천국에 우리 사랑하는 사람이 먼저 갔고, 우리는 나중에 천국에서 만납니다……" 이런 식의 장례도 진행하기 싫었다. 폴은 스콧을 장례식에서라도 제대로 대접하고 싶었다. 유서를 통해 그의 마지막 심경을 알고 그의 진심과 고통을 장례식에서 나누고 싶었다. 성희 씨는 감사하다며 이메일로 남편의 유서를 보내왔다.

폴은 그 이메일 유서를 읽으면서 안타까웠다. 유서를 쓰기 이전에 이미 그의 죽음을 예측할 수 있는 언행들이 있었음을 알 수 있었다. "여보, 나 이대로 살고 싶지 않다고 여러 번 얘기했잖아."

스콧은 자신이 죽으면 아내와 두 아들이 새로 이사 가서 살 집도 샀고, 두 아들의 대학 학비로 쓰도록 교육보험도 들어놓았다. 생명보험, 재정보험도 가입해서 아내가 나이가 들면 한 달에 일정 금액이 지급될 수 있도록 했다. 이 정도로 꼼꼼히 준비했다면 적어도 1년 전부터 자살을 결심했음을 알 수 있었다. 그런데 왜 주변에서는 그 신호를 잡지 못했을까?

폴은 아내와 함께 비행기를 타고 산호세 장례식장으로 향했다.

"여러분들은 스콧의 죽음에 집중하기보다는 그가 고통 속에서 싸운 우울증에 집중하십시오. 그분을 판단하지 마십시오. 하나님의 자리에 서지 마십시오. 그리고 여러분을 돌아보십시오. 우리가 할 일은 스콧을 계속 사랑하는 것입니다. 남은 그의 가족들을 사랑하는 것입니다."

폴은 장례식에서 말했다. 그가 남긴 사랑과 열심을 다한 생활, 헌신했던 삶에 대해 말했다.

장례식 후 폴은 스콧의 친구들이 모인 식사 자리에 함께했다. 친구들은 모두 죄책감에 싸여 있었다.

"스콧이 죽고 싶다고 말했을 때 왜 그 심각성을 눈치채지 못했을까⋯⋯ 스콧이 죽고 난 후에 아는 사람한테 그 얘기를 했더니, 그런 말들이 자살하는 사람들의 경고 신호였다는데⋯⋯"

"왜 우리들 중 한 사람도 그걸 알아차리지 못했을까."

그 자리에는 스콧의 UC 계열 명문대 동창도 있었다. 그는 당시 심리상담학 박사과정에서 공부하고 있었다.

"스콧이 동창회에 왔을 때 저를 만났어요. 그 자리에서 저에게 죽고 싶다는 말을 한 적이 있죠. 저는 흘려들었어요. 제 전공이 상담인데 그 정도도 눈치를 못 채다니…… 제가 뭘 배웠는지 모르겠고 후회스러울 따름입니다."

자살에 대한 무지는 우리 주변에 가득 차 있다. 자살에 대한 무지뿐만 아니라 그 사후 처리에서도 폴은 한탄스러운 경험을 자주 한다. 장례 일정을 장의사와 협의할 때 죽은 사람의 머리에 있는 총격 자국은 반드시 완전히 가리거나, 면모자 등을 씌워 보이지 않도록 해야 한다. 폴은 이 같은 상처 자국을 그대로 두는 장례식을 여러 번 경험했기 때문에 이번에는 오픈 뷰잉open viewing을 하지 않기로 했다. 관은 덮은 채 그 위에 고인의 사진을 놓고 뷰잉을 하기로 했다.

"조객들이 상처 자리를 보면 충격을 받습니다. 트라우마로 남을 수도 있습니다."

자살한 사람에 대한 장례식은 '베르테르 효과'를 일으킬 수 있다는 점에서 절차마다 신중을 기해야 한다. 스스로 목숨을 끊었다는 언급도 피하는 것이 좋고, 장의사 측은 고인의 상처 자국을 완전히 가려야 한다. 만일 그날 장례식에 참석한 조객들 중 우울증 환자가 있었다면(본인이 알든 모르든) 자살에 대한 충동과 함께 똑같은 방법을 계획할 수도 있기 때문이다. 폴은 친구의 자살에 충격을 받은 친구나 친지들에게도 무의식중에 자살에 대한 고려나 접근이 있을 수 있음을 알리면서 서로 격려하고 돌보아주는 기간이 필요하다고 말했다.

장례식 몇 달 후 스콧의 부인이 폴의 집을 찾아왔다. 대학 선배인 폴의 아내와도 만나고 폴에게 감사의 마음도 전할 겸 오고 싶다고 했다. 성희 씨는 폴 부부와 만난 그 세 시간 동안 계속 울었다. 아직도 자신의 무지가 남편을 떠나게 했다는 죄책감에 휩싸여 있었다. 남편이 죽고 싶다는 말을 할 때 그가 겪는 고통을 알았어야 했고, 그 심각성을 깨닫고 의사를 찾아갔어야 했다며 후회했다.

그녀는 남편이 죽으면서 그 감당할 수 없는 고통 속에서도 자신과 가족을 위해 준비해놓은 것들을 받아들일 수가 없었다. 남편이 죽으면서 사놓은 새집에서 가책 때문에 살 수가 없다고 말했다. 집의 곳곳마다 그의 마지막 손길이 살아 있는 듯했다.

"집 앞 골프장 길은 산책하기가 좋아. 아들들과 자주 걸어. 행복하게 살아야 해. 하늘나라에서 기도할게."

스콧의 유서에 적힌 글이다. 남편 스콧도 잘못 생각했다.

과연 아내와 자식들이 남편과 아빠가 없는 그 집에서 행복하게 살 수 있을까?

폴은 자신의 이야기를 해주었다. 동생의 이야기도 했다. 그로 인해 가족이 겪은 악몽 같은 시절도 이야기해주었다. 폴은 성희가 겪는 슬픔과 좌절을 자기 자신의 것으로 느끼며 얘기를 나누었다. 폴은 또 자신의 아내가 한결같이 활달하고 명랑했던 것이 좌절감을 이겨낼 수 있는 원동력이 됐다고 말했다.

"성희 씨가 살아나야 두 아들들도 살아납니다. 조금 역설처럼 들릴지 모르지만 스콧의 죽음이 헛되지 않아야 합니다."

그녀는 계속 울었다. 폴 부부는 세 시간 동안 그녀 앞에 앉아 있었다. 아무 말 없이 함께 있는 것만으로도 치료는 시작된다.

"저를 포함해서 성희 씨가 겪는 그런 고난을 겪는 가정이 많습니다. 주변의 사람들이 말을 안 할 뿐이지, 많은 분이 같은 슬픔을 겪고 계십니다. 자신에게만 일어난 일이라고 자책하지 마세요."

세 시간 동안 고개를 떨구고 있던 그녀가 얼굴을 들었다.

"목사님, 이제 살아갈 힘이 생기네요. 목사님의 마지막 말씀이 저를 깨우고 일으켰습니다. 제가 혼자가 아니라는 것, 나 같은 사람들이 또 많이 있다는 것 그리고 목사님이 겪은 고통이 큰 위로가 됩니다."

폴은 자신이 위로받을 자에서 이제 위로하는 자가 됐음을 얘기해주었다.

이런 고통을 겪은 사람들만이 그 아픔을 알고 같은 자리에 있을 수 있다. 폴은 성희 씨가 위로자로, 격려자로 그리고 기도하는 사람으로 다시 일어서기를 바란다고 말했다.

"두 아들의 미래를 위해 어머니가 꿋꿋이 서야 합니다."

자리에서 일어설 때 폴은 그녀의 얼굴이 많이 밝아져 있음을 보았다.

•

폴은 아픈 사람을 찾아가 "고통에는 꼭 숨은 축복이 있습니다"라고 말한다. 숨은 축복이 없다면 고통의 의미를 발견해 보자고 권유했다. 대부분 아픈 사람들은 이 말에 대해 사라(구약성경에서 아브라함의 아내)처럼 웃어넘기거나 때로는 이해하지 않으려 했다. 신이 존재하고 또 그 신이 이 같은 고통을 허락한다면, 그 같은 신은 이 아픈 사람들에게는 원망의 대상이 되었다. 폴은 자신의 모습을 통해 그렇지 않다는 것을 증명해 갔다.

"하나님도 고통의 끔찍한 터널을 지나시며 죽임을 당했습니다. 인류의 역사에서 가장 순전한 사람으로서 가장 비참한 고통을 받은 분이 예수입니다. 그분은 하나님이면서 모욕과 수치 속에 십자가 위에서 팔다리에 못이 박혀 죽었습니다. 고통은 우리의 삶에서 분리되어 있는, 있어서는 안 될 부분이 아닙니다. 받아들이기 힘들겠지만 고통, 고난은 삶에 단단히 얽히어 있습니다. 육신을 가진 우리의 삶에 내재해 있습니다. 겪어내야 하는 과정입니다. 이 과정을 통해 우리는 새로운 세계로 들어갑니다. 하나님이신 예수가 육체로 이 세상에 오신 이유는 그 고통을 겪으며 죽음을 맞기 위해서였습니다. 그리고 죽음을 이기고 부활하셨습니다. 그는 고난과 죽음을 통해야 새로운 삶, 즉 부활로 다시 선다는 것을 직접 우리에게 보여준 것입니다. 세상에 있다는 어느 다른 신이나 종교에도 이 같은 고통과 죽음과 부활의 체현은 없습니다. 힘들지만 이 고통의 의미를 찾으면서 지나가십시오. 어려운 싸움입니다. 그래서 우리 아픈 사람들이 함께해야 합니다. 이 고통을 직접 받았고 우리의 고통을 뼛속까지 아시는 예수님과 함께해야 합니다."

이 싸움들은 언제나 대역전으로 결말을 맺어야 했다. 죽음은 부활로 이어져야 한다. 그렇게 예정돼 있기 때문이다. 다만 우리가 그 예정을 수용하지 못하면서 헛된 고통, 헛된 죽음으로 끝나는 수가 많다. 스콧의 죽음을 비극적이고 헛된 것으로 치부하는 데 그치지 말고, 그 죽음을 통해 아직 이 세상에 남아 있는 사람들이 '다시 살아나는' 과정이 필요하다. 이들 남은 가족들이 '다시 죽는' 고통을 겪지 말아야 한다. 병에 대한 무지에서 시작된 고통은 치료에 대한 무지로 이어지지 말아야 한다.

이 싸움에서 겪는 가장 큰 장애물은 우리의 선한 노력에도 불구하고 '죽기까지 고통이 끝나지 않을 수 있다'는 모순적인 사실이다. 하나님을 믿음으로써 세상의 모든 어려움이 우리가 바라는 대로 해결된다면, 하나님은 더 이상 신이 아니다. 그것이 불가능하기 때문에 하나님이 있는 것이다. 세상의 번영과 즐거움을 위해 하나님이 있기보다는, 해결되지 않는 나약함과 고통을 위해 하나님이 있다. 그래서 하나님과 함께 하는 길은 험하고, 좁은 길이다. 사람들이 피하는 곳, 쇠약해지는 곳, 견디기 힘든 고통 속에서 발견되는 하나님이 축복이다. 이 모순을 받아들이기 시작할 때 정신질환자 가족들의 삶은 치유되기 시작한다.

죽음에 이르는 편견 정호의 아들

정호는 매주 골프 모임에 나간다. 어느 날 골프 후 네 명이 식당에 마주 앉은 자리에서 자식들에 관한 얘기가 나왔다. LA 북쪽 무어파크 지역에 살면서 1년 넘게 라운딩을 함께 한 네 명은 상공회의소 멤버들로 서로 깊은 얘기도 많이 나누는 사이가 됐다. 라운지에서 가져온 다크비어를 몇 잔 마시고 마음이 느슨해진 정호는 이날 따라 자신의 고민을 나누고 싶었다.

"둘째 아들이 대학교에 못 가고 집에 있습니다. 머리도 나쁘지 않은데 고등학교 때부터 공부에 전념하지 못했습니다. 본인 말로는 집중을 못하겠다고 하네요. 제가 보기에는 우울해요. 겉으로는 대화를 하지만 속으로 무슨 생각을 하는지 모르겠습니다. 정신적으로 스트레스가 있는지 밖으로 나가지를 않습니다. 벌써 1년이 넘었어요. 조금 걱정이 됩니다."

정호는 이날 파트너를 제대로 만났다. 골프를 함께 친 이 파트너는 그의 딸이 비슷한 문제를 겪고 있어 현재 약을 복용하는 상황이었고 폴 김 목사를 잘 알고 있었다.

"우울증 같은데요. 요새 그런 젊은이들이 많습니다. 치료하면 좋아져요. 제가 아는 정신건강 관련 단체가 있는데 그런 문제들을 상담해줍니다. 그 단체를 이끄는 폴 김 목사를 한번 만나서 얘기를 나눠보세요."

골프 파트너는 정호에게 폴 김의 연락처를 알려주었다.

정호는 그날 저녁 아내에게 말했다.

"여보. 둘째가 우울증인 것 같은데 우리 상담을 한번 받아봅시다. 마침 전문기관의 좋은 목사님을 소개받았는데 아들이랑 함께 가봅시다."

79

그러나 아내의 반응은 뜻밖이었다.

"아니, 우리 애가 어때서요? 그 나이에 대학 못 가고, 취직도 안 되고 그러면 조금 우울할 수도 있죠. 뭐가 우울증이라는 거예요? 왜 멀쩡한 애를 정신병자 취급을 해요?"

그녀는 남편의 말에 전혀 귀 기울이지 않으며 남편에게 화를 냈다. 정호는 아내를 계속 설득했다.

"정신과 의사를 만나보자는 것도 아니고 그 분야에서 도움을 받을 수 있는 목사를 만나서 상담을 받아보자는데 왜 반대를 해? 내가 보기에는 정신적으로 많이 힘든 것 같다는 거야. 상담받고 치료받으면 좋아질 수 있다는데 방치할 수는 없잖아."

그러나 아내는 완강했다.

"말도 안 되는 소리 하지 말아요. 정신병이라는 게 한 번 약 먹기 시작하면 평생을 먹어야 하고 치료도 되지 않는 거라는데."

아내의 편견이었다. 우울증은 별거 아니라는 것, 정신병은 치료되지도 않고 평생 약을 먹어야 한다는 것, 무엇보다도 정신병자는 우리 집에 있어서는 안 될 존재라는 것…… 정호는 기회를 봐서 아내에게 다시 한번 얘기를 해야겠다며 이날은 말을 접었다.

그러나 정호가 보기에 아들은 더 나빠지는 것 같았다. 그는 아들에게 병이 있음을 점점 더 확신하고 있었다. 얼마 후 정호는 심각한 마음으로 아내를 설득하려고 했다.

"우리가 아무것도 안 하는 사이에 애가 더 나빠지는 것 같아. 분명히 도움을 받아야 해. 먼저 상담만이라도 받아보자고."

"우리 아들이 어떻다는 거예요? 왜 멀쩡한 애를 정신병으로 몰아가는 거예요? 우리 집에 정신병자가 있다는 건 말도 안 돼요. 그런 생각 집어치워요!"

정호는 막막했다. '아들은 도움이 필요한 것이 분명한데…… 어떻게 해야 하나.' 그렇게 날이 가고 있었다.

그로부터 일주일쯤 지난 어느 날, 정호는 외출하려다 말고 아들을 찾았다. 아들은 뒤뜰에 있었다. 그는 아들에게서 전보다 더 어두운 분위기를 느낄 수 있었다.

"걱정이 있어 보이는데…… 기분이 어때?"

"그냥 그래요."

정호는 아들에게 용기를 줄 수 있는 이런저런 얘기들을 했다. 아들은 묵묵히 듣고만 있었다. "괜찮아. 다 좋아질 수 있어. 힘을 내라고."

정호는 벽과 얘기하는 듯한 기분을 느꼈다.

"아빠는 나갔다 올게."

정호는 아들의 어깨를 두들겨주고 밖으로 나왔다.

그날 오후 정호의 아내는 외출에서 돌아와 주차하기 위해 차고를 열었다. 차 앞 유리창으로 무언가 길게 내려와 있었다. 정호의 아내는 무엇인가 확인을 하려고 차에서 내려 열린 차고 안으로 들어갔다.

"악!"

그녀는 차고의 대들보에 목을 맨 사람을 보았다. 그녀의 아들이었다.

그녀는 후들거리는 손으로 아들의 몸을 잡아 올리려 했다. 몸이 말을 듣지 않았다. 그녀는 차를 들이대고 그 위에 올라가 아들 몸을 잡았다. 아들은 아무 반응이 없었다. 그녀는 비명을 지르며 이웃에게 도움을 청했고 911로 전화를 했다.

앰뷸런스가 출동했지만 이미 아들 성진은 숨을 거둔 뒤였다.

그로부터 이 가족들에게는 말할 수 없는 깊은 어두움이 덮쳐왔다.

정호의 아내는 할 말을 잊고 멍하니 있을 뿐이었다. 그녀는 자신이 아들을 죽게 했다는 심한 자책감에 휩싸였다. 남편의 말을 듣고 아들이 전문가나 정신과 의사에게 상담받도록 한 번이라도 갔어야 했다는 후회가 순간마다 몰려왔다. 남편의 말을 따르지 않은 자신이 너무나도 미웠다. 그녀는 남편을 쳐다볼 수도 없었다. 그렇게 간곡하게 아들의 병을 얘기하던 남편의 말을 무시하고 화를 낸 데 대해 고개를 들 수가 없었다. 다시 담아보고 싶어도 과거는 모든 것을 휩쓸고 한순간에 지나가버렸다. 다시 돌아올 수 없었다. 그녀는 그 차고에 들어갈 수도 없었다.

정호는 정호대로 무기력 증상에 빠져버렸다. '아내의 반대를 무릅쓰고 상담을 해야 했는데……' 그는 왜 자신이 그토록 나약하게 굴었는지 이해가 되지 않았다. 아들을 살릴 수 있는 기회가 있었는데 자신이 그것을 놓아버렸다고 한탄했다. '아내를 무시하고 혼자라도 아들을 이끌고 병원에 가야 했는데……'

부부는 대화조차 할 수 없었다. 정호의 큰딸, 죽은 청년의 누나도 충격에 무너졌다. 누나는 동생이 자살했다는 것에 깊은 자책감을 가졌다. 동생은 누나에게 자주 의논을 했다. 우울하고 힘들다, 어떨 때는 죽고 싶다, 엄마 아빠한테는 말하지 말아달라, 엄마 아빠가 걱정할 테니까, 나를 위해 기도해달라, 이런 얘기들을 동생은 누나에게 계속했다.

누나는 바빴다. 직장에서 인정받는 직원이었다. 교회에서는 청년 그룹의 리더로서 봉사 활동을 이끌었고, 다른 멤버들의 고민도 들으며 도와줬다. 그룹 내의 청년이 동생과 비슷한 증상이 있어 그를 위해 밥도 사줘가면서 말을 들어주고 위로하는 시간도 가졌다. 그런데 정작 자기의 동생은 죽음에 이르도록 아무런 도움을 주지 못했다. 누나는 동생의 고통을 방치하고 죽음을 막지 못한 것은 자신의 책임이라며 자학했다.

언제나 살아 있는 사람들의 문제가 심각해진다. 그들 앞에 갑자기 던져진 죽음은 이제까지의 세상이 보여주지 않았던 전혀 다른 세계를 드러내기 시작했다. 죽은 아들의 어머니는 자신의 편견과 오만이 '죽음에 이르는 죄'였음을 깨달으며 회한에 몸부림쳤다. 아버지는 자신의 우유부단함과 무능에 대해 자책했다. 누나는 집 안에 병든 영혼을 놓아두고 바깥에 있는 사람들을 찾아다녔다며, 그것이 종교적 허영심이었다며 비관했다. '다른 사람한테는 그렇게 베풀었으면서 동생한테는 무엇을 해주었나.'

이들 가족에게는 어떤 위로의 말과 치료의 약이 있을까? 무지와 편견 속에서 환자는 희생되고, 살아남은 자들의 싸움은 여기서부터 시작된다. '여기서부터'라고 했지만 그들은 이미 영혼의 전쟁터 최전방에 내던져져 있다. 이곳에서는 인류의 위대한 스승들의 좋은 격언들이나 말씀들이 허공을 치는 메아리일 뿐인 경우가 많다.

어둠에서 빛으로

정신질환에 대한 일반인들의 편견과 무지는 다른 의학이나 과학 분야에 비해 지식정보 습득이 훨씬 못 미치는 상황에서 비롯된다. 중증 정신질환자들에 대해 갖는 외적인 거부감, 귀신이 들리거나 영적인 저주로 보는 종교적 무지와 선입관*그리고 자신의 병적인 상황을 인정할 수 없거나 감지할 수 없는 환자 자신, 이런 것들이 정신질환, 뇌기능장애 환자들에 대한 치료의 길을 막고 있다. 이들 환자 커뮤니티는 사회의 한구석에 방치되어 있다. 봉사단체나 의료기관, 종교단체들이 이들에게 적극적으로 다가서지 못한다. 의료관계자들은 이 질병에 대한 인식 전환을 위해 계몽과 교육을 계속 확대해나가야 한다.

아직도 대다수 일반인은 자신이 뇌기능장애나 정신질환과는 무관한 지대에서 살고 있다고 여긴다. 그러나 정신의학적인 관점에서 대부분 인간은 증상이 가볍거나 무거운 상태의 차이일 뿐, 정신질환의 한 스펙트럼에 포함돼 있다. 정신질환은 특정한 사람에게 찾아오는 것이 아니다. 누구나 질환을 겪을 가능성을 가지고 있지만, 어떤 자극이나 계기를 통해 발병

◆　실제로 귀신이 들려 영적인 축사 과정이 필요한 경우도 있다. 이 분야는 또 다른, 아직도 밝혀지지 않은 것이 많은 어둠의 지역이다. 의료인뿐만 아니라 이 분야의 종교 전문가들이 관여하는 곳이다.

하는가 하지 않는가의 차이이다. 여러 정신의학자가 거의 모든 사람이 정신병의 범주에 들어가 있다고 본다.

우리 중에 얼마간 신경증이나 성격장애 증상을 갖고 있지 않은 사람은 거의 없다. 신경증인 사람들은 자신을 항상 수준 미달이고 늘 엉뚱한 선택을 하는 열등한 존재로 자각하고 있다. 반면에 성격장애가 있는 사람들은 자신을 문제의 근본 원인으로 여기지 않으며 오히려 자기보다는 세상이 바뀌어야 한다고 생각한다. 사실 많은 사람이 신경증과 성격장애를 둘 다 갖고 있는데 이들을 '성격 신경증 환자'라고 부른다.♦

한국의 예를 들면 〈한국 사회 전체에 정신적 고통이 만연하다〉라는 제목의 경제협력개발기구 OECD 보고서를 인용할 수 있다. OECD는 한국인의 정신건강과 관련 의료 시스템을 조사한 평가보고서에서 세계 최고 수준의 자살률과 학교 폭력, 알코올 남용, 도박, 인터넷 중독의 심각성을 꼽았다.

자살률이 세계적으로 높다는 것은 그만큼 사회가 집단적으로 병 들었음을 뜻한다. 학교 폭력과 따돌림은 청소년들에게 정신질환을 일으키는 결정적인 요인의 하나이다. 이 부문

♦   M. 스콧 펙, 《아직도 가야 할 길》, 최미양 옮김, 율리시즈, 2011.

에서도 한국이 위험 수준을 기록한다는 것은 잠재적으로 미래에 새로운 정신질환자들을 양산해내는 '학교'라는 시스템이 존재한다는 뜻이다.

한국인의 알코올 소비는 세계적으로 널리 알려져 있다. 알코올 남용은 정신질환을 확산시키는 주요 촉매이다. 알코올 남용을 통해 한국 사회는 전반적으로 정신병에 걸려 있다고 봐도 된다. 이 같은 시스템 안에서 앞장에서 본 것처럼 부부끼리, 부모자식끼리 서로 정신질환을 주고받으며 살아가고 있는 상황들이 허다하다. 다만 드러나지 않거나 본인들만 아니라고 주장할 뿐이다. 또한 세계 최고 수준의 인터넷 인프라 시스템과 IT 발달은 그 역기능으로 한국인의 인터넷 중독을 초래한다. 이 와중에 폭력적인 댓글문화도 형성됐다.

많은 한국인이 뇌기능장애나 정신질환과 무관한 지대에 살고 있지 못하다. OECD 보고서에서 수전 오코너 박사는 특히 "의료적 관점에서 가벼운 증상의 정신장애는 제대로 진단, 치료되지 않기 때문에 한국인의 정신적 고통은 만연한 수준"이라고 제시하고 있다. 그녀는 이 같은 한국인의 만연한 정신적 고통에 대해 (현재의 한국 의료 시스템이 그렇듯) 정신병원에 장기 입원하는 것이 능사가 아니고, 유럽·미국 등의 나라들처럼 지역사회가 환자 관리에 적합하도록 건강보험이나 의료보장제도를 바꿀 필요가 있다고 제안했다. 오코너 박사는 또 한국인들이 정신건강 서비스를 쉽게 이용할 수 있도록 접근성을 개선하고, 정신질환에 대한 편견을 해소하는 것이 절실하다고 보고했다. 이를 위해서 환자들이 정신과 병원 방문을 통해서 치료를 받을 뿐만 아니라 전문 봉사단체, 직장, 가정 등 다양한 지역사회를 통한 지역사회 중심 치료를 강조했다.

지역사회 중심 치료 시스템을 통해 무엇보다도 정신질환, 뇌기능장애에 대한 편견이나 무지를 많이 퇴치할 수 있다. 특히 학교나 종교, 봉사단체들은 이를 위해 많은 일을 할 수 있다. 한 예로 미국 남가주에서는 릭 워렌 목사가 시무하는 대형교회 새들백 처치Saddleback Church가 수준 높고 전문적인 정신건강 프로그램을 운영하고 있다. 아들을 권총 자살로 잃은 릭 워렌 목사는 환자의 가족으로서 고통을 겪었으며, 누구보다도 그 분야에 대한 이해와 식견이 있다. 새들백 처치는 유명 정신과 의사들이나 치료상담가들이 교인들뿐만 아니라 지역 주민들을 대상으로 강의와 진료를 시행하는 프로그램들을 운영한다.

암을 치료해서 죽음의 기로에서 살려내듯이, 자살에 이르는 병을 과학적으로 치료해야 한다는 합리적인 인식이 필요하다. 자살은 대부분 뇌질환에서 비롯된다. 이 아픈 자들을 적절한 치료를 통해 구해내야 한다는 공개적인 합의가 절실하다. 자살에 대한 사회적·종교적 편견과 무지의 제거가 이 죽음에

새들백 처치에서 설교 중인 릭 워렌 목사.

이르는 병의 치료의 첫째 관문이다.

뇌질환들 중에서도 공황장애, 대인공포증, 폐쇄공포증, 고소공포증들은 귀신 들림으로 여겨지지는 않는다. 영적으로 가장 의심받는 대표적인 세 가지 정신질환은 우울증, 조울증, 조현병이다. 이 병들은 특이한 증상들로 인해 사람들에게 쉽게 '귀신 들림'으로 취급받는다. 이들의 무지로 인해 뇌질환자들이 받는 추가적인 고통은 병 자체의 고통을 능가한다.

'올바르게 아는 것' 하나만으로도 무지의 어둠에서 치료의 밝은 빛으로 나올 수 있다. 다음은 우리 주변에 흔히 있는 그러나 대수롭지 않게 보고 넘어가는 환자들의 모습이거나 증상들이다. 이들에 대한 관찰과 발견만으로도 병의 악화나 비극적 결말을 피할 수 있다. 이 지식들은 무엇보다도 무지와 편견으로 인한 가족의 불행을 막는 유용한 무기가 된다.

우울증

자살 충동

유미는 매일 자살의 유혹에서 빠져나오기 위해 혼신의 힘을 다했다. 유미의 가족들은 '자살'을 무조건 영적인 문제로 삼았다. 사탄이 그런 마음을 주는 것으로 단정했다. 유미도 그렇게 생각했다.

"성경을 읽으면 이런 마음이 없어지리라는 기대로 성경 책장을 넘기려 하지만, 그 한 장을 넘길 힘과 의욕이 없습니다. 손을 뻗치지만 성경책을 열 수가 없습니다. 정말 힘이 없습니다. 아무도 이 상황을 이해하지 못합니다."

가족과 주변 사람들은 그녀에게 "이길 수 있다"고, "의지를 굳게 하라"고 격려했다. 교회 사람들은 "왜 죽으려 하는가, 성령의 도우심을 구하라"고 말했다. 그러나 유미는 결국 스스로 생을 마감했다.

우울증이 깊어지면 '의지를 굳게 할 힘'이나, '성령의 도우심을 구할 힘'조차 없는 것이다. 그것은 이 병의 기본 증세이다. 이런 사람에게 정상적인 사람들의 의지력을 기대하는 것 자체가 환자에 대한 몰이해와 무지이다. 환자는 그들의 '강요'에 더욱 절망한다. 이 무지와 헛된 강요는 유미의 병을 키우며 그녀를 죽음으로 내몰았다.

유미의 가족들은 아직도 유미의 죽음을 부끄러워한다. 주변의 어떤 종교인들은 그녀가 지옥에 갔다며 뒤에서 수군댄다.

무기력

로스앤젤레스의 미주복음방송에 출연해서 자신의 뇌질환 상태에 대해 증언한 김태식 씨의 말이다.

"좋은 것도 싫은 것도 없고, 전혀 의욕이 없습니다. 생각도 없고 감정조차 없습니다. 화도 안 나고, 모든 일에 아무런 관심도 없습니다. 이런 감정이 일주일, 한 달, 몇 달이 계속될 때 아, 이제는 끊고 싶다, 더는 이런 기분으로 지탱해나갈 수가 없다는 절망감이 옵니다. 정말 죽고 싶습니다."

그러나 주변 사람들은 그 마음 상태를 알 수가 없었다. 그를 그저 게으르고 무기력한 사람으로 취급했다. 그들은 김태식 씨의 증상을 사탄의 행위라며 성령의 능력을 구하라고 했다.

김 씨는 우울증, 조울증 등 복합적인 증상을 겪었다. 한국에서 심한 망상을 겪을 때는 북한군이 쳐들어와 전쟁이 났다고 소란을 부리고 다녔다. 그의 형이 그를 판문점으로 데리고 가서 "봐라, 북한군이 어디 쳐들어왔냐"라고 확인시켜줄 정도였다.

김태식 씨는 그래도 '운'이 좋았다. 정신과 의사를 만나 도움을 받으면서 그에게 맞는 약을 찾을 수 있게 된 것이다. 약을 장기복용하고 "기도와 말씀의 힘을 병행하며 회복되었다"고 증언할 수 있게 됐다. 그는 자신의 치료 과정을 여러 사람과 나누며 자신의 경험을 담은 책도 냈다(의사들은 그가 이 책에서 약보다는 신앙의 힘을 강조한 것에 불만을 표하기도 한다).

어쨌든 그는 약물과 본인의 신앙으로 병을 이겨낸 좋은 사례가 됐다. 그의 증언에 따르면 약물도 몇 년간에 걸쳐 서서히 끊어야 성공할 수 있다. 그는 증상이 살짝 되돌아오는 것을 느낄 경우 다시 처방을 받아 약을 복용하는 등 자신의 질병을 스스로 잘 관리하며 살아가는 '모범적인 정신질환자'가 됐다. 이는 마치 만성 당뇨병 환자가 장기적인 약 복용과 운동 등을 통해 자신의 질병을 잘 관리하며 정상적인 삶을 살아가는 경우와 마찬가지이다.

조울증

폭력

"제 아들 준호는 얌전하고 차분하고 침착했어요. 지금 그 애가 보이는 폭력성은 도저히 그의 모습이 아닙니다. 전혀 다른 사람입니다. 처음에는 자기 방 벽을 부수고 구멍을 냈습니다. 방에 남아 있는 것이 없을 정도로 다 부쉈습니다. 시일이 흐르면서 폭력은 방문을 부수고 방 밖으로 나오기 시작했습니다. 거실로 나왔고 말리는 부모를 폭행했습니다. 급기야 옆집에서 신고해 경찰이 출동했습니다. 제 아들은 원래 이런 성격이 아닙니다."

준호의 아버지는 부동산 투자로 성공했다. 꽤 규모가 큰 임대아파트와 상가를 소유하고 거기서 나오는 임대료로 가족들은 풍족한 생활을 했다. 부부는 골프와 여행을 즐기며 살았다. 아버지는 자신의 성공을 근거로 준호에게 항상 '열심'을 강조했다. 준호가 어떤 일에 실패하거나 모자라는 결과가 나올 경우 아버지는 버릇처럼 말했다.

"네가 고생을 안 해봐서 그런 거다. 아비가 너를 잘못 키웠다."

아버지는 아들에게 아버지의 기준까지 오를 것을 요구하며 나무람과 정죄를 반복했다. 그런 아버지 밑에서 자라며 준호는 좋은 대학을 졸업했다. 그러나 취업을 하면 오래 버티지를 못했다. 처음 직장에서는 6개월, 그다음 직장에서 3개월, 그러다가 한 달 만에 직장을 그만두었다. 그다음 직장은 일주일 만에 그만두고, 3~4일, 급기야 출근하는 그날로 직장을 그만두는 시점까지 왔다.

준호는 직장에서 상사나 동료가 업무에 대해 지적을 하면 참지를 못한다. 자기의 방식이 옳다고 따지며 대들었다. 결국은 그들과 언쟁을 한 후에 직장을 나오는 패턴을 계속했다. 준호는 성장 과정에서 아버지의 지적과 비난에 병적인 상처가 나 있었다. 주변이나 직장의 누구에게서 지적을 받으면 참을 수가 없는 심리 상태가 되어버렸다. 지시하거나 지적하는 사람은 아버지의 모습으로 비쳤다. 아버지는 번번이 직장을 그만두고 돌아오는 아들에게 여전히 "세상 물정 모르는 놈, 고생을 시켜야 했는데……"라며 몰아붙였다.

준호의 부모는 궁리 끝에 준호를 군에 입대하도록 설득하기로 했다. 어머니는 아버지와 부딪치지 않으면서 새 인생을 찾아보라는 말로 그를 몇 개월에 걸쳐 설득했다.

준호는 드디어 입대를 결심했다. 모든 입대 절차를 통과한 후 입대가 확정됐다. 입대에 앞서 친구들을 모아 송별회를 했다. 친구들과 가족들은 준호가 건강히 군생활을 하기를 기원하며 배웅했다. 그러나 준호는 2주 만에 집으로 돌아왔다.

그는 부끄러움에 친구도 다시 만나려 하지 않았다. 송별회까지 받으며 떠난 그가 2주 만에 돌아온 것을 알면 친구들이 어떻게 생각할까. 그는 자신이 수치스러웠다. 홀로 고립된 생활로 들어갔다.

아버지는 계속 아들을 나무랐다. 아버지와 아들의 언쟁이 심해졌다. 차츰 준호는 매닉 상태에 빠지며 폭력을 행사하기 시작했다. 그의 방과 물건들은 그의 분풀이로 파괴돼갔다. 폭력의 정도가 점점 심해지면서 어머니는 아들이 귀신에 들렸다고 믿게 됐다. 아들의 그런 모습은 전혀 다른 사람의 모습이었다. 이 시점에서 어머니는 폴을 찾아와 조언을 구했다.

"귀신 들린 것이 아니고 전형적인 조울증 증세입니다. 의사를 만나도록 해야 합니다."

매닉 상태

"딸이 하루 두세 시간만 자는데 피곤해하지를 않습니다. 며칠째 잠을 안 잤는데 괜찮다고 해요. 잠을 자지 않고 오늘이 사흘째예요. 지난 주말 밤에 집에 돌아오지를 않아서 전화했더니 친구들과 라스베이거스에 있다고 했어요. 믿기가 어려워 옆에 있는 친구를 바꾸어보라 했더니 친구가 전화를 받아 라스베이거스임을 확인했습니다. 운전은 딸이 했다고 합니다. 그다음 날 아침에 전화해보니까 벌써 로스앤젤레스에 도착해 있었습니다. 잠도 안 자고 새벽에 운전한 겁니다. 오후에 전화했더니 샌디에이고 집 근처에 와 있다고 했습니다. 또 한 번 놀랐습니다. 그러더니 집에 돌아와 옷을 갈아입고 다시 로스앤젤레스로 향했습니다."

어머니는 딸의 괴력에 놀랐다. 크리스천 어머니는 딸이 사탄의 힘에 씌었다고 생각했다. 그러지 않고서는 그런 힘이 나올 수 없었기 때문이다.

매닉 상태는 조울증의 가장 기본적인 증상이지만 많은 사람이 이에 대해 알지 못한다. 그러면서 치료의 시기를 놓치며 병을 키운다. 이 딸의 괴력은 사탄이 주는 힘이 아니라 병의 증상이다.

조현병

환시

방에서 TV를 보던 딸이 갑자기 엄마를 불렀다.

"엄마, TV 뒤에 다람쥐 들어갔어!"

엄마는 "어디에?" 하며 TV 뒤를 들여다보았다.

"아무것도 없잖아."

"거기 있잖아, 안 보여?"

방의 구조는 간단했다. 여기저기 찾아볼 필요도 없었다. 다람쥐는 없었다.

엄마는 딸을 가만히 쳐다보았다. '이 아이가 귀신이 들렸구나.'

환후

집에 가족들이 모여 식사를 하는 날이다. 식사 도중 아내는 창문을 열라고 한다.

"담배 냄새가 너무 나네."

"담배 냄새?"

가족들은 어리둥절하다.

"담배 피운 사람도 없는데?"

가족들은 서로의 옷에 코를 대고 냄새를 맡아본다.

아내는 기침까지 한다. 이 냄새 맡지 못하느냐며 짜증을 내고 창문을 연다. 겨울 찬바람이 방으로 몰려왔다. 아내는 나지 않는 냄새를 맡는 환후 증세를 보이고 있었다. 그러나 남편은 '아내가 무엇에 씌었구나'라고 생각했다.

환촉

동생 선혜가 팔을 긁고 때리며 벌레가 기어간다고 한다. 폴은 동생에게 팔을 들어 보여주면서 벌레가 어디 있냐고 확인시켜주었다. 동생은 벌레가 없어도 그 기어가는 느낌을 참을 수가 없다며 계속 팔을 긁어댔다.

'사탄이 이제는 동생에게 이렇게까지 장난을 치는구나.'

폴은 그날 교회에 가서 밤샘 기도를 했다.

환청

존은 미국에서 자라난 영어세대 한인이다. 모터사이클 운전이 취미였다. 모터사이클 사고로 머리를 다친 후 그의 머리에서 어느 남자가 계속 말을 하고 있다. 모임에 가서도 앞에 있는 남자가 자기에게 무슨 말을 했다고 하지만 실제로는 그렇지 않다. 물론 영어로 말한다. 환청이다. 존은 이 환청으로 실제 사람이 말하는 것과 환청을 구분할 수 없는 지경에 이르렀다. 그가 의학적 치료를 받았는지는 알 수 없었으나 그의 형이 그를 설득해 한국에 가보라고 했다. 형은 동생 존에게 말했다.

"한국에서는 영어를 안 쓰니까 네가 듣는 말이 환청인지 아닌지를 구분할 수 있을 거야. 한국말이 들리면 실제로 주변 사람들이 얘기하는 것이고 영어로 들리면 환청이라는 걸 알 수 있을 거야."

동생도 그 말에 수긍하고 한국에 나가 살게 됐다. 존은 1년여간 한국말과 영어로 환청 여부를 구분해가며 살았고 처방약을 먹으면서 호전되어갔다. 그러나 존은 모터사이클 사고로 한국에서 생을 마감했다.

성철은 거울 앞에 서면 머릿속에서 소리가 들린다. '너는 다칠 것이다, 죽을 것이다, 나가지 마라' 등등 위협적인 말이 끊임없이 들린다. 그는 머리를 흔들어보지만 환청은 계속됐다. 그는 이 환청에 시달리며 자살을 시도하다가 병원에 입원해 강한 효력의 약을 복용하면서 치료됐다. 약효와 함께 육체적인 부작용도 있었지만 우선 환청을 제거하는 것이 목적이어서 이 부작용은 감내해야 했다.

피해망상

폴의 동생 선혜는 가족이 부엌 식탁에 앉아 식사할 때 자신의 방에서 가만히 문을 열고 식구들을 바라본다. 그리고 잠시 후 문을 닫고 자신의 방에서 나오지 않는다. 폴이 선혜한테 가서 밥을 먹으라고 하면, 식구들이 왜 자기 얘기를 하느냐며 화를 낸다. 폴이 동생에게 아무도 네 얘기를 하지 않았다고 하지만, 그녀는 결코 식구들과 함께 식사하지 않았다. 의심과 피해망상에서 벗어나질 못했다.

대학원생인 경수는 이 세상이 자신을 감시하는 시스템이라며 이른바 '음모론'에 깊이 빠졌다. 그는 방의 커튼이 조금만 열려 있어도 누군가가 자신을 들여다보고 있다며 커튼을 닫았다. 컴퓨터를 켜놓은 상태에서는 누군가가 컴퓨터 카메라로 자신을 들여다보거나 촬영한다며 컴퓨터를 덮어놓는다.

그는 주변 사람들의 행동 이면에 뭔가 다른 의도가 있다고 의심하며 끊임없이 불평과 비난을 늘어놓는다. 인간들을 죽게 하려고 농장에서는 약물을 탄 가축을 생산해내서 고기를 먹을 수 없다고 한다. 식품업계는 유전자 변형 식품으로 인간의 유전자들을 변형시켰고, "우리가 지금 그런 음식을 먹고 있다"며 교수들과의 식사 모임에서도 열변을 토해 분위기를 망친다. 동료들이나 교수들은 그와 식사를 같이 하지 않게 됐다.

그의 피해망상증이 점점 심해지면서, 정부가 조직적으로 민간인들을 노예화하고 있다며 이에 저항해 무기를 수집해놓아야 한다고 주장했다. 결국 그는 신경쇠약증에 걸려 대학원을 마치지 못했다.

신체망상

화장실 거울 앞에 선 마이클이 어머니를 불러 말한다.

"엄마, 내 코가 삐뚤어졌어."

"아니, 무슨 코가 삐뚤어졌대? 멀쩡한데."

그러나 마이클은 계속 거울 앞에서 자신의 얼굴을 비춰본다.

엄마가 일을 갔다 돌아올 때까지 그는 거울 앞에 서 있었다. 그는 샤워를 하면 보통 두세 시간이 걸린다. 샤워장에서 나오지를 않는다. 몸에서 냄새가 난다며 계속 몸을 닦는 것이다.

폴은 이즈음 로스앤젤레스의 크리스천 신문에 신체망상에 대한 글을 썼다. 폴은 이 칼럼에서 한국의 한 TV 프로그램에 소개된 '이상한 사람'을 사진과 함께 소개했다. 그 사람은 얼굴에 온통 테이프를 붙이고 산다. 눈, 코, 입만 내놓았다. TV 인터뷰에서 그는 자기 얼굴이 썩어가고 있다며 세상에 그 모습을 보일 수가 없다고 한다. TV 취재팀이 확인한 그의 얼굴은 멀쩡했다. 그는 전형적인 신체망상 증상 환자였다.

마이클의 어머니가 이 칼럼을 보고 폴을 찾아왔다. 자신의 아들과 비슷하다고 생각했기 때문이다. 어머니에게 폴은 말해주었다.

"조현병 증세의 하나인 신체망상입니다. 시기를 놓치지 마시고 의사를 만나 치료를 시작하세요."

종교망상

크리스천 가정에서 자란 한 젊은 여성은 자신이 예수를 잉태했다고 가족들에게 말했다. 그녀는 너무도 굳게 믿고 있었다. 가족들은 그녀가 사탄의 장난에 속고 있다고 '굳게 믿었다.'

LA 코리아타운의 노르망디 길과 올림픽길 교차로 차도에서 예수를 믿으라는 팻말을 들고 소리치는 사람이 있다. 이 사람은 때로는 차들의 흐름을 방해하며 위험한 순간을 연출하기도 한다. 아무도 그의 말을 듣지 않을 뿐 아니라 오히려 그가 믿는 예수를 경멸하는 반응도 보인다.

정신과 의사들은 이런 사람들을 '슈퍼 릴리저스super religious'(종교 몰두나 지나친 종교 관심)라고 진단한다. 종교망상의 전형적인 경우들이다.

앞부분에서 소개했던 김태식 씨도 종교망상에 깊이 빠졌던 사례이다. 그는 자신이 선지자라고 믿었다. 자신이 기름 부음을 받았다며 전도지를 만들어 길에 나가 전도를 했다. 전도지를 받지 않거나 길에 버리고 가는 사람들에게는 쫓아가서 분노와 저주를 퍼부었다. 그는 매일 묵상을 하고 성경을 읽었다. 어머니가 너무 과도하지 않냐고 말하자 어머니를 나무라며 함께 거리에 나가 전도지를 가지고 전도를 하게 했다.

교회 사람들을 만나면 앉혀놓고 안수를 했다. 어느 모임에 가서도 사람들을 가르치며 머리에 손을 얹고 안수를 했다. 교회 지도자들은 김 씨가 제정신이 아님을 차츰 알게 됐다.

"망상에서 깨어났을 때 교회 사람들에게 얼마나 창피하던지, 저는 결국 그 교회를 떠났습니다. 10년 동안 약을 먹었습니다. 한동안은 방에만 처박혀 살았죠. 주변 사람들과 환경, 특히 저 자신을 용서하면서 회복됐습니다. 그 후 세상과 사람들을 두려워하지 않게 됐습니다."

김태식 씨는 약물치료와 영성 치료를 아우르며 정상생활로 돌아온 경우로, 아픈 사람들에게 자기의 이야기를 들려주며 회복을 돕고 있다.

질투형 망상

문소연 씨는 극단적인 질투형 망상 증세를 보였다. 그녀는 남편이 평소 가족끼리 친근한 여자와 악수를 하거나 농담을 주고받아도 표정이 바뀐다. 집에 와서는 남편의 멱살을 잡고 폭언을 했다. 망상이 점점 심해지면서 남편이 외출 후 돌아오면 어디 다녀왔는지 다 안다고 했다. 어리둥절한 남편에게 가정을 지켜야 한다며 폭력을 행사했다.

급기야 남편에게 칼을 들어서 목을 찔렀다. 같이 살던 딸이 911을 불러 병원에 후송돼 생명은 건졌다. 문 씨의 남편은 퇴원 즉시 행방불명이 됐다.

가족들은 경찰에 실종신고를 내고 백방으로 수소문했지만 남편의 행적은 묘연했다. 몇 달 후 아버지로부터 딸에게 연락이 왔다. 부인 문 씨를 피해 뉴욕 쪽으로 거주지를 옮겼다는 것이다.

남편에 대한 살인미수 혐의로 체포된 문 씨는 정신병원에 입원이 됐다. 정신병원에서도 그녀의 문제는 계속됐다. 딸에게는 귀걸이, 진주목걸이, 시계 등 보석류를 사 오라고 요구했고, 가짜를 사 오면 집어던지며 병원에서 소란을 피웠다. 문 씨의 딸은 육체적·정신적으로 소진되어갔다. 그녀를 지원하던 남편도 지쳐갔다. 문 씨의 딸은 이즈음 폴에게 상담을 하러 왔다.

"병원에서 날뛰는 것을 보면 사탄이 아니고선 저렇게 무섭게 난리를 칠 수가 없다는 생각이 듭니다. 이제는 병원에 가는 것도 지쳤습니다."

폴이 그녀에게 말했다.

"앞으로 당분간은 병원 면회 가지 마세요. 병원의 어머니에게서 전화가 오더라도 절대 받지 마세요. 어머니가 병원에서 무슨 말로 유혹하거나 보고 싶다거나 슬픈 척 전화를 해도 받지 마세요. 이제 자신의 가정을 돌보세요. 남편과 아들에게 힘을 쏟으세요."

폴은 망설이는 그녀에게 경고했다.

"그러지 않으면 어머니뿐만 아니라 본인의 가정도 무너집니다. 지금 힘들어하는 남편과 아이 그리고 본인의 회복에 집중하세요. 어머니는 병원에 맡기면 오히려 더 좋아질 겁니다."

폴은 어떤 경우 환자보다 환자의 가족에게 집중했다. 문소연 씨 같은 환자는 정신질환자이지만 행, 불행을 느끼지 않으며 자기 마음대로 살아간다. 분노와 불행을 느끼더라도 주변에 분노를 퍼부어대면서 본인은 별다른 상처 없이 살아간다. 정작 환자의 가족들은 견딜 수 없는 고통을 받으며 병들어 간다. 때로는 그 환자의 폭력이 걷잡을 수 없을 정도로 주변을 위험하게 하는 경우도 많다. 환자의 가족으로서 여러 경우의 고통을 겪어본 폴은 어떤 의미에서는 환자보다 환자가족 보호가 더 중요하며 긴급하다고 본다.

폴은 조현병의 극단적 망상으로 문소연 씨가 주변 가족을 서서히 죽게 만들고 있다고 보았다. 이럴 경우 환자 문 씨는 병원에 맡기고 그 가족들이 빨리 살아나야 한다.

문 씨의 딸은 폴의 권유를 따라 거의 6개월간 어머니의 전화를 받지 않았다. 그리고 그동안 소홀히 했던 가족들에게 헌신했다. 6개월 후 병원으로 어머니 면회를 갔을 때 어머니는 놀랄 만큼 좋아져 있었다. 요구하는 것도 없었고 폭력 행위는 사라졌다.

피조종 망상

찰리는 가족과 함께 길을 가다가 뒤를 자꾸 돌아보더니 뛰어서 사라졌다. 그리고 한참 후에 집에 나타났다. FBI가 자기를 미행해서 도망쳤다고 말했다. 자신의 방 안에 들어와서도 이곳저곳을 두리번거리며 누가 없는가를 확인한다. 이메일과 컴퓨터를 조사하면서 해킹됐다며 자주 해킹 리포트를 했다. 어머니는 아들이 사탄에게 당하고 있다고 생각했다.

정신질환자들의 많은 가족과 주변인들은 환자들이 악령에 씌었다고 생각한다. 정신병원에 가는 것을 수치스럽게 여기고 부끄러워할 뿐만 아니라 주변에서 알까봐 내색하지 않으며 숨긴다. 상담할 전문기관이나 상담가도 찾기가 힘들다.

일차적으로 손쉽게 상담을 시작할 수 있는 지역사회 단체가 필요하다. 폴이 봉사하는 정신건강가족미션 같은 비영리 봉사단체를 쉽게 찾아올 수 있어야 하고, 학교나 직장, 종교 기관에서 정신질환에 대해서 의학적으로 교육받은 전문가들이 일차적인 상담을 맡는 것도 필요하다.

도움을 얻기 위해 힘들게 찾아가서 만난 상담가나 교역자가 일차 반응에서 "기도합시다"나 "귀신이 떠나가도록 합시다"와 같이 나오면 다른 의료상담가를 찾아보는 것이 나을 것이다. 흔치 않은 경우 실제로 환자가 귀신이 들렸다는, 이들만의 독특한 증상이 발견되면 그 방면에 전문인 목회자나 축사

(귀신 쫓는 의식) 전문 사역자들을 찾아 진단을 받은 후에 그들의 대책을 따르면 된다. 귀신 들림의 문제는 정신질환과는 또 다른 영역으로서 이 방면의 전문가들은 다른 사람들이다(물론 이 그룹에 정신과 의사들이 포함되기도 한다).

•

현대사회 인간들의 삶의 목적은 즐거움pleasure과 번영prosperity이다. 이의 실현을 위해 고통은 불행한 재앙으로 치부되며 이 삶에서 제거돼야 할 것들로 여겨진다. 경제와 정치와 과학은 이의 실현을 위해 장밋빛 목표를 제시한다. 그리하여 '인생은 고해(고통의 바다)'라는 불교 선각자들의 핵심 한마디를 무시하며 '최대다수의 최대행복'을 위해 매진한다. 최대다수의 최대행복이라는 마약 같은 슬로건은 개인주의, 약육강식의 자본주의 사회에서 갈등하며 결국은 수많은 개인 앞에 실패로 모습을 드러낸다. 최대다수의 최대행복은 이 세상에서는 이루어질 수 없는 유토피아적 꿈이다. 인간의 무한대의 욕심과 이기주의가 그 이루어질 수 없는 꿈의 원인이다.

이 유토피아의 환상을 추구할 때 고통과 고난은 불편한 것을 넘어 '악'으로까지 치부된다. 고통과 고난이 찾아오는 순간 우리는 사회에서 낙오되고 격리되는 것을 느낀다. 고통과 고난은 현대문화의 버려진 돌이다. 그럼에도 고난은 우리 삶의 반쪽을 구성하고 있다는 사실을 피해 갈 수가 없다. 정신질환, 뇌기능장애는 현대사회에 가장 만연하고 고통스러운 병이지만 감추어져 있다.

어쩌면 이 정신질환은 2000년 전 예수 시대의 나병과 같은 처지에 놓여 있다. 나병 환자들은 사람들이 살지 않는 마을 밖 외진 곳으로 격리됐다. 예수는 사회에서 쫓겨난 이들 나병 환자들과 함께했다. 이 정신질환의 가장 큰 파괴적 특성은 하나님을 잊게 하고, 하나님을 찾지 못하게 하는 것이다. 하나님의 사람들이 왜 이 질환과 싸워야 하며, 이 질환을 겪는 자들과 함께해야 하는가의 한 이유가 된다. 무지와 편견에서 벗어난 과학적 지식으로 무장함과 동시에, 나병 환자를 찾아다닌 예수의 '덕 virtue'을 앞세워 나가야 한다.

2부

무너지는
가족

내 어머니는 내가 아는 이들 중에 가장 멋진 사람이자
가장 짜증 나는 사람이다. 어머니는 나르시시스트였다.
나는 너무나 오랫동안 그 사실을 알지 못했다.
대학에 진학해 심리학 교재를 읽다가
그제야 어머니가 나르시시스트라는 사실을 알았다.

크레이그 맬킨,《나르시시즘 다시 생각하기》중에서

무지와의
싸움

부모의 죄입니까

어린 시절 1960년대에 동네에서 정신질환에 걸린 젊은 여성이 남루한 옷차림으로 걸어가고 있었다. 며칠 동안 그렇게 바깥에서 생활했는지 신발도 없고 옷은 더러웠다. 머리는 헝클어지고 얼굴은 햇볕에 까맣게 탔다. 동네 아이들이 이 여성을 발견하고 쫓아가며 그녀에게 돌팔매질을 했다. 막대기로 그녀를 치며 재미있어했다. 이 처녀는 자기가 폭행당하는지도 모르는 듯 터덜터덜 계속 걸어갔다. 동네 어른들은 그저 무관심하게 지나가거나 쯧쯧 혀를 찰 뿐이었다.

그 옛날 의료 서비스가 제대로 제공되지 못한 시골 동네에서는 정신질환자들이 치료는커녕 그 같은 비극적인 수난을 당해야 했다. 정신병 치료를 한다며 환자를 몽둥이로 때려 결국은 비명에 죽은 환자들도 많다. 어떤 정신질환자 수용소에서는 환자들을 지속적이고 집단적으로 폭행하면서 사상자가 발생해 사회 문제로 드러나기도 했다.

21세기에 들어서면서 정신질환자들에 대한 이 같은 폭행이나 사회적 추방은 많이 사라졌다. 그러나 보이지 않는 정신적 폭행이나 따돌림, 집단에서의 추방은 여러 곳에 남아 있다. 아직도 어떤 이들은 부모의 잘못으로 자녀들이 벌을 받았다거나 귀신이 들렸다며 그 집안의 내력이나 신앙을 정죄하려 한다. 고통이나 질환을 부모의 잘못이나 죄의 대가로 보려고 한다. 정신질환자, 뇌기능장애자 당사자들은 물론 그 부모나 자녀들까지도 이 같은 편견의 눈길을 받으며 또 다른 고통을 가중받아야 했다.

마찬가지로 많은 부모가 자녀들이 정신질환에 걸렸을 때 자신의 유전자에 그런 병적인 것이 있어 자녀에게 유전됐다고 죄책감을 느낀다. 그러나 현대의 많은 정신의학자, 생물학자가 정신질환에 대한 '유전'과 '환경'의 영향을 연구하면서, 유전자보다는 환경에 정신질환의 원인을 두고 있다.

한때 권위 있는 몇몇 생물학자들이 인간 삶이 오로지 유전자에 의해 지배되는 것처럼 주장하며, 인간 삶을 선천적으로 DNA에 쓰인 암호에 따라 풀려나가는 운명적인 것으로 정의했다. 게놈지도로 인간의 유전자 지도가 완성되면서 유전자가 인간의 행동 양식에서부터 질병 발병과 수명에 이르기까지 모든 것을 결정하는 것으로 극히 '우상'시됐다. 그러나 인간의 질병에 대한 유전자의 운명적 역할은 많은 경우 과장됐음이 드러났다. 오히려 인간 삶은 관계와 환경에서 촉발되는 생리학적·생물학적 신체 반응이 더 중요한 동력임이 뚜렷이 밝혀지고 있다.

전쟁포로로 수용소에 있었던 베트남 포로 군인들, 바다에서 오랫동안 전투를 벌이며 생사의 위험에 처해 있었던 선원들에게 나타난 증후군(전쟁 선원 증후군, 수용소 증후군) 연구(1976년 노르웨이, 핀 아스케볼드 박사)에서 장기간의 스트레스가 뇌의 기능, 조직 노화에 심대한 결과를 초래한다는 결과가 나왔는데 이는 유전/환경의 이분법적 논쟁과는 거리가 먼 것이었다. 불안과 위험 상황, 이로 인한 정신적 스트레스는 뇌 속 스트레스 유전자들을 활성화하고 이 스트레스 유전자들의 생산물은 신체적 반응을 일으킨다. 특히 심장체계와 순환체

계, 면역체계에 영향을 미치고, 진행되고 있는 많은 질병을 더욱 악화시킨다.[◆]

유전자가 독립적으로 자신의 암호를 발현하는 것도 아니고, 유전과 환경이 서로 상관없이 따로 작용하는 것도 아니다. 유전자보다는 신체가 외부의 자극에 어떻게 반응하는가가 주된 변수이며 이 반응에 따라 유전자는 활성화된다. 이때 뇌와 신경계가 신체의 반응과 생리현상을 결정한다. 같은 유전자를 가진 사람들이라도 처한 환경에 따라 다른 유전자 반응을 보이면서 몸의 상태를 유지하게 되는 것이다. 즉 유전자가 독립적으로 인체를 조정하는 운명의 조작자가 아니라, 환경과 인간관계, 뇌기능 등으로 조정되는 생체 운영의 한 부분으로 드러난 것이다(심한 자폐증 같은 경우에는 특정 유전자의 결함이나 이상으로 발병하는 경우가 있다).

특히 정신질환 같은 병에서는 '인간관계'가 유전인자와 인체의 생리적 반응을 일으키는 가장 큰 영향 인자로 꼽히고 있다. 외부적 요인, 환경조건 중에서도 '인간관계'가 가장 핵심적인 요인이라는 것이다. 이 '인간관계'는 질환 발병의 요인이기도 하지만 치료의 중요한 요인이 되기도 한다.

◆ 요하임 바우어, 《몸의 기억》, 이승은 옮김, 이지북, 2006.

이스라엘에 "아버지가 신 포도를 먹었는데 포도를 먹지도 않은 아들의 이가 시리다"라는 속담이 있다. 성경에서 하나님이 이 속담에 대해 시비를 가리면서 "너희가 이스라엘 가운데에서 다시는 이 속담을 쓰지 못하게 되리라"고 "삶을 걸고 맹세"한다(에스겔 18장 3절).

아버지가 신 포도를 먹었으면 아버지의 이가 시다. 아들의 이는 시리지 않다. 아버지의 죄로 아들이 죄의 대가를 받지 않는다는 말이다. 그러나 많은 사람이 조상의 죄로 후손이 죄의 대가를 받는다며 그 가족 전체를 비난한다.

병이나 고난은 조상의 죄 때문이 아니다. 한 개인이 주변 사람들이나 환경과 어떤 상호작용을 하며 살아가는가가 유전자의 활동 방향에 영향을 끼친다. 정신질환자들이나 가족들이 떳떳이 사회로 나와 치료와 혜택을 받지 못하는 이유 중 하나는 종교, 유전학설 등과 연관된 사회의 편견과 그로 인한 차별적 시각이다. 물론 환자의 병적인 폐쇄성이 이유가 되기도 하지만 이 폐쇄성은 치료와 함께 사라질 수 있다.

'인간관계'라는 변수

"제가 그때 환청이나 환시, 환촉까지도 정신질환의 한 증세일 뿐이란 걸 알았다면, 그런 걸 알려주는 세미나에 한 번이라도 참석을 했었더라면, 제 동생을 구할 수 있었을 겁니다."

동생을 잃은 폴의 아픔은 뇌질환에 대한 이해가 깊어질수록 더해간다. 세월과 함께 잊히기보다는 동생의 병에 잘못 대처한 수많은 경우가 더욱더 뚜렷한 회한으로 밀려온다. 그 오랜 세월 동안 동생과의 '인간관계'가 적절히 수립되거나 이어지지 못했다는 데 대해 후회하고 있다. 많은 경우 정신질환은 이 관계의 깨어짐에서부터 촉발된다.

폴의 현재의 미션은 환자와 주변인, 가족들에게 어떻게 이 '치료의 인간관계'를 형성하는가를 알리는 일이다. 또한 어떤 인간관계를 통해 유전자의 병적인 활성화를 막을 수 있는가, 즉 거의 모든 인간에게 내재한 잠재적 질병의 출현을 어떤 인간관계를 통해 예방할 수 있는가를 가르치고 훈련하는 일이다. 그중에는 자칭 '정상적인 사람들'이 정신질환에 대해 잘못 인식하고 있는 '조상 탓', 귀신 들림에 대한 교육과 계몽도 있다.

"귀신 들림은 있습니다. 그러나 대부분의 정신질환은 귀신 들림이 아닙니다. 우리는 처음 싸움에서 자주 이 분별에 실패합니다."

폴은 선혜처럼 아픈 사람들을 찾아 속죄하는 마음으로 혹은 선혜를 돌본다는 마음으로 로스앤젤레스에서 샌프란시스코 그리고 라스베이거스까지 찾아간다. 갚아야 할 빚이다. 사랑스럽고 똑똑했던 여동생에게 진 사랑과 생명의 빚, 지옥과도 같았던 10년의 싸움의 시절이 갚아야 할 빚이다. 이 빚의 청산 과정에서 우리는 실제로 악을 만나고 경험한다. 이 청산의 삶은 싸움이다. 우리가 받아들이기 꺼려하는 혹은 의도적으로 피하는 '실재'와의 싸움이다.

우리가 악을 있는 그대로의 모습, 그 무시무시한 실체 그대로 인식할 수 있도록 독려하는 것이 나의 의도다.[♦]

스콧 펙은 과학자로서, 회심한 크리스천으로서, 정신과 의사와 심리상담가로서, 예수의 가르침을 통한 정신질환 치료로 선구적인 업적을 쌓았다. 그는 하나님과 예수와 선善이 구체적으로 실재하듯이, 악과 악마도 이 세상에 인격으로서 구체적으로 실존함을 증명해갔다.

악이 살인과 관련이 있다고 할 때 그것이 꼭 육체의 살인에만

♦   M. 스콧 펙, 《거짓의 사람들》, 윤종석 옮김, 비전리더십, 2003.

국한되는 것은 물론 아니다. 악은 또한 영혼을 죽이는 것이기도 하다. (…) 지각, 운동, 인식, 성장, 자율, 의지…… 실제 몸은 죽이지 않더라도 이런 생명에 필요한 속성들 가운데 그 어떤 것을 죽이거나 죽이고자 하는 일은 얼마든지 있다.[◆]

악은 애매한 세력이나 경향, 풍조 같은 것이 아니다. 악은 '악인' 그리고 '악마'라는 인격적인 존재로 실재한다. 그 구체적인 존재들을 드러내고, 그들이 어떻게 우리의 영혼과 생명을 파괴하려는지를 보여주어야 한다. 악마가 온갖 정신질환을 통해 우리를 하나님과의 소통에서 끊으려고 한다는 사실, 온갖 정신질환을 통해 우리를 끌고 가려는 무신론 세계, 그 파괴성을 알려야 한다.

사람이 살아가면서 먼저 깨달은 것을 '무지한' 사람들에게 전하는 것은 사랑의 행위이다. 이 사랑의 행위를 통해 악의 예방과 질병의 치료가 일어날 수 있다. 이 과정에서, '이유 없이' 고통 받는 사람들과의 만남에서 비추어지는 하나님과 그의 사랑이 있다. 고통이라는 관문을 통과하지 않고는 이 사랑이 완성될 수 없다는, 받아들여지기 힘든 역설도 인정하게 된다.

고통이 우리의 삶과 화학적으로 엉키어 있어 분리될 수

◆ 앞의 책.

없는 것임을 인정해야 한다. 그 아픔을 소리치고, 때로는 시로 표현하며, 억울해하며, 고통을 말하면서 살아가야 한다. 고통에 신음하며, 고통을 '이야기'하고, 내 삶의 일부로 받아들일 때 고통은 놀라운 그의 역할을 하기 시작한다. 그리고 이 같은 서로의 고통을 얘기할 수 있는 커뮤니티가 있을 때 고통은 경감된다.

번영과 행복의 열쇠처럼 선전된 기독교 믿음의 본질에는 그 선전과는 정반대의 핵심이 존재한다. 고통 받을 이유가 없는 자가 피하지 않고 십자가를 지며, 다른 사람들의 죄를 떠안고 극심한 고통의 과정을 겪는, 죽음으로 나아가는 예수가 그 핵심이다. 이 핵심에는 세상의 번영과 행복이 없었다. 예수는 본인이 그 고통을 지었을 뿐만 아니라 그를 믿는 자에게도 그 십자가를 요구한다. 받아들이기 힘든 요구이다. "누구든지 나를 따라오려거든 자기를 부인하고 자기 십자가를 지고 나를 따르라."(마태복음 16장 24절)

많은 사람의 주장과는 달리 믿음이라는 것은 어렵다. 정신질환자와 그 가족들이 겪는 고통(많은 다른 고통들이 있지만 특히 정신질환을 통해서 환자와 가족들은 육체뿐만 아니라 영혼이 파괴되는 경험을 하게 된다)에서 어떤 사람들은 하나님의 응답이 없는 십자가의 의미를 깨닫게 된다. 마지막 전선은 이 십자가를 지는 싸움이다. 전장에 홀로 서 있다. 이 고통의 통로를 마다치 않고 지나갈 때 죽음의 권세는 우리에게서 손을 놓는다. 고통을 삶에서 떼어내려는 시도는 삶에서의 도피일 뿐이다. 이 시도는 결국은 절망으로 끝난다.

고통이 하나님의 나라를 이루는 경로임을 깨닫고, 이를 함께 나누어 지고 가는 의료적·사회적 수단들 그리고 신앙적 원리들을 실천해갈 때 이 피할 수 없는 길을 계속 나아갈 수 있다. 아버지라는 악의 에이전트에게서 병을 얻은 스텔라를 구하는 방법은 우리가 그녀와 함께하며 하나님 안에서의 그녀의 존재를 계속 인식시키는 것이다. 스텔라의 아버지는 비록 시기를 놓치긴 했지만 그의 병과 죄성에 대해 치료를 받아야 한다. 이런 역할을 수행할 의료 시스템이 수립되고, 사회적 계몽을 통해 많은 봉사자가 훈련돼 나와야 한다. 현재의 사회는 이런 제도가 미약할 뿐 아니라, 때로는 그런 제도의 존재 필요성조차도 인식되지 않고 있다.

폴은 20여 년간 또 다른 선혜들을 찾아다니며 세상의 많은 사람이 고통의 지배구조로 끌려 들어가는 것을 혹은 그 어둠에서 나오지 못하는 것을 보았다. 외관으로 나타나지 않으면서 가정, 학교, 직장과 종교기관에 이 어둠은 숨어 있다. 이 어둠의 정확한 원인과 결과들을 파악할 수 있어야 한다.

부부, 감춰진 보호막

'이 상황이 힘들다는 거 알아. 함께 견뎌줘서 고마워.' 그녀가 이렇게 말했다면 우리의 결혼이 파경으로 끝나는 것을 막을 수 있지 않았을까 하는 생각을 가끔 해본다. 그러나 그녀는 절대 그런 말을 하지 않았다. 분노가 그녀를 사로잡았고 그 표적은 바로 나였다.◆

《한나의 아이》를 쓴 스탠리 하우어워스는 미국의 현존하는 가장 명망 있는 신학자 중 한 사람으로 꼽힌다. 신학계와 크리스천 커뮤니티는 물론 언론계에서도 인정을 받았다. 그는 뇌질환을 가진 아내와 살며 고통을 겪었다.

그의 어머니가 기도 후에 스탠리 하우어워스를 얻었고 어머니는 사무엘을 낳은 한나처럼 하우어워스를 "하나님에게 바쳤다." 어머니의 기도 덕분인지 스탠리 하우어워스는 평생 신앙과 신학을 연마하며 결국에는 《타임》지가 선정하는 21세기 가장 탁월한 신학자가 됐다.

하지만 그는 뇌질환을 겪는 아내와 수십 년을 함께 살며 고통을 당했다. 거의 학대와 같은 고통과 함께 신학 공부, 신앙

◆　스탠리 하우어워스, 《한나의 아이》, 홍종락 옮김, 2016, IVP. 이하 인용의 출처도 동일.

《한나의 아이》 저자 스탠리 하우어워스

04
무지와의
싸움

생활을 계속하면서 스탠리 하우어워스는 인생의 모든 문제에 정답이 있는 것이 아님을 깨달았다. 《한나의 아이》의 부제는 "정답 없는 삶 속에서 신학하기"이다. 그는 아내가 어쩌다 정신질환을 앓게 됐는지, 하나님이 왜 그런 여인을 자기에게 배우자로 주었는지를 알 수가 없었다.

그는 하나님 앞에서 모르는 것이 더 많다는 사실을 인정해야 한다고 강의했다. 신학자이면서 신앙인이었던 그는 아내의 질병과 가족들의 고통 그리고 그것을 통한 하나님의 뜻을 "자신은 알 수 없다"고 말했다. 그러나 인간들이 그 답을 알 수 없다고 해서 하나님의 답이 없다는 뜻이 아니라는 것도 깨달았다. 하우어워스는 자기 아내와 같은 장애자와 같이 살아가는 것을 배워가는 것이 진정한 크리스천의 덕이라는 것을 알게 된다. 기독교는 사회적 약자와 함께하는 것이 기본이라는 그의 신앙관이 발전하면서 밝혀낸 신앙의 비밀이었다.

스탠리 하우어워스의 아내 앤의 조현병, 조울증, 우울증 등 복합적인 병증세는 세월과 함께 악화했고, 그는 이 모든 고통을 처음에는 영문도 모른 채 당했다. 그녀는 가정이나 사회에서의 잘못을 모두 남편에게 돌리며 끊임없이 분노했다. 이 신학자와 부인의 갈등은 다음과 같은 식으로 전개된다.

앤은 뭔가를 하겠다는 거창한 계획으로 일을 시작한다. 예를 들어 거실과 식당에 휘장을 달기로 하지만 계획한 바를 이루지 못한다. 앤의 지독한 완벽주의 성향 때문이다. 하지만 그녀는 일을 해내지 못하는 것을 자기 잘못으로 받아들이지 않았다. 늘 다른 누군가를 탓했는데, 대부분 나였다.

하우어워스의 집에는 아내가 계획해서 사다놓은 각종 인테리어 장식이나 가재도구들이 가득 쌓였다. 취향에 맞는 패션으로 옷을 만들겠다며 옷감을 잔뜩 사 오지만 결국 옷감들은 한쪽 구석에 잔뜩 쌓여 있게 된다. 활기찬 의욕을 가지고 계획했지만 제대로 실행된 것은 하나도 없었고 물건들만 늘어났다.

앤의 증상은 이렇듯 조금 이상하게 느껴지긴 하지만, 큰 주의를 끌지 않는 평범한 일상의 일들로 나타나기 시작했다. 우리 주변의 많은 부부 갈등도 유형은 다르지만 대부분 정신적 질환처럼 보이지 않는 사소하고 평범한 가정일에서 시작된다. 시간이 흐르면서 앤의 증상은 점점 본체를 드러냈다.

앤은 며칠 동안 잠을 자지 못했다. (…) 그녀는 수업시간에 받은 미술 과제에 집착했다. 그녀는 강박적으로 그리고 또 그렸다. 내가 보기에는 다 괴이한 이미지였다. 교수 톰 편의 마음에 들려고 필사적이었다. (…) 교수 톰에게서 전화가 왔다. 앤이 연구실로 찾아와 말도 안 되는 소리를 했고 자신과 어떤 일을 하고 싶다며 상당히 부적절한 제안을 했다고 알려왔다. 나는 아무 일도 없다고 생각하고 싶었지만 뭔가 심각하게 잘못되었음이 너무도 분명했다. 나는 집으로 달려갔다. 앤은 소파에 꼼짝 않고 누워서 지구를 구원할 하나님의 메시지를 기다린다고 했다. 나는 (안전을 위해 우선) 아들을 안고 페리와 베벌리 아널드 부부에게 달려갔다······

그녀는 정신병원에 입원한다(본인은 자신의 병을 인정하지 않는다). 그 가정의 뇌질환과의 고통스러운 싸움은 그때부터 20년 이상 계속된다. 하우어워스 교수는 아내 앤과 함께 정신적으로 쇠잔해갔다. 여러 번의 절망 속에서도 부인과 아들을 위해 자신이 살아남아야 한다는 의지로 버텼다. 그는 정신질환자와 함께 살아가기 위해서 가장 중요한 것은 본인이 살아남는 것이라고 주장했다.

그는 부인과의 관계에서 "노력했다. 그러나 실패가 정해진 일이었다." 중년에 접어들며 부인의 요구대로 이혼했고(본인은 원치 않았지만), 부인은 어느 날 홀로 심장마비로 사망한다.

이 가족들의 수십 년에 걸친 고난 그리고 이혼과 죽음은 명망 있는 기독교학자의 가정을 정신질환이 어떻게 유린하는가를 보여주었고, 그의 강연과 저술에 되풀이해서 등장함으로써 정신질환으로 인한 가정 파괴의 심각성을 환기시켰다. 우리 주변의 부부 갈등의 요인이 성격 차이나 가치관의 갈등이 아닌 정신적 장애, 뇌질환일 수도 있다는 시각의 변화도 일깨웠다.

스탠리 하우어워스의 부인 앤처럼 증상이 심화하면서 정신질환이 드러나는 사람이 있다. 그러나 부부 사이의 경우에서 이 같은 증상이 드러나지 않은 채(혹은 드러나지만 본인과 주변에서 병적인 것이라고 전혀 알아차리지 못한 채), 외적으로는 정상인 듯 보이는 정신질환 속에 살아가는 부부들이 많다. 이런 부부들은 갈등 상황의 근본 원인이 정신질환, 뇌의 병에 있음을 인식하지 못한 채 '서로의 사랑이 식었다' '취향과 성격이 다르다'는 등의 관점에서 문제를 풀어가려고 한다.

각종 부부 세미나, 부부 교실들이 그런 관점에서 문제를 교정하는 데 집중하며 프로그램들을 만들어간다. 기독교성 christianship 회복과 성령의 능력을 강조하는 교회 프로그램들도 많다. 이들 프로그램을 통해 성과도 일어나지만, 프로그램을 마친 얼마 후 다시 고질적으로 부부 갈등이 반복되는 경우도 흔하다. 그들은 회복된 듯했던 부부관계가 다시 엉망으로 돌아가는 것에 당황하거나 절망한다.

남편과 아내의 문제에서 이 같은 프로그램들이 놓치는 부분이 있다. 그들의 정신 상태, 구체적으로 말하면 뇌기능장애, 정신질환의 유무를 파악하는 일이다. 부부관계에서 풀리지 않는 수수께끼 같은 갈등과 파괴의 원인은 이런 정신·신경의학적인 것들이 의외로 많다. 어떤 면에서 의사들이 각 환자에게 수행하는 개인적인 치료와 그에 대한 책임 의식은, 종교인들이 각 교인에게 수행하는 영적인 지도와 교화, 목회보다 더 실천 윤리적이고 효과적일 수 있다. 그러나 대부분 당사자는 자신이 뇌질환, 정신장애가 있다는 사실을 콧방귀를 끼며 받아들이지 않고, 치료에 대해서는 더욱 강력하게 반발한다.

이혼 방지 프로그램이나 변호사 상담, 각종 부부관계 훈련 프로그램 등에서 의학적 치료가 거의 적용되지 않는 이유는 이에 대한 인식과 지식의 보급이 이루어지지 않았기 때문이다. 뇌질환, 정신장애에 대한 부정적인 편견이나 선입관은 이 질병을 금기시하여 치료에 결정적인 걸림돌이 된다. 또한 부부라는 것이 보호막이 씌워진 폐쇄적인 단위이기 때문에 그들 속의 병든 부분이 외부로 드러나기가 힘들다. 자녀들에 대한 학대, 부부 사이의 폭력은 자주 가족이라는 갇힌 사회 단위에서 외부에 감추어진 채 행해진다.

부부 갈등이 비정상적으로 장기화하거나 격해질 때 이들 부부에 대한 의료 진단이 필수적으로 포함되는 해결 시스템이 필요하다. 이 단계에서는 의학적 약물치료와 전문상담가들의 심리치료가 병행되어야 한다. 일부 기독교 관련 단체에서는 이 같은 의료적 치료 행위를 비성경적인 것으로 간주하면서,

'성령의 능력과 기도'로 영성 회복만을 강조하는 경우가 있다. 그들은 과학적인 기독교성의 유용성을 깨닫지 못하거나 아예 그쪽으로는 문을 걸어 잠근다.[◆]

하우어워스는 부인의 사망 후 폴라라는 동료 교수이자 목회자와 결혼하며 새로운 삶을 맞는다. 총명하고 신앙심 깊으며 하우어워스를 깊이 이해하는 새로운 부인과의 삶에서 하우어워스는 말할 수 없는 기쁨과 도전으로 충만한 인생 후반기를 살게 된다. 마치 부인 앤과의 고통스러운 삶을 보상이라도 해주듯 폴라라는 천사가 그의 곁으로 와서 새 인생의 동반자가 된 것이다.

그의 삶은 해피엔딩이라고 볼 수 있다. 그러나 정신질환의 치유나 회복의 해결 없이, 고통에서 고통으로 끝나는 수많은 가족, 부부가 있다. 이들은 하우어워스 같은 새로운 삶으로의 전환 없이 서로의 고통을 주고받으면서 생을 계속 이어간다. 슬프게도 이 같은 경우는 하우어워스의 경우보다 훨씬 많고 보편적이다.

◆ 한때 일부 기독교계는 인터넷을 사탄의 발명품으로 보았고, 전자악기의 예배 도입도 불경시했다. 이제는 인공지능, 로봇, 줄기세포 연구 등 진행 중인 첨단과학을 말세의 사탄의 활약으로 지목하기도 한다. 무엇보다도 이들은 현대 과학이 증명해내는 성경적 진실들에 무지하거나, 알더라도 적용에 인색하다.

병을 주고받으며

"친구는 나의 가까운 곳에 있다. 그러나 적은 더 가까운 곳에 있다"는 말이 있다. 뇌질환 발생의 많은 경우에 트리거*, 즉 방아쇠 역할을 가족이 한다. 가족관계에서의 병적인 의사소통은 뇌질환자의 발병 확률을 높인다. 자신들이 환자임을 인식하지 못하는 부모들의 문제는 심각하다. 어떤 경우 이 부모 밑의 자녀들은 빨리 부모에게서 벗어나서 도움의 손길을 받아야 한다.

학자들은 병리적인 의사소통의 유형으로 '사랑해줘'와 '사랑하지 마'의 두 가지 메시지를 동시에 전달하는 '이중구속' 유형, 가족 구성원들이 가족 내에서 일어나는 것들에 대해 연막을 치며 혼동시키는 '신비화', 힘이 있는 구성원이 규칙을 부여하며 강화하는 '대칭, 복종관계', 알코올 중독자 남편과 '고난받는 순교자' 역할의 부인이 함께 결혼생활을 하는, 환자끼리 서로를 도와주는 '보완적 관계'들을 제시하고 있다.**

---

* 우리에게는 누구나 유전적으로 크고 작은 뇌질환이 발병할 수 있는 확률이 있다. 그 유전자를 자극하는 어떤 환경이나 매체를 여기서 트리거라고 불렀다.

** 스탠턴 L. 존스, 리처드 E. 버트먼, 《현대심리치료와 기독교적 평가》, 이관직 옮김, 대서, 2009.

위의 유형별 가족들의 소통관계는 모두 병적이며 파괴적이다. 부부라는 기본 단위는 서로를 의지하고 보필하고 사랑하라는 의도에서 그리고 그 가운데 자손이 번성하라는 목적에서 만들어졌다. 여기서 부부관계, 자녀관계의 가정이 시작된다. 이 가족이라는 구성체가 서로 간 파괴와 분열에 기여하고 있다면 이런 가정은 창조의 본래 의미와는 다르게 왜곡된 것이다.

우리에게 가장 가까운 육체의 가족이 뇌질환의 트리거가 된다면 환자에 대한 치료뿐 아니라 가족에 대한 치료도 필요해진다. 그리고 우리가 영적으로 의지하는 영혼의 가족에게서도 이 트리거가 일어난다면 우리는 이 가족들에게도 치료가 필요함을 알려야 한다.

최근 폴은 환자 가족의 결혼식에 다녀왔다. 서른이 넘은 지나라는 딸이 조현병을 앓고 있는데 그 여동생이 결혼을 하게 됐다. 폴의 경우와 비슷한 상황이 발생했다. 부모들은 동생의 결혼식에 언니 지나를 데려갈 것인가를 놓고 의논하던 중 아버지와 지나 사이에 언쟁이 붙었다. 어머니는 지나의 입장을 이해하자며 남편과 싸우게 됐다. 다음 날이 결혼식인데 세 가족의 싸움으로 분위기는 어수선해졌고, 결국 아버지가 양보하고 물러서면서 일단락됐다. 지나는 결혼식에 참석하기로 했지만, 그녀는 자신의 처지를 비관하며 밤새 불안정했다. 지나의 어머니는 그런 딸이 불쌍했다.

지나의 어머니는 남편이 환자 딸을 이해하지 못하는 것에 항상 불만이었지만 가족을 하나로 지키기 위해 버티어왔다. 그러나 이날 심한 언쟁 후 어떤 결정을 내리기로 마음먹었다. 지나의 어머니는 결혼식 피로연에서 같은 테이블에 앉은 폴에게 말했다.

"결혼식이 끝나면 남편과 헤어질 겁니다. 그 사람은 아픈 딸과 함께할 수가 없어요."

지나의 어머니는 결혼식 피로연에서 폴을 그녀가 앉은 신부 가족석에 앉게 했다. 조현병의 지나가 불안해하거나 돌발 행동을 할 경우 폴이 그녀를 달래도록 하기 위한 방안이었다. 그 테이블에 앉은 지나의 사촌들은 낯선 폴이 가족석에 합석한 것을 보고 어떤 사이냐고 궁금해했다. 폴은 많은 설명을 하지 않고 명함을 건네주었다. '정신건강가족미션'의 소장 목사라는 타이틀을 보고 그들은 고개를 끄덕였다.

그들도 지나의 증세를 오래전부터 알고 있었고 결혼식 참석 전에 지나의 어머니로부터 대화할 내용에 대해 교육을 받은 터였다. 지나가 무얼 하며 지내는지, 직업을 가졌는지, 학교를 다니는지, 건강은 어떤지 등 일절 질문하지 않기로 했다. 아무것도 하지 않는 지나에게 이 같은 질문들은 발작을 일으킬 수 있는 위험인자임을 그들도 잘 알았다.

결혼식은 무사히 끝났다. 지나의 부모는 손님들에게 환한 미소로 인사하고 답례했다. 결혼식에 참석한 하객들 중 지나 가족의 고통을 제대로 아는 사람은 폴 김 목사밖에 없었다.

결혼식이 끝난 후 지나 어머니는 다시 한번 확인했다.

"이제 남편과 헤어질 겁니다. 그이도 딸과 함께 사는 게 힘들고요."

뇌질환 환자들의 가족들 중에 이런 식으로 깨어지는 가정들이 수없이 많다. 환자의 병세가 장기화하고 회복이 안 될 경우 부부관계, 부모자식 관계는 깊은 상처를 받는다. 다만 이들의 피 흘리는 상처가 가족이라는 울타리 안에 감추어져 외부에 노출되지 않을 뿐이다. 노출되더라도 이들 가족을 사랑과 의학으로 도울 수 있는 개인이나 단체, 시스템은 만나기가 힘들다.

가해자로서 정상생활을 하는 사람이 있고, 피해자로서 정신병원에 입원한 사람이 있다. 정상생활을 하는 가해자, 병원에 입원한 피해자 중 누가 더 심각한 환자일까. 우리 가족들 중에 이 가해자와 피해자들이 공존하고 있다.

환자들의 동거 황준기와 아내

　종화가 황준기를 만난 때는 그가 30대 후반일 때이다. 황
준기는 뒤늦게 미국으로 와서 MBA를 마치고 좋은 회사에 들
어갔다. 대학 때부터 8년 넘게 연애한 아내와 결혼해 두 자녀
를 두었다. 평소 말이 없고 무뚝뚝한 준기는 삶터에서는 전혀
다른 모습을 보이며 그의 어두운 모습을 감추고 있었다. 확신
에 찬 대화법과 해박한 지식으로 거래처 사람들을 사로잡으며

기록적인 판매율을 올렸다. 그는 자신의 회사 제품뿐만 아니라 다른 회사 제품도 의뢰받아 판매하기도 했고, 어떤 회사에서 만들려는 제품을 생산자와 연결해주는 일도 자주 성사시켜 거래처들을 만족시켰다.

그가 공적으로 기계 분야의 세일즈맨으로서 명성을 날릴 때, 사적으로 형뻘인 종화와 만날 때는 친구의 모습으로 속 얘기를 털어놓곤 했다.

"어제 밤새 잠을 못 자고 거리에 나와서 걸어 다녔어요."

"응? 왜 잠을 못 자?"

"요즈음 잠이 잘 안 와요. 머리도 복잡하고. 새벽 2시쯤 나와 집 앞길을 걸어 다녔는데 늦은 밤거리에 사람들이 다니더라구요. 홈리스처럼 보이는 어떤 남자는 내게 담배 있냐고 묻기도 하고요. 가끔 어두운 길에 서 있는 여자들도 있고요. 낮의 세계와는 또 다른 거리였어요."

종화는 어느 날 준기가 다니는 회사 중역과 만날 기회가 있었다. 이 회사 중역은 종화를 통해 준기를 소개받은 사람이었다. 그는 황준기의 부인을 걱정하고 있었다. 회사 임원진들이 아침 일찍 회의를 하는데 그의 부인이 회의실 문을 열고 빠끔히 회의장을 둘러보고 나간다는 것이다. 어떤 경우에는 저녁 임원회의 식사 자리에 갑자기 나타나기도 했다. 처음에 임원들은 어떤 영문인지 몰랐으나 황준기에게 들으니 부인은 남편이 회의 자리에 있는지 확인하는 것이라고 한다.

이 중역은 황준기에 관해 나쁜 소문이 돌아다니는 것도 이야기했다. 황준기를 옆에서 따르며 비서처럼 챙겨주는 여자 직원과 부적절한 관계라는 소문이다. 이 여자 직원은 준기보다 나이도 훨씬 많고, 매력적인 여성이라기보다는 업무에 집중하는 형의 여성이라고 그 중역은 말했다. 이 소문과 함께 준기의 여자관계가 복잡하다는 말들도 돈다는 것이다.

준기의 성격과 행동 방식을 아는 종화는 직감적으로 그런 소문들이 거짓말임을 알았다. 준기는 여성들의 관심을 끌 만하고 또 여성들에게 친절을 베푸는 스타일이지만(대부분 남자가 그렇듯이) 그것이 비도덕적인 관계로 발전한다는 것은 그의 성격과 맞지 않았다.

종화는 준기를 만났다. 이런저런 얘기 끝에 그의 소문에 관해 물었다.

"그 여자가 자네를 유혹해서 깊이 사귄다는 소문이야."

그는 피식 웃었다.

"형이라면 그런 여자의 유혹에 넘어가겠어요? 그리고 그 여자는 그런 유혹과는 거리가 먼 사람이에요."

그는 짤막한 한마디를 덧붙였다.

"아내가 의부증이 있어서 힘들어요."

종종 준기는 나이 많은 그 여성에게 아내에 대한 고민을 털어놓았고 조언과 격려를 받으려 했다고 한다. 나이 든 동료 여직원은 경험을 토대로 여자들의 마음을 얘기해주었고, 준기는 그녀의 얘기를 아내에게 가서 확인하곤 했다. 그러나 그 결과는 준기의 기대와는 달리 재앙이었다.

준기의 아내는 내성적인 성격의 미인이었다. 커리어에서도 남편에 비해 별로 뒤질 것이 없는 여성이었다. 그녀는 준기가 회사에 미팅이 있다고 집에 늦거나 출장을 간다고 할 때 직장 여성과 함께 지낸다고 믿었다. 그녀는 준기가 대학 때부터 주변의 여학생들과 어울려 지냈다는 걸 잘 알고 있었기 때문에(그녀도 그 여학생 무리의 한 명이었다) 직장에서도 동료 여직원들과 잘 지낼 거라며 집에서 늘 그 광경을 공상하곤 했다. 때로는 친구나 주변 사람들에게 울면서 이 '공상 속 남편'의 외도를 하소연하고 다녔다. 그로 인해 주변에서 준기의 외도는 기정사실화되어 있었다.

준기는 그날 대화 도중에 종화에게 질문을 던졌다.

"자살을 어떻게 생각해요? 어떤 병은 자살을 유도한다네요. 어쩔 수 없는 경우도 있나봐요."

준기는 남의 말처럼 돌려 얘기했지만 그날 그의 얼굴은 심각했다.

준기는 또 그의 부인에 대한 분노가 어떨 때는 걷잡을 수 없다고 했다(이는 우울증의 전형적인 증상이었다). 그러나 그는 이 분노를 부인에게 표출하지 않았다. 집에서 나와 밤새 거리를 걷는 것으로 자신의 충동을 달랬다. 종화는 준기의 상황이 심각함을 인식했다. 준기 부부는 치료가 필요했다.

종화는 준기 회사의 중역과 전화로 준기 부부의 문제에 관해 이야기했다. 이 중역은 그다음 날 준기에게 심리 전문상담가를 만나도록 했다. 준기에게 그의 부인과 함께 상담을 받으라고 강권했지만 부인은 가지 않았다. 홀로 의사를 찾은 준기는 우울증으로 진단됐다. 의사는 준기 부부의 지속적인 약물 치료와 상담을 강조했지만 부부는 치료에 나오지 않았다.

종화에게 그들 부부의 불화 소식은 계속 들려왔다. 부인은 남편 직장의 여성에게 여전히 전화를 걸어 남편과의 관계를 물어봤고, 친척들이 모인 자리에서 남편이 바람을 피워 힘들다고도 말했다. 사람들은 그녀를 얌전하고 분별력 있는 여성으로 알고 있었기 때문에 대부분 그녀의 말을 믿었다. 준기의 절망은 깊어졌다.

황준기는 2010년 가을에 목을 매어 스스로 목숨을 끊었다.

도저히 이 기분에서 벗어날 수가 없다. 아침에 눈을 뜨면 왜 내가 살아 있나에 절망한다. 그리고 힘든 몸을 일으켜 다시 하루를 살아보려 결심한다. 그러면서 계속 생각한다. 자살이 과연 죄일까. 자살을 하면 지옥을 가는가. 그러다가 나의 병은 자살 이외에는 해결책이 없다는 결론에 이르게 된다.

준기가 써놓은 글의 일부이다.

의부증은 일종의 망상형 조현병이다. 우울증은 견딜 수 없는 자살 충동으로 이끈다. 남편의 우울증을 돌보며 치료에 협력할 수 있는 사람이 동반자 아내이다. 그런데 그 아내가 의부증이었다. 망상에 시달리는 또 다른 환자였다. 환자인 두 부부는 서로 병을 주고받으며 병을 키웠다.

많은 경우 고장 난 부부관계는 성격 차이나 경제적 어려움, 심지어 자녀 문제 때문에 시작된다고 생각하는 당사자나 전문가들이 많다. 그러나 실제로는 그들이 가지고 있는 정신질환이 부부관계와 가정을 파괴하는 원인인 경우가 많다. 이들 부부는 자신이 정신질환을 앓고 있는 것을 모르거나, 받아들이지 않거나, 알게 되더라도 치료를 제대로 하지 않는다. 이 경우에는 주변 사람들의 충고나 돌봄, 가족 상담 같은 것들이 궁극적인 해결책이 될 수 없다(정신질환이 없이 시작된 단순한 부부 갈등이라면 회복의 결과를 얻는 경우들이 있겠지만). 어떤 때 이같은 프로그램들이 부부에게 일시적인 일깨움을 주면서 일정

기간의 미봉책은 될 수 있다. 그러나 그들이 가진 정신질환에 대한 인식과 치료가 병행되지 않으면 재발은 시간문제이며, 부부관계의 온전한 회복은 불가능하다.

종화는 아직도 부부싸움 후에 로스앤젤레스의 밤거리로 나와 밤새 거리를 걸었던 황준기의 모습을 그린다. 아내와의 갈등과 바람둥이라는 주변의 손가락질에 고통 받으며 결국 죽음의 유혹에 손을 든 남편. 그는 우울증으로 죽은 것이다.

스스로 목숨을 끊었기 때문에, 주변 교회 사람들의 수군거림처럼, 그는 정말 지옥에 갔을까? 혹시 그의 죽음은 서서히 진행된 타살은 아닌가?

공황장애 영숙의 남편

영숙은 남편에게 헌신적인 아내이다. 초등학교를 다니는 두 명의 자녀, 남편과 함께 외부에서 보기에는 행복한 삶을 살았다. 남편의 병을 발견하기 전까지는.

영숙은 남편이 햄버거 가게를 운영하며 바쁜 일과로 운동을 하지 못하는 것을 안타까워했다. 남편은 가게 일이 끝나고 집에 오면 TV를 보다가 자고, 다시 아침에 일어나면 일을 나갔다. 남편은 햄버거 가게를 하나 더 오픈할 계획이었다. 영숙은 이를 반대하며 남편과 자주 언쟁을 벌였다. 그녀는 30대의 나이에 남편의 배가 나온 것도 걱정하며 가게 일을 줄이고 운동을 하라고 권유했다. 비즈니스에 대해서도 둘은 서로 의견이 달랐다.

어느 날 밤에도 언쟁이 시작되며 영숙의 목소리가 커지자 남편은 가슴이 너무 두근대고 숨을 쉴 수 없다며 방으로 뛰어들어가버렸다. 남편은 다음 날 아침 멀쩡하게 출근했다. 영숙은 남편의 행동을 대화를 피하려는 꾀병 정도로 생각했다.

남편은 햄버거 가게를 하나 더 오픈했다. 그는 일주일 내내 밤늦게까지 두 가게를 돌아다녔다. 바빠질수록 심장이 두근거리고 갑작스러운 불안감이 덮쳐오는 것을 자주 느꼈다. 아내의 목소리가 커지면 견딜 수 없는 불안이 오기도 했다(실제로 영숙의 목소리는 그렇게 크지 않았다).

어느 날 학교에서 아들 문제로 호출을 받은 영숙은 저녁 때 돌아온 남편 앞에서 아들을 나무랐다. 아들을 향한 아내의 커다란 목소리에 남편은 다시 가슴이 뛰고 숨이 막힌다며 방에 들어가더니 가방을 싸가지고 나왔다. 불안해서 다른 곳에 가서 자야겠다는 것이다. 남편은 실제로 숨을 가빠했고 심장이 급하게 뛴다며 가슴 부분을 만져보라고 했다. 간신히 남편을 달래서 짐 싼 가방을 내려놓게 하고 그날 밤은 자게 했다. 영숙은 남편의 행동을 이해할 수가 없었다. 그는 마치 불안한 어린아이처럼 행동했다.

다음 날 아침 출근하려는 남편을 설득해 의사에게 향했다. 가정주치의는 남편과 아내의 이야기를 자세히 듣고 심장이나 폐, 내장 등을 진단하고 혈당 검사도 했다. 의사는 남편에게 이런 일이 부부 사이 언쟁이 아닐 때라도 나타나는지 질문했다. 남편은 "그렇다"며 일하는 도중 갑자기 불안과 두려움이 몰려와 화장실로 가서 몇십 분씩 앉아 있다가 돌아오곤 했다고 답했다. 그 같은 감정이 언제 또 닥칠지 모르는 불안함도 있다고 말했다. 의사는 검진 결과 수치들을 들여다보며 말했다.

"당은 조금 높지만 심장, 폐 등은 뚜렷한 이상이 발견되지 않습니다. 갑상샘 분비에 이상이 있으면 그런 증상이 나올 수 있지만 갑상샘도 정상으로 보입니다."

그러고는 부부가 듣지 못한 병명을 제시했다.

"남편은 공황장애 같습니다. 스트레스가 심하거나 몸이 약해질 때, 과로가 계속될 때 혹은 유전적인 요인에서 이 같은 환경에 오래 노출되면 발병합니다. 신경정신과 의사를 한번 만나보시죠."

그래서 둘은 가정주치의가 추천한 신경정신과 의사를 찾아갔다.

"약을 먹으면 치료가 될 겁니다. 정상생활에 지장을 줄 정도로 나빠진 것은 아니니까 스트레스 안 받도록 조절하시고

과도한 업무를 줄이세요.”

“왜 이런 병에 걸리죠?”

“이런 뇌질환은 누구에게나 발병 가능성이 있지만, 선천적으로 스트레스나 강박관념에 대한 대처 능력이 약한 분들에게서 많이 나타납니다. 우울증과 합병증세로 나타날 수도 있습니다. 감기처럼 오락가락하는 증상으로 넘어가는 경우가 많은데, 약을 복용하면 나아질 수 있습니다.”

영숙은 남편이 가끔 어린아이처럼 불안해하는 것이 우스꽝스럽게 보이기도 했다. 이제 그 이유가 나왔다. 정신질환의 하나라는 것이다.

남편은 의사가 처방해준 약을 복용하면서 회복됐다. 그것을 본인이 스스로 인정했다. 그리고 심한 스트레스나 피로한 상황을 피하기 위해 가게를 하나 팔기로 했다. 그 대신 영숙은 파트타임 직장을 잡았다.

남편은 약을 먹고 회복된 후에 약을 중단하면 가끔 약간씩의 불안증세를 보였다. 주변 사람들은 전혀 눈치채지 못하지만 여러 사람이 있는 자리에서 영숙의 사소한 ‘시비’ 한마디가 남편의 불안한 반응을 돋구는 것을 영숙은 감지할 수 있었다.

남편은 이런 자리에서 곧잘 아내에 대한 불만을 옆 부부에게 이야기했다. 때로는 젊은 부부의 사랑싸움으로도 보였다. 어떤 경우 두 사람이 중요하지 않은 주제로 서로 다른 주장을 펼쳐 동석한 부부들은 '귀여운 싸움'이라고도 했다. 그러나 심리전문가들이나 치료사들은 이들의 수상한 낌새를 알아차릴 수 있다.

이들 부부는 아내가 남편의 병에 대해 이해하면서 무리 없이 가정과 비즈니스를 꾸려나가고 있다. 문제는 남아 있다. 남편의 불안증을 참아가며 자신의 의견을 눌러야 하는 부인에게 몇 년 동안 스트레스는 깊이 쌓이고 있다. 처녀 때의 활달하고 밝았던 웃음은 많이 없어졌다.

며칠 전 그 남편에게서 메시지가 왔다. 케냐에서 어젯밤 늦게 돌아왔다고. 그는 비즈니스, 공황장애, 집안일이 한창 복잡한 가운데 갑자기 케냐 단기선교를 간 것이다.

"나와 가족을 생각해서 쉬어야겠다는 생각이 들었습니다. 햄버거 가게를 한 개는 팔고 남아 있던 한 개는 매니저한테 맡겼습니다. 시간이 남아돌기 시작했어요. 마침 그때 교회 목사님이 느닷없이 케냐 선교를 가자고 연락해왔습니다. 신기하게 저는 아무런 망설임 없이 따라나서기로 했습니다."

그는 아프리카 단기선교를 통해 새로운 눈뜸과 영적인 각성이 왔다며 자신의 정신적인 문제점들도 뚜렷이 인식할 수 있었다고 말했다. 그에게서 자신을 스스로 통제할 능력이 되살아나는 것을 볼 수 있었다. 이는 잘 풀리고 있는 행운의 케이스이다.

비슷한 조건에서 어떤 부부는 살아나고 어떤 부부는 악화한다. 이런 것들이 하나님의 주권에 의한 선택이라면, 인간으로서는 왜 그래야 하는지 알 수 없는 일이다.

질투형 망상 이민숙과 관호

이민숙은 외출한 남편이 옷을 모두 벗고 다른 여성과 성관계를 갖는 장면들을 눈앞에서 뚜렷이 본다. 남편이 들어오면 "당신이 어떤 여자와 섹스하는 것을 내가 훤히 봤다. 사회 지도자라는 사람이 그럴 수가 있느냐"라며 다그친다. 직장에서 일을 마치고 들어온 남편에게는 황당한 시비였다.

"또 무슨 소리를 하는 거야?"

남편 관호 씨가 이 씨를 달래고 설명하고 때로는 호통을 쳐도, 그녀의 험한 입과 의심에 가득 찬 눈은 변하지 않는다. 관호 씨는 부인이 나쁜 영에 씐 것처럼 보였다. 그녀는 주변의 친한 사람들은 물론 친척들에게도 이메일을 보내 남편이 지금 이 시간에도 다른 여성과 성관계를 하고 있다며, 남편이 돌아오도록 도와달라고 썼다. 그녀는 성품으로도 나무랄 데가 없다고 주변에서 인정받은 사람이다. 모두 이민숙의 이메일 주장을 의심 없이 믿었다.

기업 이사인 관호 씨는 주변 사람들이 자신을 대하는 태도가 달라진 데 대해 이상하게 생각했다. 어느 날 사촌 형이 그를 찾아와 핸드폰으로 이메일 내용을 보여주며 말했다.

　"자네가 도저히 그럴 사람이 아니라는 것을 나는 믿네. 그래서 이걸 보여주고 확인하는 거야."

　이때 비로소 그는 아내가 자신에 대한 끔찍한 소문을 퍼뜨리고 있다는 것을 알았다.

　관호 씨는 자녀들과 이 문제를 의논했다. 자녀들은 벌써 어머니의 이상한 점을 알고 있었다. 그들에게도 이메일을 보내 아버지의 외도를 호소했고, 집을 방문한 아들에게 아버지가 다른 여자와 함께 있는 사진을 보여주며 깊은 한숨을 내쉬곤 했었다. 그 사진들은 관호 씨가 이사로 있는 회사에서 신입사원 수련회를 갈 때 강사였던 관호 씨가 강의 후에 신입사원들과 함께 찍은 평범한 단체 사진이었다. 다만 관호 씨의 주변에 여성 신입사원들이 둘러섰을 뿐이었다. 이민숙 씨는 회사 직원들이 남편에게 그룹 카톡으로 보내온 사진들을 들여다보고는 그 사진을 자신의 핸드폰에 옮긴 후 자녀들에게 보여주었다. 그러면서 남편의 바람기를 한탄하는 것이다.

　이민숙의 자녀들은 부모가 함께 정신과 상담을 받도록 했다. 자녀들의 요구를 극구 반대하던 이민숙 씨는 이를 받아들여 함께 정신과 의사를 찾아갔다. 이 자리에서 이민숙은 논리가 정연했다. "부인인 내가 더 잘 알지, 당신들 의사가 무얼 아느냐, 내 남편하고 살아봤냐?"라며 오히려 의사를 나무라고 설득했다. 그녀는 멀쩡했다.

진료한 정신과 의사는 '아마 남편이 바람을 피웠을 수 있었겠다'라고 생각하며 아무 처방도 내리지 않았고, 이민숙 씨는 당당하게 진료실을 나왔다. 그리고 남편은 물론 자녀들까지 나무랐다. 이후 다른 가족들로부터 간섭받지 않게 된 그녀의 의부증 망상은 더욱 악화했다.

어느 날 여호와의 증인 두 여자가 관호 씨의 집 초인종을 눌렀다. 이 여호와의 증인들은 주택가를 돌며 선교를 하는 여성팀이었다. 관호 씨가 문을 열고 그들과 몇 마디 대화를 하는데 이민숙 씨가 나왔다. 그러고는 "왜 남편을 꼬시려고 하느냐"며 한 여성의 뺨을 때렸다. 이민숙은 신고를 받고 출동한 경찰에게 집 앞에서 조사를 받았다. 가족들이 나서서 여호와의 증인 여성에게 사과하며 용서를 빌었다. 이 여성은 당한 봉변에 억울하고 황당했지만 고소는 하지 않기로 했다. 이민숙은 이 사건 이후 자신이 정상이 아님을 어느 정도 인식했다. 그러나 치료는 거부했다.

이민숙은 다른 사람과의 관계에서 (보기에는) 정상이었고, 일터에서도 (보기에는) 성실한 여성이었다. 남편은 명예와 평판을 잃은 것은 물론 심한 스트레스에 시달리며 가출도 했

148

고, 자살도 생각해봤다. 그러나 죽는다고 상황이 달라지는 것은 아니라는 판단이 섰다.

이 같은 상황 속에서 관호 씨는 폴 목사가 이끄는 정신건강가족미션의 세미나에 참석했다. 세미나 후에 폴에게 그동안의 사정을 털어놓았다.

"의사도 별다른 처방을 내리지 않았습니다. 제 아내는 틀림없이 귀신에게 씐 것 같습니다."

폴은 그에게 말했다.

"물론 사탄이나 귀신 들림은 있습니다. 그러나 증상은 다릅니다. 현재 부인께서는 정신질환을 심하게 겪고 계십니다. 병원에서 치료를 받아야 하는데 부인께서 거부하시니 힘든 일이네요."

폴은 관호 씨에게 부인이 망상 증세 중에서도 질투형 망상에 빠진 뇌질환자라고 설명해주었다.

"의사나 심리전문 상담가를 계속 만나며 치료를 받아야 하는데 벌써 가족들의 권유를 통한 첫 진료에서 실패했잖아요. 다른 방도를 찾아야겠네요. 이 상황이 계속된다면 관호 씨의 건강도 문제가 됩니다."

진료를 거부하는 환자에게는 폴도 묘수가 별로 없었다. 관호 씨의 생활을 보호하는 것이 중요했다.

그로부터 며칠 후 폴은 어떤 여성에게서 전화를 받았다.

"거기가 미용실인가요?"

"아닌데요."

"미용실이 맞을 텐데요?"

"아닙니다, 여기는 정신건강가족미션입니다."

다음날 다시 전화가 왔다.

"거기 미용실이죠?"

폴은 똑같은 목소리의 이 주인공이 관호 씨의 부인임을 알아차렸다.

"아닙니다."

"미용실이 맞을 텐데."

"아닙니다. 여기는 정신건강가족미션입니다. 어디시죠?"

그러자 전화는 다시 끊겼다.

이민숙 씨는 남편 몰래 남편의 핸드폰을 뒤지면서 새로운 전화번호가 나오면 전화를 해보는 것이다. 폴의 전화번호가 통화기록에 남아 있자 남편이 최근 미용실에서 머리를 깎은 후 미용실 여자에게 전화한 것이라고 의심한 것이다.

가족 중 한 사람이 팔다리가 부러지거나 내장에 출혈이 있다면 즉시 병원으로 후송할 수 있다. 그러나 이민숙 씨 같은 망상 증세 뇌질환자를 병원에 보내는 것은 거의 불가능하다.

현재의 의료나 사회 시스템은 이민숙 씨의 인권과 자기주장을 존중해 그녀가 동의하지 않으면 치료하거나 입원을 시킬 수가 없다. 본인이나 다른 사람에게 위해를 가할 경우에만 강제로 병원에 입원시킬 수 있다(이에 대한 증거가 있어야 한다). 어떤 정신질환자들은 순간적으로 자신을 아주 정상적인 사람인 것처럼 위장하는 데 뛰어나다. 이 경우에 실제로 경찰이나 정신병 담당 경찰팀이 출동하더라도 환자는 재빨리 모습을 바꾸어 정상인처럼 보이도록 언행을 하기 때문에 출동 경찰들은 허위신고로 오해하고 대부분 그냥 돌아간다.

정신질환자 치료에 대한 의료 시스템은 환자 인권에 집중한다. 가족들은 환자들을 병원에 보내지 못한 채 얽매여 사는 경우가 대부분이다. 치료를 받지 않는 뇌질환자의 증상은 점점 악화하며, 함께 사는 가족들은 서서히 지쳐 병들게 되고, 때로는 신체적 부상이나 생명의 위험을 겪기도 한다.

이민숙 씨의 남편 관호 씨의 경우 그는 우선 그의 생존을 위한 방법을 찾아야 한다. 사회생활에서의 체면이나 주변의 눈치를 볼 상황이 아니다. 관호 씨에게는 불안증, 공포증이 찾아오며 가끔 무기력감에도 시달린다. 이 남편은 빨리 아내에게서 떨어지고 멀어져야 한다. 아내나 가족은 이미 기능을 잃었다. 병원 시스템은 강제 입원 치료를 거부하고, 아내는 자신이 병자가 아니라며 주변인들을 공격한다.

관호 씨는 부인 이민숙과 떨어지려고 했지만 그의 모든 생활 기반이 연결된 직장과 커뮤니티를 벗어나 새로운 진로를 찾을 수가 없었다. 나이 들어 새로운 지역으로 홀로 이주해 가는 것도 쉬운 일이 아니다. 그는 부부라는 트랩에 갇힌 채 아직도 이민숙과 살고 있다.

남편과 아내는 가장 행복해야 하면서, 가장 비밀스러운 사회의 기본단위이다. 그 축복받은 비밀의 정원에서 피 흘림이 계속되고, 그 원인이 서로가 알지 못하는 혹은 알면서도 고치지 못하는 정신질환, 뇌기능장애라고 할 때 부부는 해결책 없는 전쟁을 계속할 뿐이다. 이 전쟁 속에서 그들은 의심하고 분노한다.

"나의 남편, 나의 아내는 누구입니까?"

"누가 나의 가족입니까?"

환자를 돌보는 환자 마이크와 어머니

서른두 살의 마이크는 습관적으로 자살을 시도한다. 그를 옆에서 돌보았던 어머니도 지금은 심한 우울증과 자살 충동에 시달리고 있다. 그런데 마이크의 병은 어머니에게서 기인한 것이었다.

그날 폴이 마이크의 어머니를 만났을 때 그녀는 이제 더는 살고 싶지 않다고 절망하고 있었다. 아들 마이크가 또 자살 시도를 하면서 2층 아파트에서 뛰어내린 것이다. 그는 두 다리에 골절상을 입었다.

그전에 마이크는 정신병원에 입원해 있었다. 입원 사유 역시 자살 위험이었다. 마이크는 병원에 입원하자마자 플라스틱 포크로 목을 찔러대며 자살을 시도했다. 손이 묶였고 식사할 때는 다른 사람의 감시를 받으며 숟가락만 사용해 음식을 먹어야 했다. 그러던 중에 마이크는 병원 벽에 머리를 부딪히며 다시 자살을 시도해 며칠간 의식불명 상태에 빠졌다. 몇 달 후 간신히 회복됐고 그 후 차츰 정신적으로도 안정을 찾았다. 거의 1년 만에 병원을 나와 집으로 돌아온 마이크는 잘 지내는 듯 보였다. 그러나 병원에서 나온 지 몇 개월 안 돼서 마이크는 몰래 모아둔 약을 다량 복용하는 자살 시도로 병원에 다시 실려 갔다.

마이크는 어렸을 적에 똑똑한 아이로 학교와 주변에서 인정을 받았다. 어머니는 아들을 '어머니의 목표'대로 끌고 나갔다. 두 아들이 있었지만 어머니는 유독 큰아들 마이크에게 집착했다. 마이크는 어머니가 원하는 의과대학에 진학했다. 의과대학에서도 유명한 명문, '어머니가 정해준' 대학으로 진학해 어머니는 마이크를 자랑스럽게 생각했다. 어머니는 전형적인 자기애성 인격장애자, NPD 환자였다. 마이크를 자신의 욕망대로 만들어가야 했다. 그것이 마이크에게 가장 좋은 선택임을 확신하고 있었다.

그런 마이크가 의과대학 진학 1년 만에 집으로 돌아왔다. 그는 의과대학이 자기에게 맞지 않는다며 다른 공부를 하고 싶다고 어머니에게 말했다. 그러나 아들의 간절한 바람을 들어줄 어머니가 아니었다.

"무슨 소리냐. 참고 공부해야지. 이겨나가야 해."

어머니는 항상 자신의 생각이 옳다고 여겼고, 그녀가 원하는 방식으로 아들의 성공을 이루어내야 했다. 주변의 이목도 생각했다. 아들이 1년 만에 의과대학을 포기하고 돌아왔다는 것은 수치스러운 일이었다.

마이크는 화학물질 냄새를 별로 좋아하지 않았다. 의과대학에서 공부하면서 접해야 하는 약물 냄새에 그는 역겨움을 느꼈다. 인체해부학 시간과 동물들의 피 냄새도 싫었다. 게다가 클래스에서 그는 어떤 사고로 인해 누명을 썼고, SNS에서도 따돌림을 당하고 있었다. 그는 견디어낼 수가 없었다. 어머니의 기대와 고집에서도 벗어날 수가 없었다. 그는 결국 저항할 수 없는 엄마에게 의사표시를 했다. 학교 기숙사에서 뛰어내렸다.

그로부터 어머니와 마이크의 주고받기는 계속됐다. 어머

154

니는 아들이 병에서 조금 회복되면 아들을 '위하는 마음에서' 잔소리를 하며 그를 다시 '바른길'로 몰아가려고 했다. 마이크는 강하게 거부하지만 곧 어머니에게 미안한 마음이 들어 어머니의 요구를 완수하려고 했다. 그러나 병든 마이크에게 임무 완수는 불가능한 것이었다.

어느 날은 마이크의 남동생이 뉴욕에서 잠시 돌아와 가족과 함께 머물렀다. 동생은 뉴욕 대학을 졸업하고 교수에게 인정받으며 대학원 박사과정에서 공부하고 있었다. 동생은 형에게 말했다.

"형은 나보다 훨씬 뛰어났었잖아. 이제 마음을 잡고 다시 시작해봐. 형은 충분히 해낼 수 있어."

그것은 듣기에 칭찬과 격려의 소리였다. 그러나 뇌질환 환자들에게는 좌절을 불러일으키는 비난의 소리였다. 마이크는 어렸을 때 동생을 가르치며 지냈다. 동생도 똑똑했지만 마이크의 명성에 가려 집안에서 별로 관심을 받지 못했다. 그랬던 동생이 뉴욕 대학에서 곧 박사학위를 받고 교수 자리를 준비하고 있었다. 마이크는 집에서 잠옷 차림으로 하루하루를 무의미하게 지낼 뿐인데. 동생은 뉴욕으로 떠나는 날 형의 손을 잡고 말했다.

"형은 완전히 나을 수 있어. 기대할게."

동생이 떠난 다음 날 마이크는 또 한 번의 자살 시도를 했다.

마이크의 어머니는 겉으로는 여전히 강했다. 그러나 속으로 그녀의 병은 깊어갔다. 그녀는 자기가 그리고 가족들이 어디서부터 잘못되었는지 종잡을 수가 없었다. 그녀의 얼굴은 어두워지고 쉽게 분노가 치밀어 올라왔다. 그동안 살아온 인생이 모두 비극과 허망한 것으로 가득 차 있다고 여겨졌다. 주변의 사람들이 공연히 미워지며, 함께 대화할 때 싸우는 일이 잦아졌다.

그녀가 우울증으로 깊이 들어가 있는 것을 폴은 첫 대면에서 감지할 수 있었다.

"마이크를 돌보고 치료하는 것도 중요하지만, 저는 어머니가 걱정입니다. 빨리 의사를 만나보시고 상담을 받아보세요."

마이크의 어머니는 폴의 권고를 받아들이지 않았다.

"제가 무슨 병이 있다고…… 저는 괜찮아요. 저까지 아프면 안 되죠."

뇌질환자, 정신병을 앓고 있는 사람들의 가장 뚜렷한 특징은 자신은 아프지 않다고 확신한다는 것이다. 심리치료인들은 이것을 '부정denial'이라고 부른다. 일반 환자들, 즉 위장병 환자, 골절환자 등 눈에 보이는 육체적 질환자들은 자신의 병을 인정하고 의사의 지시를 당연히 따르며 치료에 임하지만, 뇌질환자들은 자신의 질병을 받아들이지 않으며 약물복용이나 치료를 기피한다. 그들이 이 부정의 단계를 지나 자신이 병자라고 인정하는 순간에야 환자는 약이나 치료를 받아들이며, 회복단계로 넘어갈 수 있다.

자신이 정상이라고 믿고 살아가는 '정상인 같은 환자'들은 평생 그 질환을 가진 채 치료 없이 살아간다. 이들 중에 일부는 사회적·정치적·경제적으로 큰 성공을 이루며 지도자의 자리에 서는 경우도 있다. 또 다른 일부는 병을 키우고 중증으로 이어진 후 치료 시기를 놓친 후에 병원에 입원하기도 한다.

문제는 이들 중 일부는 '정상인인 것처럼' 착각하고 살아가면서, 그 주변인들과 가족에게 이 뇌질환을 전파한다는 것이다. 강박과 스트레스, 때로는 억압, 폭력의 수단을 사용한다. 이런 것들을 사용할 때 그들의 심리 상태는 항상 '자신은 옳다'는 확신이다.

트라우마라는 시한폭탄 니콜라스 김과 김소현

니콜라스 김은 이라크 전쟁에서 수색병과 소속이었다. 그는 최전방에서 지뢰 탐색을 하고 지뢰를 제거하는 역할을 했다. 어느 날 그의 부대는 한밤중 적의 습격을 받았다. 아비규환의 총격전에서 동료가 죽고 자신도 부상을 당했다. 이 전투의 기억과 함께 그의 고통이 시작됐다. 그가 이라크 참전 복무를

마치고 돌아왔을 때 그는 이미 외상후스트레스장애PTSD에 시
달리고 있었다.

흔히 '트라우마'라고 불리는 PTSD는 전쟁·교통사고·고
문·재난·폭행 등을 경험한 뒤에 되풀이해서 나타나는 우울, 불
안, 공포감이며, 증세가 악화하면 환각과 망상에 시달린다. 환
자들은 이 공포에서 벗어나기 위해 정신적 투쟁을 벌이고 때
로는 마약을 하거나, 자신의 환경에서 벗어나 가출을 하고 길
거리 생활을 하기도 한다.

이라크에서 돌아온 니콜라스는 캘리포니아 가디나의 한
아파트에서 어머니와 함께 살았다. 어머니 김소현 씨는 서울
대학교 음악대학을 나와 시카고와 위스콘신에서 기악으로 석
사학위를 받았다. '레 제투알Les Etoiles'이라는 피아노 트리오 멤
버로 활약하면서 성당에서 피아노 반주자로 봉사했다. 복음성
가 반주자로도 활동했다. 한국에서 남편과 헤어진 후 피아노
레슨을 통해 생활을 해나가며 20년간 홀몸으로 두 아들을 키
웠다. 둘째 아들은 직업을 갖고 독립해서 살았고, 이라크에서
돌아온 큰아들 니콜라스와 어머니 김소현 씨는 함께 살았다.
이라크에서 돌아온 후 니콜라스는 로스앤젤레스 커뮤니티 칼
리지에 등록해 4년제 대학으로 전학을 준비했다.

그러나 2011년부터 PTSD 증상이 악화했다. 그는 "생명
을 지키기 위해" 칼을 여러 개씩 가지고 다녔다. 증세가 심할

때는 음식에 "독약을 탔다"며 먹지 않았다. 어머니와의 언쟁도 잦아졌다. 그는 주변 사람들을 경계하고, 유일한 가족인 홀어머니도 의심하며 학대하기 시작했다. 때때로 어머니에게 위협을 가하면서 폭력적으로 변했다. 극심한 죽음의 공포가 되풀이되는 증상도 악화했다. 그는 마약에 손을 대며 이 공포를 잊으려 했다.

2013년 베테랑병원(제대군인 병원)에서 피해망상 조현병으로 진단이 나왔다. PTSD가 상습적인 마약 복용으로 인해 극심한 조현병으로 발전한 것이다. 그는 누군가가 자신을 죽이려 한다는 말을 자주 했다. 차량을 운전할 때는 옷으로 차의 창문을 모두 가렸다. 갑자기 자신의 몸을 숨기며 적이 보인다는 등 전형적인 조현병 증세를 보였다.

니콜라스는 베테랑병원에 입원 신청을 했다. 그러나 환자의 증가로 인해 1년 6개월을 기다려야 입원이 가능했다. 치료를 제대로 받지 못하고 입원도 어려워진 니콜라스의 증세는 심해졌다. 그는 정상적인 생활이 불가능했다. 2014년에는 두 차례나 마약 복용 운전으로 체포됐다.

어머니 김 씨는 점점 심해지는 아들의 폭력성에 두려움을 느꼈다. 그녀는 아들이 무서워 피해 다니는 상황을 얘기하며 성당 교인들에게 도움을 청했다. 성당 교인들은 병원에 입원이 안 된 상황에서 치료약도 제대로 복용하지 않는 니콜라스가 어머니와 함께 산다는 것은 위험하다고 파악하고 성당에서 니콜라스를 돌보기로 했다. 니콜라스는 성당에서 교인들의 돌봄을 받으며 지냈다. 그러나 의료 지원이 없는 그들의 돌봄은 한계가 있었다. 그즈음에 니콜라스의 어머니는 가정상담소에서 소개받은 폴에게 전화를 했다.

"목사님, 아들이 때로는 제 아파트로 와서 문을 강제로 열고 들어오려 해요. 무서워서 지낼 수가 없네요. 어떻게 해야 할지 모르겠어요."

성당에서 기거하는 니콜라스는 어머니에게 자주 가서 시비를 걸거나 터무니없는 요구를 했다. 어머니가 거절하면 분노를 폭발하며 어머니를 위협했다. 폴은 어머니에게 되도록 빨리 니콜라스가 모르는 곳으로 이사를 하고 접근금지 신청도 하라고 말했다. 그러나 비극은 더 빨리 찾아왔다.

니콜라스의 어머니는 그날 음악대학 동문들의 야유회를 준비했다. 항상 하던 대로 동문들이 먹을 음식을 충분히 만들어 야유회에 갔다. 모처럼 모인 음대 친구들은 김소현 씨의 호탕한 웃음을 들으며 즐거운 시간을 가졌다.

"소현이는 항상 밝게 살며 주변에 봉사하려고 노력했죠. 모이면 그애 때문에 즐거웠어요."

그날 소현 씨와 함께 수다를 떨며 즐거워했던 동문들은 이틀 후 그녀의 피살 소식을 전하는 뉴스를 접하게 됐다.

음대 동문들의 야유회 다음 날 니콜라스는 어머니의 아파트를 찾아가 망치로 문을 부수고 들어가 어머니를 칼로 찔러 살해했다. 그는 당시 마약에 취한 상태였다. 친구들, 동문들은 소식을 믿을 수가 없었다.

"이럴 수가…… 하루 전날 소현이가 야유회에 사과를 갈아 넣은 쌈장과 잡곡밥을 마련해 와서 쌈밥을 얼마나 맛있게 먹었는데…… 그애는 천사예요."

아들이 어머니를 살해하는 사건은 대부분 정신질환, 뇌기능장애가 원인인 경우들이다. 어머니는 아들이라는 이유로 그 위협에 대한 적법한 절차를 밟지 못했다. 아들이 모르는 곳으로 이사를 하거나 아들에 대한 접근금지 명령, 신체 위협에 대한 신고를 통해 '만일의 사태'에 대비해야 했다. 만일의 사태라기보다, 신체 위해 가능성이 매우 높은 상황이었다. 그러나 어머니와 아들이라는 관계, 가족이라는 울타리를 여전히 믿고 있었다. 그 울타리는 보호막이 되기보다는 외부와의 소통이 막힌 감금의 장소가 됐다.

김소현 씨처럼 믿음이 있고 봉사하는 사람의 종말이 이같이 비극적일 때 사람들은 선한 것과 신에 대해 배신감을 느낀다. 어떤 사람들은 그녀의 죽음에서 종교적인 의미를 찾으려고 한다. 악에 무너진 선한 신앙인에게 하나님의 목적이 있을 것이라며, 이 상황을 극적으로 전환해 하나님을 비난으로부터 보호하려고 한다. 그럼으로써 자신의 믿음을 의미 있게 포장하려 한다. 그러나 이런 것들은 무리한 포장이며 위험한 가식이다.

선한 자의 고통과 죽음은 우리의 삶에서 동떨어진, 일어나지 말아야 할 사건이 아니다. 그런 비극은 우리의 삶에서 제거돼야 하고, 삶은 풍성함과 평안으로만 가득 채워져야 한다는 인류의 환상. 이 같은 행복 추구는 환상임을 깨달아야 한다. 개인의 인권과 자유, 풍족한 물질을 추구하는 이상을 가진 현대인들에게 "고통이 그토록 충격적인 이유는 삶의 이유를 쾌락과 개인의 자유를 추구하는 데 두기 때문이다."♦ 현대인들은 하나님의 역할을 이 같은 개인의 자유와 물질주의를 성취하는 데 필요한 보조자나 위험부담을 처리하는 보험 정도로 인식하고 있다.

고통은 행복과 마찬가지로 삶이라는 그림을 꼬아가는 실타래의 한 줄기이다. 개개인마다 그 고통의 실타래의 색깔은 다르다. 우리는 '왜?'라고 자꾸 질문하지만 하나님은 침묵 속에서 우리가 이해할 수 있는 답을 벌써 내놓았다. 질문도 벌써 있었다. 십자가가 그 질문이며 또한 대답이다.

우리에게 고통은 과정이다. 그 고통이 죽음의 권세를 이기는 통로이기 때문이다(이 같은 주장에 반대하는 사람들은 흔히

♦　팀 켈러, 《고통에 답하다》, 최종훈 옮김, 두란노, 2018.

'당신이 이 같은 고통을 겪어보았는가?'라며 이 고통을 겪어보지 않고 그런 말들은 할 수 없을 것이라고 비난하기도 한다. 그러나 고통의 필연성을 말하는 많은 사람이 일반 사람들이 겪어보지 못한 극심한 고통의 경험자들이라는 것을 얼마든지 예시할 수 있다). 고통의 길에서 보이지 않고, 있을 것 같지 않은 하나님을 찾아 따르는 것이 믿는 자의 삶에 대한 태도이며 신앙의 목표이다.

예수가 십자가에 못 박힐 때 당한 "하나님이라는 네 아버지가 왜 너를 살려주지 않느냐?"라는 조롱과 멸시를 우리도 당하게 된다. 니콜라스 김의 어머니가 왜 그렇게 죽어야만 했니? 왜 그녀의 하나님은 그녀를 살려주지 않았니? 라는 의문과 비웃음을 받게 된다.

이 싸움은 우리의 겉장식들을 모두 태우고 속에 남아 있는 것, 감춰져 있던 것들을 드러낸다. 하나님의 침묵 속에서 우리가 믿고 있던 것들이 모두 타서 연기로 날아간 후 맨몸으로 서서 하나님을 믿을 것인가, 아니면 하나님을 떠날 것인가라는 선택을 하게 된다.

덕의 변질, 마약

니콜라스 김은 경찰에 체포된 후에도 횡설수설하며 경찰의 심문을 받을 수 없을 정도로 마약에 취해 있었다. 마약과 정신질환이라는 두 요인이 합쳐 존속살해라는 비극이 벌어진 것이다. 현대사회는 이 '마약의 해방'에 열광하고 있다. 자유주의와 개인주의 그리고 인권이라는 단어들이 정치와 경제, 사회 전반에서 세력을 장악한 시대가 계속되면서 정의의 주체는 '나' 자신이다. 내가 옳은 것이 옳은 것이고, 다른 사람들은 나의 '권리'를 침해해서는 안 된다. 인간의 행동 규범을 이끌어왔던 보편적 '덕virtue'의 정의는 변질되고, 개인의 권리와 자유주의가 주장하는 새로운 덕의 정의가 계속 확장된다.

목적론과 계급구조로부터 해방된 개별적 도덕 주체는 스스로를 자신의 도덕적 권위의 주권자로 생각하거나, 도덕적 철학자들에 의해 그러한 것으로 여겨진다. (…) 이 호소는 정말 개인적 욕망과 의지의 도구로 나타날 것이다.[♦]

매킨타이어는 "도덕은 최대다수의 최대행복을 목적으로

♦ 알레스데어 매킨타이어, 《덕의 상실》, 이진우 옮김, 문예출판사, 2021.

한다"라는 제러미 벤덤의 공리주의의 모순을 지적한다. 공리주의를 쉽게 말한다면 모든 사람이 최대로 행복해지는 것이고 이것이 사회의 윤리적 기준(덕)의 목표라는 것이다. 개인행동의 윤리적 기초는 이익과 쾌락의 추구라는 공리에서 추론됐다. 자본주의의 근본원리가 된 이 공리주의로 인해 고통은 철저히 배격되기 시작했고, 고통과 불행은 인간의 삶에서 제거돼야 할 애물단지로 전락했다.

그러나 "최대다수의 최대행복"이라는 공리의 실현은 개인의 사익 추구를 전제로 하는 자본주의의 원리와 배치된다는 사실이 드러났다. 이 모순이 같은 공리학자인 존 스튜어트 밀에 의해 발견되면서 그 의미가 상실된다. 신기한 것은 밀이 이같은 공리주의의 모순을 발견한 것이 그가 신경쇠약◆을 겪고 난 후에 이루어졌다는 사실이다. 그는 신경쇠약을 통해 개인의 쾌락과 이익을 추구하는 사회적 공리의 실현이 불가능한 '지역'이 있음을 깨달은 것이다.

최대다수의 최대행복 추구라는 자본주의 개념의 사회에서 '행복을 추구할 수 없는' 자들의 삶은 제외되었다. 밀은 신경

◆ 신경쇠약neurasthenia은 정신질환의 한 증상이다. 누적된 피로와 스트레스로 두려움, 불안, 분개의 감정이 통제되지 못할 정도로 표출되며, 비상식적인 감정 위주의 행동을 보인다. 자살이나 성취 욕망 등의 극단적인 생각들이 나타나는 심리적 장애이기도 하다.

쇠약증을 앓는 중에 제어할 수 없는 고통의 존재가 삶에 확연히 포함되어 있음을 깨달았다. 고통은 제거의 대상이 되는 악한 것이 아니라 선한 삶에도 포함된 한 부분이라는 것을 깨달았다.

벤덤의 공리주의를 근본으로 쾌락과 이익을 추구하는 개인주의, 자본주의 사회는 두 모순된 논리로 인해 '덕의 상실'로 가는 큰길을 내어주었다. 덕의 상실이란 모든 덕의 기준이 '나'가 되는 것이다. 그중의 하나가 인간의 뇌기능을 파괴하는 마약의 공용화와 남용이기도 하다.

서구사회에서 마리화나는 이미 상용화·합법화되어 담배처럼 손쉽게 유통되고 코카인, 헤로인 같은 마약은 불법임에도 공공연히 사용된다. 마리화나는 인체에 독성이 별로 없는 담배 같은 기호식품이라는 마케팅이 성공하면서, 마약이라는 악명에서 벗어나고 있다. 코카인, 헤로인도 곧 마리화나 같은 후한 대접을 받게 될지도 모른다.

마약을 통한 뇌손상 질환은 현대사회의 감추어진 대재앙이다. '마리화나는 인간의 영혼과 육체에 해로운 마약이다'라는 보편적 덕의 개념이 변질돼, '마약 복용은 개인에 따라 좋고 나쁨이 다른, 개인의 선택사항이다'라는 개인적 덕의 개념으로 채택되었다. 수많은 사용자가 제정신을 잃고 있지만 그들과 그 마약 사용 지지자들은 '개인의 선택의 자유'라는 '덕'의 이름을 달고 악의 소굴로 이 사회를 이끌어가고 있다.

166

폴은 지금도 후회한다. 그때 니콜라스 어머니가 즉시 아파트를 옮길 수 있도록 도와주어야 했는데 때를 놓쳤다. 그녀는 그렇게 죽으면 안 될 고귀한 여성이었다. 이들의 무의미한 희생을 막기 위해 사회는 정신질환자는 물론 그 가족들에 대한 보호 정책을 마련해야 한다. 개인의 자유와 인권의 이름으로 만연하는 마약의 범람을 막을 '덕의 회복'도 중요하다.

어머니를 살해한 니콜라스는 마약의 환각 상태에서 정신을 차린 후 살인죄로 기소됐다. 그의 몸에서 여러 개의 칼이 발견되면서 살인의 계획성, 의도성이 추정돼 1급 살인으로 재판정에 서게 됐다. 그는 무죄를 주장했다.

어머니와 아들 진오와 어머니

진오는 종화의 대학교 동창이다. 청바지를 사면 서로 바꿔 입고 다니고, 서로의 집에서 자기 집처럼 잤다. 그는 외아들이었다. 그의 부모는 느지막이 얻은 외아들에게 모든 것을 다쏟았다. 라스베이거스를 다니며 포커 놀음을 즐기는 아버지에게는 경제권이 없었고, 어머니가 모든 재산을 관리했다. 어머니는 남편보다 아들을 더 소중하게 여겼다. 진오는 어머니의

'지극한 사랑' 속에 손에 물을 묻히지 않고 살았다. 모든 것은 어머니가 다 마련하고 해결해주었다.

어머니는 진오에게 "빨리 결혼해야지?"라고 말하면서도 좋은 혼처가 생기면 딴소리를 했다. 반대한다는 소리도 아니었다. 중매를 통해 실력 있는 커리어우먼이 나서면 "같이 박사 공부할 여자면 더 좋겠는데……"라고 했고, 공부를 계속할 수 있는 박사학위 과정의 여자가 나타나면, "참 좋네. 그런데 경제 생활은 어떻게 해가지?"라고 했다. 어떨 때는 사주팔자가 맞지 않는다고 했고, 눈이 이상하게 생겼다고도 했다.

그러던 진오에게 사랑하는 여인이 생겼다. 레이철이라는 이 여성은 어렸을 때 부모와 함께 아르헨티나로 이민을 갔다. 그곳에서 부모들은 일본계 농장에서 일을 하다 몇 년 후 새로 농장을 차려 자리를 잡을 수 있었다. 동양식의 쌀, 채소, 과일 등을 생산해 당시 크게 늘어나는 동양인들의 식탁에 농산물을 제공하는 비즈니스로 성장했다. 부모들은 자녀들이 미국으로 진출하기를 원했다. 그래서 레이철은 로스앤젤레스로 유학을 와 다운타운의 패션스쿨에 다니고 있었다.

이번에는 진오가 강력하게 결혼을 주장하며 어머니의 어떤 핑계도 받아들이지 않았다. 어머니는 양보하면서 진오에게 조건을 하나 걸었다. 결혼해도 분가하지 않고 집에서 같이 산다는 조건이었다. 진오도 집에서 나갈 생각은 없었다. 정확히 말하면 그는 어머니를 떠나서 살 자신이 없었다.

진오는 레이철을 설득했다. 레이철도 진오를 사랑했을 뿐 아니라 그와의 결혼이 미국시민권을 보장받는다는 것을 알고 있었다. 레이철도 조건을 하나 걸었다. 진오가 함께 교회를 나가야 한다는 조건이었다. 둘은 결혼식을 올렸다.

신혼 초부터 진오 부부와 진오의 부모가 함께 사는 집에서는 이상한 갈등들이 시작됐다. 레이철은 밤에 그들 부부의 방 앞을 서성이는 진오 어머니의 발걸음을 들으며 불안해졌다. 어떤 밤은 남편 진오와 성관계를 하고 있을 때 진오의 어머니가 방문을 불쑥 열고 들어왔다.

레이철은 부끄러워서 다음 날 아침 방 밖으로 나갈 수가 없었다. 진오는 부인에게 미안해했다. 그러나 그 미안한 마음이 전부였다. 레이철의 불만을 들었지만 어머니에게 아무런 항의도 불만도 말하지 않았다.

진오의 어머니는 레이철에게 수시로 진오는 자기 것임을 과시하는 신호를 보냈다. 진오는 레이철이 차리는 밥상보다는 어머니가 차리는 밥상을 더 좋아했고(어머니 앞에서 어머니를 만족시키려는 연극일 수도 있었다), 어머니는 아들의 그런 태도에 흐뭇해했다. 레이철은 그럴수록 신앙에 매달리며 상황을 넘겼다.

그러나 모르는 사이에 진오의 마음은 병들고 있었다. 그는 부인 레이철을 사랑하지만, 레이철의 비위를 맞추기보다는 레이철이 어머니의 비위를 맞추기를 바랐다. 그러면서 레이철이 고통 받는 것도 안타까워했다. 진오의 아버지는 가족들의 눈치를 보며 누구의 편도 들지 않았다.

진오 모자와 레이철의 삼각관계는 항상 긴장 상태였다. 어머니는 아들과 며느리를 압도하고 있었다. 레이철이 진오와의 결혼을 통해 미국시민권을 따게 됐다. 그녀가 아르헨티나 고향 집으로 휴가를 떠날 때 진오는 동행하지 않고 어머니와 함께 집에 머물렀다.

진오와 레이철 그리고 어머니 세 사람 중에서 가장 스트레스를 받는 것은 진오였다. 마음이 약하고 남에게 강요를 못 하는 성질의 진오는 모든 상황을 안으로 받아들이며 쌓아갔다. 레이철은 패션 디자이너로 채용되면서 늦게 귀가했다. 어머니는 여전히 아들의 빨래를 하고 밥을 차려주며 아들이 자신의 지시를 따르도록 통제했다.

아르헨티나에 있는 레이철의 부모가 사위 집의 이상한 분위기를 눈치채고 로스앤젤레스로 왔다. 레이철의 부모는 진오 부모에게 제안했다.

"제가 사위에게 집을 사주고 싶습니다."

진오 아버지는 적극적으로 찬성했고, 진오의 어머니는 속으로 계산을 했다. 나쁠 것이 없었다.

진오 부부도 아이 때문에 새로운 공간이 필요했다. 레이철의 부모는 사위에게 집을 사주고 아르헨티나로 돌아갔다.

그러나 진오 부부가 어머니와 떨어져 살면 간섭이 덜해질 것이라는 레이철 부모의 예상과 기대는 빗나갔다. 진오 어머니의 간섭은 계속됐다. 진오 부부가 출근하면 진오의 어머니는 그 집에 들어와 집안 살림을 뒤져보고, 때로는 냉장고에 음식을 채워놓고, 방을 정리했다. 레이철이 늦게 오는 날은 진오와 함께 이 새집에서 밥도 차려주면서 지냈다. 어머니는 아들의 마음을 계속 장악하며 결코 놓지 않았다. 진오는 아내와 어머니 사이에서 마음이 나누어진 채 갈등과 스트레스 속에 지냈지만 전혀 내색하지 않았다.

그의 증상은 의처증부터 시작됐다. 레이철이 직장에서 늦게 오는 날이면 회사로 찾아가기도 했다. 그녀가 무얼 하고 다니는지를 자주 물어보며 거짓말 여부를 확인했다. 진오는 레이철이 가족관계의 불만을 다른 남자를 통해 해결할 것이라는 의심을 하고 있었다. 진오는 가끔 종화에게 아내의 직장생활을 걱정하는 말을 했다. 아내가 집에서 살림만 하는 것이 바람직할 것이라는 말도 했다.

그러던 그는 직장에서 앨라배마로 발령이 났다. 1년간의 프로젝트 계약직이었다. 레이철은 로스앤젤레스에서 계속 직장을 다녀야 했기에 당분간 진오 혼자 앨라배마 몽고메리에서 지내면서 한 달에 한 번 캘리포니아 집을 방문하기로 했다.

우연의 섭리

그로부터 석 달 후 종화는 레이철의 전화를 받았다.

"남편이 안 좋아요. 몽고메리에 있는 직장의 부장에게서 전화가 왔어요. 남편이 이상하대요. FBI가 미행하고 있다고 하고, 컴퓨터를 해킹당했다고 말한대요. 처음에는 정말 그런가 하고 알아보았는데 그런 게 아니라더군요."

"언제부터 그랬대요?"

"그곳으로 출근해서 한 달 정도 지난 후부터래요. 부장은 더 이상 근무할 수 없을 거라 하네요."

종화는 레이철과 함께 비행기를 타고 그의 근무지로 향했다. 앨라배마주로.

앨라배마주 몽고메리 리저널 공항에는 진오 회사의 부장이 직원 한 명과 함께 나와 있었다. "오늘은 출근하지 않았습니다. 집으로 가보시죠."

부장은 진오에 대해 말했다.

"처음에 진오 씨가 컴퓨터가 해킹당하고 있다고 해서 모두들 놀랐지요. 진오 씨가 컴퓨터 전문가인데 그가 그렇게 말할 정도면 상당히 신빙성 있다고 생각했죠. 그러나 조사 결과 터무니없는 말이었습니다. 진오 씨와 논리적으로 대화가 안되는 것도 발견했습니다. 눈빛이나 행동도 아주 불안해졌습니다."

　레이철과 종화가 온다는 연락을 이미 받은 진오는 원베드룸 아파트 방에서 그녀와 종화를 맞았다. 초췌한 낯에 눈동자는 여러 곳을 살피며 불안정했다. 몸은 홀쭉 말라 있어 바지의 허리춤이 헐렁해 보였다. 레이철은 남편의 몸을 어루만지면서 말했다.

　"이제 집으로 가요. 혼자 고생이 많았네요."

　진오는 흘깃 아내를 쳐다보았다. 반갑거나 다정한 표정은 없었다. 초조한 기색도 보였다.

　"진오야 어때? 여기 지낼 만했어?"

　종화의 물음에 그는 눈살을 찌푸리며 말했다.

　"집 안에 도청장치가 있어. 소리를 죽여서 얘기해."

　진오는 입술에 손가락을 대며 말했다.

　아내는 그의 모습을 보며 눈가의 물기를 닦았다.

　"여보. 이제 집에 가서 쉬어요.. 지금 많이 쇠약해졌어요."

　집으로 간다는 소리에 진오는 크게 안심하는 모습이었다. 그들은 진오를 데리고 앨라배마에서 캘리포니아로 돌아왔다.

　앨라배마에서 로스앤젤레스의 집으로 돌아온 진오를 종화는 하루 후에 다시 찾아갔다. 레이철은 남편이 영적으로 잘못된 것인가라는 두려움을 가지고 있었다. 어디에 도움을 청해야 하는지 망설이던 그녀는 출석하는 교회의 목사 부부에게 연락했다.

"남편에게 나쁜 영이 들어온 거 같아요. 목사님이 오셔서 함께 기도해주시면 좋겠습니다."

그날 찾아온 목사 부부는 진오 부부와 함께 기도했다.

"잘 쉬면 좋아질 겁니다."

목사는 늘 그랬듯 웃는 모습으로 가족들에게 편안한 마음을 주었다. 진오는 별다른 말을 하지 않았지만 밝은 기분은 아니었다. 함께 기도하며 옆에 있던 목사 부인의 말은 뜻밖이었다.

"왜 병원에 가지 않으셨어요. 빨리 병원에 가세요."

목사의 부인은 간호사였다. 그녀는 단호하게 말했다.

"스트레스에서 오는 정신질환일 수 있어요. 치료받은 후에 다시 기도합시다."

그러나 진오는 자신의 증상을 부인하면서 병원 가기를 거부했다. 레이철도 자기 남편이 정신병원에 입원한다는 건 말도 안 된다며 현실로 받아들이지 않았다. 진오는 집에서 안정을 찾으며 나아지는 듯했다.

그러나 날들이 지나면서 진오는 사람들이 자기를 정신병원에 강제 입원시킬 것이라며 걱정과 분노를 반복했다. 레이철이 직장에서 돌아오면 어디에 가 있었냐고 따졌다. 일할 시

176

간이 아닌데 외출하고 돌아왔다는 것이다. 그녀가 어이가 없어 화를 내면 싸움이 커졌다.

드디어 진오는 부엌에서 레이철을 칼로 위협하며 소동을 벌였다. 비명에 놀란 이웃집에서 경찰을 불렀다. 레이철의 설명을 듣고, 또 남편이 감옥에 가기를 원치 않는 그녀의 요청에 따라 경찰은 앰뷸런스를 불렀다. 그리고 진오는 진오 가족의 의료보험이 지정한 병원으로 실려 갔다.

소식을 들은 진오 어머니의 반응은 전형적인 자기방어였다. 그녀는 남편과 며느리에게 절망하고 지친 모습으로 나타났다. 그녀는 정신병원에 가 있는 아들을 걱정하면서도 자신의 '불행한 운명'을 더 부각시키며 가족들의 걱정을 자신에게로 모았다. 진오를 입원시키고 어머니와 함께 병원문을 나서는 레이철에게 진오는 어머니를 잘 돌보라고 말했다.

진오의 입원 이틀 후 레이철에게서 종화에게 연락이 왔다. 남편이 입원한 병원에 간다며 진오가 기다린다고 말했다. 진오의 부모는 그 이틀 전 병원을 다녀왔다. 대학교 때부터 앞길이 창창하며 유망했던 친구를 종화는 이제 정신병원으로 면회를 간다.

진오는 로스앤젤레스 동쪽의 전원도시 레드랜드의 주립 정신병원에 입원해 있었다. 로스앤젤레스에서 10번 고속도로를 타고 동쪽으로 달렸다. 40마일쯤 가니 목적지에 가까워졌다. 프리웨이에 출구 길 이름들이 나온다. '캘리포니아 스트리트', '네바다 스트리트'…… 이어지는 길 이름들을 주의 이름을 따서 지었다. 모바일 전화의 길 안내 음성에서 캘리포니아 스트리트, 네바다 스트리트를 지나면 다음번 출구에서 내리라는 지시가 나온다.

다음번 출구 이름을 듣고 보는 순간 믿을 수가 없었다. '앨라배마 스트리트.'

옆자리 진오의 부인이 종화의 생각을 안다는 듯이 말했다.

"저도 입원시키러 올 때 길 이름에 너무 놀랐어요."

앨라배마 다음 길들은 '테네시 스트리트', '텍사스 스트리트'로 계속 미국의 주 이름이 이어진다. 그런데 왜 하필 앨라배마 스트리트가 출구인가? 진오가 발병했던 앨라배마 주. 그 앨라배마를 또 이곳 캘리포니아의 고속도로 출구에서 만나며 그가 있는 정신병원으로 향하고 있는 것이다.

종화는 머릿속에 순식간에 지나치는 많은 생각들 중에 하나를 잡았다. '우연인가? 아니야. 전에도 이런 비슷한 경험이 있었지. 모든 일이 마치 오래전에 짜 맞추어놓은 것처럼 발생했고 기다리고 있었지. 이것도 섭리라고 불러야 하나?' 과거와 현재와 미래의 공간과 시간을 잘 엮어서 마치 사람을 놀리듯 드러나는 우연의 일치들.

병원에서 종화를 만난 진오는 별말이 없었지만 자신이 왜 그곳에 있는지 알고 있었다.

"여기서 빨리 나가야지."

그는 나가고 싶다고 했다. 자기는 여기 있는 사람들과 함께 있을 사람이 아니라는 표현도 했다. 레이철은 진오에게 의사의 말을 전했다.

"약을 잘 먹고 좋아지면 퇴원할 수 있대요. 보험으로 2주까지 입원이 허락돼요."

종화는 진오가 회색 환자복을 입고 영혼을 납치당한 사람들 사이로 사라지는 것을 보며 병원을 나왔다.

진오는 2주 후에 퇴원해 집으로 왔다. 그의 회복도 빨랐지만 병원은 계속 밀려오는 입원 환자들로 인해 기존 환자들을 가급적 빨리 내보냈다.

며칠 후 목사 부부가 다시 찾아왔다. 기도 후 목사 부인이 진오 부부에게 말했다.

"강한 스트레스 때문에 갑자기 정신 이상이 발생할 수 있어요. 심장마비가 왔을 때 빨리 손을 쓰면 생명을 구하고 후유증을 막을 수 있듯이 이런 병도 빨리 병원을 찾아 치료를 받으면 효과를 많이 봐요. 영적인 치료는 그 후에 약물치료와 함께 가야 해요."

목사 부인이면서 간호사인 그녀의 말은 정확했다.

진오의 주치의 데이비드는 크리스천이다. 그가 한 말이다.

"지붕에서 물이 새는데 성경에서 답을 찾으면 됩니까?♦ 하나님이 화냅니다. 빨리 지붕 수리공을 불러야죠. 뇌질환도 다른 질병의 대처 방법과 같습니다."

조작된 관계

손쉽게 선과 악으로만 정답을 내버리는, 과학과 종교가 혼용될 수 없다는(이들이 과학의 '도구'는 사용하지만 과학의 '원리'는 채택하지 않겠다는 주장은 모순으로 드러난다) 기독교의 정통주의는 때로는 오류를 범한다. 영혼을 빼앗긴 한 인간과 그의 가족에게 그 영혼을 되찾도록 가능한 모든 신앙적·과학적 경험과 지혜를 동원하는 것이 '올바른 사랑'이며 신앙이다. 이 올바른 사랑을 전하는 과정이 수립되도록 하는 것이 치료와 회복

♦ 이 같은 관점과 반대되는 문자적 혹은 보수적 기독교의 관점은 "성경이 인간의 모든 필요를 만족시키는 데 충분하다고 스스로 선포하고 있다"고 주장한다. 그래서 "영적인 문제를 다루는 일에서 성경 이외의 다른 연구는 하나님의 계시를 거부하는 것과 다름없다"라고 주장하기도 한다. 이 주장자들은 영적인 병에 대해 성경 밖에서 치료법을 찾는 것을 "성경이 불충분하다고 단언"하는 것이라고 본다. 어떤 경우 이들은 "심리치료를 기독교와 연결시키는 것을 두 개 이상의 종교 시스템을 합하는 것"으로 "종교적 혼합주의"라고 비난한다. 스탠턴 L. 존스, 리처드 E. 버트먼, 《현대심리치료와 기독교적 평가》, 이관직 옮김, 대서, 2009.

의 출발점이다.

수수께끼는 남아 있다. '앨라배마' 그리고 그와 비슷한 경험들. 우리를 향한 어떤 존재의 오래된 계획이 있어 그것이 우리에게 작용하는가? 아니면 그저 우연인가?

여러 의문 가운데 한 가지 분명한 것은 이 '선한 싸움'이 보이지 않는 영의 세계에서 치열하게 벌어지고 있다는 것이다. '우연'이란 가끔 그 보이지 않는 세계의 작동 방식이나 형태 그리고 그 안에서의 싸움을 흘낏흘낏 드러내는 사건이다. 그러나 이 싸움을 위한 군사들은 많지 않다. 많은 군사가 이미 이겼다며 무기를 내려놓고 돌아가고 있다.

진오의 발병에서 어머니의 역할은 무엇인가? 심리학자들, 정신과 의사들은 쉽게 알아챈다. 진오의 어머니는 아들을 발병하기 쉬운 성격으로 키웠다. 부모가 기대하는 모범적이고 우수한 학생으로 자란 그는 부모, 특히 어머니의 기대에 맞추고, 그녀를 실망시키지 않으려고 최선을 다했다. 그는 어머니의 찬사를 듣고 어머니가 자신을 주변에 자랑하며 만족해하는 것을 생활의 목표로 삼았다. 역으로 자기 자신에 대해서는 불완전하고 부끄러운 열등감이 채워져 있었다. 어머니는 아들이 어머니를 떠나서는 살 수가 없다는 메시지를 지속적으로 심어 주며 그의 의존성을 키웠다. 진오는 결혼을 통해 독립의 기회가 있었지만 어머니는 결혼 후에도 아들을 놓지 않았다.

그는 직장 내 대인관계에서 항상 불안했었다. 자신의 약점들(실제로는 약점이 아닌 것들)을 동료 직원이나 상사가 알아채지 못하도록 방어했다. 그는 실력이 있고 열심히 일하는 직원이었지만 대인관계에서는 차갑다는 느낌을 주었다. 이것도 그의 연약한 내면에 대한 방어적인 대인 반응이었다. 회사와 프로젝트 계약을 맺고 외지에서 홀로 살게 된 그에게 망상은 자연스럽게 찾아왔다.

진오가 치료를 위해 만나는 주치의가 어느 날 레이철을 따로 불렀다.

"진오가 가족관계에서 압박을 받고 있습니다. 진오의 부모님으로부터 오는 것들이 있습니다."

그리고 주치의는 진오 부모의 영향력에 관해 여러 가지 질문을 했다. 레이철은 진오 어머니의 간섭에 대한 사례들을 이야기했다. 의사는 진오의 사회성과 주변관계는 모두 어머니와의 관계를 기본으로 형성됐다며 어머니가 없는 곳에서는 사회관계가 이루어지지 않는다고 말해주었다. 진오의 부부관계도 어머니를 포함한 삼각관계에서만 성립해 있다고 설명했다. 진오의 어머니는 아들을 모든 관계에서 장악하고 있었다. 진오는 언제나 어머니의 손바닥 안으로 돌아갔고, 그 안에서 편안함을 느꼈다. 그는 평생을 그렇게 조작되었다. 진오의 비사회성의 원인이었고 심리적 불안과 스트레스의 뿌리였다.

몇 달 후 레이철이 선택한 해결 방식은 주변 사람들을 놀라게 했다. 레이철은 진오와 함께 친정이 있는 아르헨티나로 떠났다. 진오는 부인의 설득을 따랐다.

그 후 1년에 한두 번씩 미국을 방문하는 진오는 환한 웃음과 활기찬 모습으로 사람들 앞에 등장했다. 어머니가 아들이 내 것이라는 원칙을 내려놓았을 때 그 아들은 살아났다.

선한 싸움

뇌질환, 뇌기능장애를 앓는 환자들의 가족을 돌보는 일은 환자들을 돌보는 일만큼이나 중요하다. 그러나 사회나 법률, 의료 시스템은 환자들의 병과 권리에 치중하고 그 주변에서 희생 당하는 가족들에 대해서는 무관심이나 무지로 일관한다.

한국에 사는 K 씨는 홀어머니로서 두 아들을 키우고 있다. 큰아들은 지적 장애 3급 장애인이다. 학습에 어려움이 있고 IQ가 일반인 평균보다 많이 낮다. 그러나 일상적인 생활은 해나갈 수 있다. K 씨의 둘째 아들은 자폐성 1급 장애인이다. K 씨는 둘째 아들을 돌보는 일로 하루를 지낸다. K 씨의 큰아들은 어머니가 불쌍하다고 생각했다. 어머니를 돕고 동생도 돌보고 싶었지만 그의 능력으로는 불가능했다.

어느 날 동생이 또 어머니를 괴롭게 하는 것―당연히 고의는 아니었다―을 보고 그는 결심했다. 그는 동생을 칼로 찔러 살해했다. 그리고 본인도 칼로 자살을 시도했다. 둘이 이 세상에서 사라지는 것이 어머니를 편하게 해드리는 길이라고 생각했다. 그러나 본인은 병원에서 살아났다.

경찰에 체포돼 재판정에 선 그에게 5년형이 선고됐다. 변호인은 항소했다.

"피고는 자신과 동생이 가진 장애 때문에 어머니가 고생하며 괴로워하는 것을 더 지켜볼 수가 없어서 그 같은 비극적 행동을 한 것입니다. 5년형은 너무 가혹합니다. 긴 감옥생활은 그에게 도움이 되지 않습니다. 그에게 어머니와 함께하는 재활의 길을 다시 한번 열어주어야 합니다."

변호인의 주장이었다. 항소심에서 판사의 감형선고가 내려졌다.

"두 사람의 정신 상태를 고려할 때 동생의 삶을 빼앗은 형의 상황은 매우 가슴 아픈 일로서 피고인에게만 모든 책임을 지우는 것은 너무 가혹하다. 피고인이 사회로 빨리 복귀해 어머니를 잘 모시고 살게 하는 것이 국가·사회적으로 옳은 일이다. 피고인이 치료감호를 통해 치료를 잘 받아 사회로 돌아갈 수 있도록 재판부는 형량을 감형한다."

그는 3년 5개월로 감형됐다. 재판부는 피고의 어머니에게도 "피고를 잘 돌보며 치료감호가 끝난 뒤에 피고가 정상적으로 생활할 수 있도록 잘 부탁한다"고 덧붙였다. 한 아들을 잃고, 큰아들을 돌려받을 수 있게 된 어머니는 재판정에서 울었다.

이 재판의 스토리에는 뇌기능장애자 가족만의 고유한 생사고락이 담겨 있다. 두 아들이 모두 뇌기능장애를 겪고 있는 가족. 어머니의 헌신과 고통. 그리고 자신의 고통 속에서도 어머니의 고통을 끝내주려고 시도하는 큰아들의 범죄. 아무 도움도 받을 수 없는 상황에서 죽임을 당한 동생. 두 아들의 살상을 겪어야 하는 어머니. 이에 대한 항소심 재판부의 판결은 배려와 동정에서 나온 것이다. 교도소에서 꼭 치료를 받게 하라는 것 그리고 어머니와 큰아들의 새로운 삶의 시도를 계획해준 것은 '사랑'이라는 유력한 치료제의 기회를 준 판결이다. 이 어머니와 함께할 동반자들, 조력자들이 필요하다.

불교의 스님들이나 천주교의 신부들 그리고 많은 수도자들이 결혼하지 않거나 집을 버리고 홀로 살도록 교리로 정해졌거나 권장되는 이유는 여러 가지가 있을 것이다. 가족들끼리의 일반적인 갈등을 포함해서 뇌질환, 정신병을 서로 주고받으며 극심한 고통을 함께한다는 관점에서 본다면 이들 종교인의 선택이 어느 면에서는 선견지명이었을 수도 있다. 그들의 수도생활이나 경건생활이 방해받는 것을 예방할 수 있다는 점에서.

그러나 이런 회피적 발상에도 불구하고 가족이란 인간이 머물 수 있는 가장 안정된 장소로서 계획됐다. 가족이란 독신 종교인들은 결코 맛볼 수 없는 헌신적 사랑과 깊은 휴식의 공간이며 시간이다. 그 가정, 가족의 개념, 창조 원리가 파괴되고 있다.

뇌기능장애자, 정신질환자들에 대한 치료와 돌봄은 무너지는 가족제도를 복원하기 위해 필수적이다. 그들과 그 가족들은 서로의 운명을 짊어진 채, 서로의 십자가들을 지고 대답 없는 싸움을 계속하고 있다. 때때로 이 선한 싸움은 패배와 죽음으로 끝난다. 그러나 그 후에 기다리고 있는 하나님의 사랑을 볼 수 있는 단계까지 나아가는 것이 이 싸움의 목적이다.

인간의 삶이 그냥 유전자의 명령에 따라 생물학적으로 살다가 죽으면 그것으로 끝이고, 더 이상의 새 세상이나 영적인 새로운 삶은 없음을 확신하는 사람들에게 이 같은 믿음은 쓸모없는 환상에 불과할 것이다. 그러나 부활의 믿음을 가진 사람들은 유전자 주도의 운명론이 틀렸다는 것을 잘 알고 있다. 앞서 적었듯이 유전자는 오히려 환경과 인간 의지♦의 지배를

♦ 컴퓨터의 인공지능과 인체의 생물학적 화학 반응을 연구하는 미래학자들은 인간의 의지까지도 컴퓨터와 약으로 조절할 수 있는 시대가 온다고, 아니 왔음을 주장하고 있다. 이들은 유전자 운명 결정론에서 빅데이터 운명 결정론으로 나아가고 있다. 그러나 이들 컴퓨터 빅데이터를 신봉하는 학자들이 아직도 놓치고 있는 것은 인간 의지보다 높은 또 다른 의지가 있다는 경험적 사실이다. 이 '높은 의지'는 빅데이터의 통계 결과를 초월한 결정권을 가지고 있다.

받는다.

대마초를 피우냐, 안 피우느냐에 따라 유전자에 내재한 조현병의 발병인자가 활성화하는가 아닌가가 결정된다. 환경을 바꿀 수 있는 인간의 선택이 유전자에 내재한 발병 요인을 통제할 수 있다는 것이다. 어떤 경우 그 환경을 바꿀 수 있는 인간의 바른 선택은 하나님에 대한 믿음에서 나온다. 정확히 말한다면 인간이 '선택한다'기보다 '선택하도록 이끌어진다'는 것이다. 이것은 은혜의 개념이다.

대답 없는 싸움이더라도 부활의 믿음은, 고통과 죽음이 선한 세상으로 연결되는 통로라는 '고통의 복음'까지 가게 한다. 편의주의와 완전행복을 추구하는 현대의 인간적인 척도로 이 같은 '고통의 믿음'을 받아들이거나 이루어가기는 쉽지 않다. 하나님의 시각으로 서기 전까지는. 이 의미가 깨달아질 때, 뇌질환, 정신질환 발병의 방지는 물론 그 치료의 싸움에서 이길 수 있고, 주변의 고통과 함께 어울리는 삶이 시작될 수 있다. 이 같은 삶을 통해 정신질환, 뇌기능장애의 확산을 막고, 그들에 대한 올바른 관점과 치료의 시스템을 세워갈 수 있다면 가정과 가족은 치료되고, 사랑을 회복하며 가정의 원래의 가치를 복원할 희망이 있다.

지금까지 보아온, 또 현재 진행되고 있는 부정적이고 퇴행적인 가족관계는 가정과 가족에 대한 불신을 말하자는 것이 아니다. 오히려 무지에 대한 교육과 훈련으로 그 불신의 원인들을 제거하고 가정, 가족의 창조 원리, 사랑의 보금자리로서의 위치를 회복하자는 것이다. 인간관계에서 최후로 남는 것, 마지막 돌아갈 자리는 가정이고 가족관계이다. 악의 목표는 이 가정을 파괴하는 것이다. 이 책은 악이 어떻게 가정을 파괴하는가를 보여주기 위해 가족 내의 숨겨진 어둠들을 비추어내려고 했다. 비참함으로 어둠 속에 감추어져 있는 것이 가족이 아니라는 것을 밝히는 의미도 있다. 밝은 빛 가운데로 나와 본래의 가정의 모습을 회복하자는 것이 이 책의 목적이다.

3부

생명의
강

어릴 적에 떨어지는 감꽃을 셌지
전쟁 통엔 죽은 병사들의 머리를 세고
지금은 엄지에 침 발라 돈을 세지
그런데 먼 훗날엔 무엇을 셀까 몰라

김준태, 〈감꽃〉

치료의 시작

도대체 왜 이러십니까

물은 지구의 남극과 북극의 거대한 빙산 그리고 히말라야 같은 높은 산들의 눈과 얼음에서 녹아 강으로 바다로 흘러내려가고, 뜨거운 태양열에 수증기로 증발해 허공과 하늘을 채우며 지구의 땅과 하늘을 순환한다. 물은 그 순환 과정에서 만나는 무수한 존재들의 생명을 유지시킨다. 지구에 삶이 존재하는 이유는 '물'이다.

우주에서 본 지구가 아름다운 사파이어 보석처럼 푸르게 빛나는 이유가 있다. 고체 얼음에서 액체 물로 그리고 기체인 수증기로 지구를 순환하는 물 때문이다. 이 신비한 물의 존재에 대해 사람들은 거의 주의를 기울이지 않고 산다. 2001년 영국의 BBC 방송은 지구 생명의 원동력인 신비한 물의 순환을 지구의 아름다운 영상과 함께 〈블루 플래닛〉이라는 8부작 시리즈로 방영했다. 잊혀 있던 생명의 원동력으로서의 물의 실체를 감동적으로 드러낸, 예술에 가까운 영상 다큐멘터리였다.

과학이 증거와 논리로 파헤쳐가는 진실을 때때로 종교는 직관적으로 설파한다. 숫자나 논리를 통한 증거를 제시하지 않는다. 성경이 뜻 모를 말을 할 때이다.

나를 믿는 자는 성경에 이름과 같이 그 배에서 생수의 강이 흘러나올 것입니다. (요한복음 7장 38절)

이 대목을 실제로 체험한 사람들이 얼마나 될까. 지구에 물이 순환하면서 아름다운 생명들이 계속되듯이 우리의 영혼에서 '살아 있는 물의 강'이 흐를 때 치료는 시작된다. 그 흐르는 물에 대한 이야기이다.

·

앞에서 언급한 폴의 동생 선혜의 이야기이다.

선혜는 병세가 악화하며 점점 파괴적으로 변했다. 환청이 심해져 폴과 그의 가족들은 선혜가 영적인 병에 들린 것으로 확신했다. 의사를 만날 생각은 꿈도 꾸지 않았다. 폴은 선혜를 붙들고 눈물을 흘리며 기도했다.

"제발 이러지 마라."

악을 물리치는 성경 구절을 찾아놓았다가 선혜의 증상이 폭발하면 동생 앞에서 소리를 지르며 읽어댔다. 폴은 교회에서 배운 대로 '말씀'의 힘이 선혜를 제압하기를 간절히 원하며 성경 구절을 무기처럼 휘둘렀다. 선혜는 그런 오빠에게 붙들린 채로 오빠를 똑바로 바라보며 말했다.

"나 귀신 들린 거 아냐."

어느 날 선혜가 다시 난동을 부리며 칼을 들었을 때 폴은 선혜를 제압할 순간을 놓쳤다. 가족들에게 모두 방으로 들어가라 소리치고 폴이 마지막으로 방으로 뛰어들어가 안에서 문고리를 잡았다. 선혜의 칼이 폴이 잡은 문짝을 찍고 있었다. 어머니와 아버지는 놀라고 두려워 딸의 이름을 부르며 진정하라고 소리쳤다. 폴은 이제 더 이상 동생을 제어할 수 없음을 깨달았다. 이러다가는 가족들이 화를 입겠다는 확신이 들었다.

"이러다가 신문에 나는 거로구나."

그날 경찰이 출동하고 동생 선혜는 정신병원으로 향했다.

선혜는 그렇게 병원에 입원했다. 그녀가 병원에서 약을 먹으면서 증세가 안정되고 회복되는 모습에 폴과 가족들은 놀랐다. 그들은 10년을 허송세월하며 선혜의 병을 키운 것에 회한이 밀려왔다. 선혜에게서 귀신을 쫓아내겠다며 그녀를 붙들고 소리 지르고 기도하고 때로는 몰아붙이고, 그녀를 괴롭혔던 수많은 날이 눈앞을 지나갔다.

"그 10년 동안 저나 우리 가족에게 선혜는 조현병이니 병원으로 가보라고 말해준 사람이 한 명만 있었어도 선혜나 우리 가족이 이렇게 되지는 않았을 겁니다."

폴이 지금도 뇌질환자와 그 가족들을 찾아 뛰어다니는 이유이다. 제2, 제3 아니 폴과 같은 수많은 무지한 가족이 나오지 않기를 바라는 마음 때문이다.

선혜는 퇴원 후에도 회복 과정에서 여러 가지 고통을 겪었다. 선혜의 고통을 옆에서 지켜보는 가족으로서, 오빠로서 폴은 선혜만큼 함께 아파야 했다. 그는 어느 날 방에 홀로 쓰러져 누워 있는 선혜를 붙들고 기도했다.

"주위에서는 하나님이 주시는 연단鍊鍛이라고 합니다. 주의 종이 되려면 이 같은 불같은 시험을 이겨야 한다고들 말합니다. 덩달아서 가족들도 같은 연단을 받게 하신다고들 합니다. 그래요? 그런 말을 하는 그 사람들은 이런 연단을 받아봤나요? 다들 이런 설교나 말씀들을 하시는데 맞는 얘기인가요? 아니 그렇다면 이 정도 하면 된 것 아닙니까? 더 뭘 어떻게 연단하시겠다는 건가요? 왜 이렇게까지 하십니까? 이렇게까지 하시는 이유가 도대체 무엇입니까? 그 이유만이라도 알려주세요."

폴은 부르짖고 호소하고 따졌다. 앞에 누운 동생은 뒤척거렸지만 일어나지는 않았다.

그렇게 몇 시간이 흘렀는지 모른다. 폴은 몸에서 진액이 나오는 걸 느꼈다. 어느 순간 갑자기 속삭이듯 음성이 들려왔다.

"아들아, 나는 네가 얼마나 고통스러운지 잘 알고 있다."

폴은 순간적으로 하나님의 음성임을 알아차렸다. 폴이 다시 물었다.

"알고 계신다면 왜 이렇게까지 하십니까?"

"아들아, 이것을 겪는 것이 너에게 유익이 되기 때문에, 네가 얼마나 고통스러운지 다 알면서도 이 모든 것을 내가 허락하였다. 이 고통을 허락한 것은 너를 사랑하기 때문이다. 사랑하는 아들아, 나는 너를 변함없이 사랑하고 있단다."

그 순간 폴은 자신이 물이 되어 녹아 없어지는 듯한 느낌을 받았다. '나'라는 자아가 완전히 녹아 없어지면서 자신이 사라져버리는 경험이었다. 나라는 존재, 나라는 인격체가 물이 되어 흘러버리면서 존재 자체가 없어지는 것이었다.

"남들은 깨어진다는 말들을 하는데, 저는 저 자신이 물처럼 녹아 흘러가는 것을 겪었습니다. 완전히 저 자신이 없어지는 경험이었습니다. 나라는 인격체가 다 쏟아져 내려가며 없어지는 순간이었습니다."

폴이라는 자아는 물이 되어 흘러내려갔다. 자신이라는 존재가 없어지는 것을 실감했다.

폴은 그때 깨달았다. 하나님이 볼 때는 이 단계까지 나에게 필요했던 것이다. 내가 물처럼 녹아내려 흘러가는 단계, 나라는 인격체가 완전히 사라져버리는 바로 그 단계까지. 나의 욕심, 나의 주장, 나의 믿음마저 흘러가버리고 오직 하나님만이 들어와 있는 존재.

"내가 사라져버리고 없어지니, 그 순간부터는 하나님께서 어떤 말씀을 하셔도 다 순종할 수 있을 것 같았습니다. 하나님이 생명을 달라고 해도 드릴 수 있고, 아프리카로, 아마존 정글로 가라고 해도 갈 수 있을 것 같았습니다. 내가 없어지고 나니 그 어떤 하나님의 명령에도 무조건 순종할 수 있는 마음의 준비가 되었습니다."

그것은 놀라운 변화였다.

폴은 밝은 빛 속에서 눈물과 함께 정신을 차렸다. 그리고 시계를 보았다. 오후 3시 45분. 아침 8시부터 기도를 시작해 하나님과 씨름한 지 7시간 45분 만이었다.

동생 선혜는 여전히 누운 채 몸을 뒤척이고 있었다. 벌써 일어나서 집 안을 오가고 있어야 할 동생이 물 한 모금 마시지 않고 그 자리에 누운 채 뒤척이고 있었다.

"나는 이 고통이 아픈 동생 때문에 생겼고, 동생 때문에 부모님이 고통스럽다고 생각했습니다. 모든 문제의 근원은 동생에게 집중돼 있었는데 그게 아니었습니다. 내가 문제였던 것입니다. 하나님은 동생이 아니라 내가 나에게 집중하기를 원했고, 내가 문제라는 것을 발견하게 했습니다."

폴은 동생 때문에 가족이 힘들고 동생 때문에 가정의 행복이 깨졌다고 생각했었다. 그런데 그 음성은 '이것을 겪는 것이 네게 유익이 되기 때문에 허락되었다'라고 말했다. 주어는 동생이 아니고 폴이었다. 동생 때문이 아니라 폴 자신 때문에, 폴의 유익을 위해, 폴의 연단을 위해, 폴의 변화를 위해, 폴의 준비를 위해, 오히려 동생이 하나님의 도구로 쓰임 받고 있고 고통당하고 있다는 사실이 깨달아졌다. 그는 동생을 부둥켜안고 울었다.

"이 고통이 너 때문이 아니고 나 때문이었구나. 나 때문에 네가 이런 고통을 받은 거야. 선혜야 미안하다. 정말 미안하다."

폴은 동생에게 무릎을 꿇고 용서를 빌었다. 폴이 아침부터 오후까지 7시간 45분 동안 부르짖으며 기도할 동안 아무 소리 없이 누워 뒤척거리던 동생이 그 순간 벌떡 일어나면서 소리쳤다.

"오빠, 나 이제 살 것 같아! 오빠가 그 얘기 하는데, 나 정말 살 것 같아!"

그리고 선혜는 어깨까지 들썩이며 깊은 심호흡을 세 번이나 내쉬었다.

폴은 깨달았다. 아픈 사람의 고통은 건강한 사람의 깨우침을 위한 것이고, 무고한 자의 죽음은 살아 있는 죄인들의 속죄를 위한 것이다.

"그날부터 하나님의 말씀이라면 무엇이든지 할 수 있겠다는 확신이 생겼습니다. 선교지로 가라면 가고 순교하라면 기꺼이 죽을 마음, 아무 걱정, 근심도 생기지 않으면서 이 같은 순종의 마음이 기쁨으로 밀려왔습니다."

그날 폴의 가슴에서는 생수의 강이 터지며 영적인 무지도 함께 쓸려 내려갔다. 선혜는 물론 폴에 대한 치료의 시작이었다.

아프리카의 광야에서 물 한 동이를 얻기 위해 두 시간씩 걸어가는 열두 살 어린이. 그 어린이가 찾은 우물에서, 쫄쫄 흘러내리는 수도꼭지 앞에서, 물동이를 내려놓고 줄 서서 기다리는 그곳에서 생명을 살리는 기적은 일어난다. 땡볕이 내리

죄는 두 시간의 목마른 광야가 없으면 생명수의 기적은 일어나지 않는다.

우리의 영혼에도 이 목마른 광야가 없으면 생명수는 흐르지 않는다. 폴은 10년의 광야를 걸어야 했다. 그의 육체와 영혼은 피폐해졌다. 그는 몇 번이고 물동이를 집어던지려 했다. 그 끝날 것 같지 않은 긴 광야에서 마지막 순간에 물이 터져나왔다. 선혜가 아니면 터져나올 수 없는 기적이었다. 기적은 종종 눈물과 울음이라는 물의 흐름으로 이루어진다.

눈물과 울음은 자연스럽고 선한 것입니다. 크리스천은 진정으로 슬퍼하지만 소망 가운데 깊이 잠깁니다.◆

환자와 가족, 치료자가 생명의 강으로 이어질 때 치료는 시작된다. '고백'을 통한 흐름, '소통'이 시작되면서 치료는 시작된다. 환자는 자신이 아프다는 것을 인정하고, 가족과 치료자는 그 환자의 아픔에 자신들의 치료가 포함돼 있음을 깨닫게 된다.

환자는 '순간'의 깨우침을 통해 약을 먹으며 치료를 받는 경우도 있다. 환자의 회복과 함께 가족과 치료자들의 육체적·

◆　팀 켈러, 《고통에 답하다》, 최종훈 옮김, 두란노, 2018.

영적 회복도 시작된다. 가족들, 치료자들은 자신들도 병들어 있었음을 깨닫게 된다. 이 길은 어렵고 길지만 가야 할 길이다. 어느 순간 나의 영혼에서 물이 터져나올 때까지, 끝날 것 같지 않은 여정은 계속된다.

카일 아이들먼 목사의 말처럼 "나의 끝에서 예수는 시작" 한다. 폴이 자신을 놓았을 때, 예수는 모습을 드러냈다. 그 몇 년 후 폴은 목사가 되었고, 그 후 28년간 조현병 환자로 살았던 동생 선혜는 2016년 11월 유방암으로 고통의 세상을 떠났다. 그리고 폴은 캘리포니아에서 동생처럼 아픈 사람들을 지금도 찾아다니고 있다.

로스앤젤레스에서 상담을 받으러 오는 민수의 어머니가 폴에게 물었다.

"아픈 민수를 통해서 저는 많이 회개하고 깨달았어요. 그렇지만 아직도 아프고 고생하는 민수는 무엇입니까? 목사님의 말씀처럼 민수가 누구를 위해 고통을 당하는 것이라면 왜 그가 희생을 감수해야 합니까? 왜 그는 나를 위한 도구로 사용돼야 합니까? 꼭 그런 희생의 방법을 택해야만 합니까? 그애 덕분에 내가 하나님을 만나고 천국에 간다면, 민수는 어떻게 되나요, 그도 하나님을 만났습니까? 그는 천국에 갑니까? 저렇게 혼란스러운 영혼도 하나님을 만납니까?"

비록 폴에게서 생수의 강이 터져 흐르며 동생 선혜로부터의 아픔을 극복해나갈 수 있었지만 누구에게나 강이 흐르는 것은 아니다. 그 강물이 도착할 때까지 민수의 어머니는 의문과 의심 속에 견뎌야 했다. 얼마 후 그 순간이 올 때까지 폴은 민수의 가족과 계속 만남을 이어갔다.

민수는 아스퍼거 증후군을 앓고 있었다.

선혜를 찾아서 미셸

미셸은 올해 스물여섯 살이다. 미셸의 어머니는 집 안 복도에서 미셸을 마주치면 아는 척을 하지 말아야 한다. 눈도 마주치면 안 된다. 미셸이 시비를 걸기 때문이다. 어머니는 미셸을 쳐다보지 않고 그냥 지나친다.

미셸의 부모는 미셸과 함께 식사를 하지 않은 지 거의 7년이 됐다. 무슨 일이 일어날지 모르기 때문이다. 대화하다가 갑자기 어머니를 때릴 때가 있다. 방에 있다가도 나와서 까닭 없이 어머니를 때린다. 어머니가 침대에 누워 있는데 미셸이 1갤런 물통을 들고 와 어머니의 얼굴에 부어댄 적도 있다.

아버지가 있을 때는 이 같은 폭행을 함부로 하지 않는다. 그러나 아버지가 출근하거나 집에 없으면 미셸의 기행이나 폭행이 나오기 시작한다. 어머니는 딸의 폭력을 피해 맨발로 집을 도망 나와 공원에서 남편에게 전화로 도움을 청하기도 했다.

고등학교 때부터 시작된 미셸의 인격장애 행동은 7년 이상 계속됐다. 신고를 받은 경찰이 몇 번 출동했지만 정신병원에 입원시키지 못했다. 경찰 앞에서 미셸은 아주 멀쩡한 모습이었고, 경찰과의 대화를 통해 자신은 괜찮고, 병원에 갈 필요가 없다는 입장을 분명히 표시하기 때문이다. 미셸의 부모는 더 이상 견딜 수가 없었고 특히 미셸의 어머니는 신체의 위협을 느끼고 있었다. 폴이 미셸의 부모를 만난 것은 이즈음이었다.

미셸의 어머니는 성악을 전공한 성악가였다. 항상 밝고 활달하면서도 극히 온순한 성격이었다. 아버지는 한국에서 대학을 졸업한 후 미국에 와서 석사학위를 따고 전기에너지 회사에 다니고 있었다. 딸의 발병 이후 집 안에서 피아노와 어머니의 노랫소리가 멈추었고, 아버지의 사회생활은 희생됐다.

폴은 미셸의 치료도 중요하지만 현시점에서 미셸의 부모, 특히 어머니를 보호하고 위험에서 건져내는 것이 우선이라고 여겼다. 폴이 보기에 미셸의 어머니도 미셸의 학대로 인해 이미 신경쇠약과 우울증을 겪고 있었다.

냉정한 처방이었지만 미셸을 집에서 내보내는 것이 유일한 해결책이었다. 미셸은 성인이었고 다른 가족에게 위험한 존재가 되기에 충분했다. 미셸의 가족은 이 같은 위험성을 증명해 법원에 미셸의 접근금지 명령을 신청했다. 미셸을 집에서 나가게 하고 집이나 가족에게 접근 금지토록 하는 조치였다. 법원은 경찰의 기록과 가족들의 증언을 토대로 이유가 충분하다며 이 신청을 허락했다. 법원이 미셸에게 제시한 조건은 병원에 가서 약을 먹으며 치료를 받든지, 아니면 집을 나가라는 것이었다.

미셸은 백팩을 싸가지고 나갔다. 부모는 그녀가 갈 곳이 없다는 것을 알고 있었다. 그러나 다른 방법은 없었다. 그녀의 은행 계좌에 정기적으로 일정액을 넣어주었다.

집을 나간 미셸은 인근에 있는 대학 캠퍼스를 주거지로 삼아 돌아다녔다. 낮에는 버스를 타고 돌아다니고 밤에는 대학가에서 24시간 문을 여는 햄버거 체인점에서 밤을 지냈다. 미셸의 아버지는 딸의 활동반경을 파악하며 가끔 그녀를 먼발치서 바라보곤 했다. 이런 생활이 3개월이 지났지만 딸은 마음을 바꾸지 않았다. 부모 말을 따라 병원 치료를 받겠다며 집으로 돌아올 생각은 없었다.

미셸의 부모는 폴과 상의했다.

"이대로 두는 것은 아닌 것 같습니다. 아무런 변화나 해결 없이 무의미한 시간만 갑니다."

폴은 미셸에게 한 번의 기회를 줘서 집으로 들어오게 하되, 반드시 조건을 지키게 하는 방법을 시도하자고 제안했다.

부모가 미셸을 불러들이는 것이 아니고, 미셸이 잘못했다며 제 발로 걸어들어오게 하는 방안이었다. 어머니는 미셸이 집에 들어오는 것에 대해 공포감을 보였고, 아버지는 그 방법이 성공하지 못할 것이라며 망설였다. 그러나 폴은 이 방법을 시도하고 그다음 방법을 알아보자고 부모를 설득했다.

이 작전에 폴이 나섰다. 그는 미셸의 행동반경과 입은 옷, 백팩 색깔 등의 정보를 부모로부터 받은 뒤 미셸이 자주 나타나는 24시간 햄버거 체인점으로 갔다. 폴은 오후 8시쯤 도착해 주차장에 차를 세우고 차 안에서 졸며 깨며 두 시간을 기다렸다.

밤 10시쯤 백팩과 옷이 미셸임을 알려주는 젊은 여성이 나타났다. 폴은 시간 간격을 두고 미셸을 따라 햄버거 가게로 들어갔다. 그녀는 간단한 음식을 시킨 후 노트북을 펼쳐놓고 한쪽 구석에 앉아 있었다.

폴은 미셸이 그를 볼 수 있는 각도에서 카운터 종업원에게 다가가 고속도로 길을 물어보았다. 미셸에게도 그 대화 소리가 들리도록 했다. 그리고 난감한 표정으로 잠시 서 있다가 음료수를 하나 시켜 미셸 근처로 갔다. 그리고 이번에는 미셸에게 고속도로 길을 물어보았다. 종업원의 말을 잘 이해할 수가 없었다고 서툰 영어로 말했다. 미셸은 대뜸 폴에게 물었다.

"한국분이세요?"

폴이 한국 사람이라고 답하자 미셸은 "저 한국말 해요"라며 대화는 한국말로 이어졌다.

"저도 이 지역 고속도로는 잘 몰라요. 그런데 이곳에는 왜 오셨어요?"

그녀는 조금 의심의 눈초리로 폴에게 질문했다.

"아, 우리가 아이들 때문에 이곳으로 이사를 올까 하는데 학교와 학군이 어떻게 되는지 궁금해서 둘러보러 왔어요. 이곳 교육구에 대해서 얘기해줄 수 있어요?"

"제가 교육구에 대해서는 조금 알아요. 이곳에서 학교를 다녔으니까요."

"그러면 내가 여기 잠깐 앉아 얘기를 들어도 되겠어요?"

그녀는 폴에게 그러라고 고개를 끄덕였다. 폴은 처음 만나는 사람들에게 어떤 말이 적합한지를 배운 적이 있었다. 우회적으로 칭찬을 해주는 것이다.

"처음 보게 됐지만 학생은 얼굴과 인상이 무척 순수하고 선하네요."

그 말에 미셸은 씩 웃으며 또다시 폴을 놀라게 하는 질문을 던졌다.

"혹시 목사님이세요?"

폴은 깜짝 놀랐다. 그녀는 눈치가 빨랐다.

"맞아요. 어떻게 알아봤죠?"

그 말에는 답하지 않고 미셸은 자기 질문을 계속했다.

"어느 교회에서 일하세요?"

폴은 이때가 기회다 싶어서 그의 명함을 꺼내어 건네주었다.

"교회를 맡은 건 아니고, 나는 이런 일 하고 있어요."

미셸은 정신건강가족미션 소장이라는 타이틀이 새겨진 그의 명함을 유심히 바라보더니 경계심을 풀며 질문을 던졌다.

"뭐 하는 데죠? 정신건강이라니 저도 도움이 필요할 것 같은데……"

미셸은 뜻밖에도 속마음을 드러냈다.

"제가 저를 생각해보니까 인격장애가 있는 거 같아요. 아버지, 어머니는 저에게 약을 먹으라고 하는데 제가 약을 안 먹으니까 집에서 쫓겨났어요."

"아니, 어떻게 그런 일이 있어요?"

"갈 곳도 없고 결혼도 하지 않은 딸을 어떻게 집에서 나가라고 할 수 있는지 저는 너무 억울하고 분해요."

미셸은 백팩에서 법원의 접근금지 명령서를 꺼내 보여주면서 믿을 수 없다는 듯이 말했다. 그러면서 자신이 지원한 직장 리스트를 보여주기도 했다.

"갈 곳도 없는데 힘들겠어요. 오늘 밤은 어디서 지내요?"

"이 햄버거 가게에서 좀 자다가 나가야죠."

폴은 다음에 다시 만날 여지를 만들기 위해 이쯤에서 끝내야 한다고 생각했다.

"집에서 아내와 아이들이 기다릴 테니 난 그만 가봐야겠어요. 혹시 어떤 도움이 필요하면 언제든지 전화해요. 내가 도울 수 있는 일이 있으면 돕고 싶어요."

폴은 자리를 뜨면서 확신했다. 미셸이 전화를 걸어올 것이라고.

폴이 예상한 대로 다음 날 점심때쯤 미셸에게서 연락이 왔다.

"목사님, 어제 만난 미셸입니다. 물어볼 게 있는데 시간 있으세요?"

폴은 미셸이 차가 없으므로 미셸이 있는 근처의 한 식당에서 만나기로 했다.

그녀는 폴에 대한 믿음이 생겼는지 자신의 속 얘기를 털어놓기 시작했다.

"부모가 나를 쫓아내다니. 화가 나서 못 견디겠어요."

그녀는 3개월 동안 거리에서 지내며 고생한 얘기들을 했다. 길을 가다가 그녀를 쳐다보는 사람이 있으면 왜 쳐다보냐고 시비가 붙었고, 경찰이 출동해 경고를 받기도 했다. 샤워를 하지 못해 몸에서는 냄새가 났다. 그녀가 평소에 앓고 있던 아토피 질환은 악화해 손등까지 심하게 번졌다. 간지럼 때문에 붉어서 벌겋게 부어 있었다. 허겁지겁 식사를 하는 미셸에게 폴이 물었다.

"물어볼 게 뭐죠? 어떻게 무얼 도와주었으면 좋겠어요?"

"저의 부모 만나서 제 얘기 좀 해주세요."

"미셸이 부모님을 직접 만나면 안 되나요?"

미셸은 자신은 이 상태로 들어갈 수 없고 목사님이 자기의 부모를 만나서 얘기해보고 어떤 합의점이 있는지 알려달라고 했다. 이런 대화 중에도 미셸은 식당 안으로 들어오는 또래의 젊은 남녀들을 적대적인 눈길로 노려보곤 했다.

"저애들을 보면 화가 나요. 나는 대학도 못 갔고 친구도 없는데 저애들은 저렇게 잘 지내고 있잖아요."

그쪽도 미셸의 눈길을 의식하고 의아한 듯 미셸을 힐끔힐끔 쳐다보았다. 폴은 미셸을 이해한다며 그녀를 달래면서 그녀를 이대로 놓아두면 안 된다는 사실을 깨달았다.

"그러면 부모님을 만나볼 테니 전화번호를 주세요."

폴은 그날 미셸과 헤어진 후 곧바로 미셸의 부모를 만났다.

"미셸이 위험하고 상태가 좋지 않아요. 약을 먹는다는 조건으로 일단 집으로 돌아오게 하죠."

폴의 제안에 아버지는 망설였다.

"약을 먹을까요……? 안 될 거예요."

어머니도 눈물을 글썽이며 말했다.

"그애와 같이 산다는 것이 너무 힘들어요."

폴은 부모를 설득했다.

"한 번만 더 기회를 주어보죠. 약을 먹지 않으면 다시 내보내는 것으로 하죠."

미셸의 부모는 힘겹게 폴의 제안을 수락했다.

폴은 다시 미셸을 만났다.

"부모님을 만나 잘못했다고 말하고 약을 먹는다고 해요."

미셸은 동의했고 미셸과 부모, 폴은 함께 만났다. 미셸은 어머니, 아버지에게 잘못했다고 말했다. 어머니는 10년 만에 처음으로 미셸이 잘못했다는 말을 했다며 울먹였다. 이렇게 해서 미셸은 집으로 돌아왔다.

그리고 10일간의 행복한 가족생활이 있었다. 미셸은 부모에게 잘했고 부모는 모처럼 행복감을 느꼈다. 희망이 보이는 듯했다. 그러나 10일간뿐이었다. 미셸은 예전의 모습으로 돌아갔다. 어머니에게 말꼬투리를 잡아 시비를 걸었고, 아버지가 외출하면 어머니에게 폭행과 위협을 가했다. 부모는 다시 좌절했다. 미셸의 부모는 미셸에게 요구했다.

"도저히 같이 살 수가 없구나. 방을 얻어줄 테니 나가서 살도록 해라."

방세는 부모가 내주기로 하는 조건으로 그녀는 다시 집을 떠났다. 그녀는 부모 집에서 차로 20분 정도 떨어진 가든그로

브에 방을 얻었다.

폴은 미셸에게서 전화를 한 통 받았다.

"하숙방을 얻었어요. 마켓에서 물 한 상자와 식료품을 사 주시겠어요?"

폴은 미셸을 찾아가 물과 식료품을 전했다. 그녀의 방에는 부모가 사준 조그만 냉장고와 책상, 책장이 놓여 있었다. 하숙집 주인에게 인사를 했다.

"잘 아는 부모님의 딸인데 부모에게 사정이 있어 떨어져 삽니다. 도울 일이 있으면 저에게 연락 주세요."

미셸은 얼굴 윤곽이 뚜렷한 미인형에, 총명함이 보이고 영어 구사가 완벽해서 그녀를 처음 보는 사람들은 그녀에게 좋은 인상과 호감을 가진다. 뇌질환을 겪고 있다는 것은 전혀 알 수가 없다.

사흘 만에 하숙집 주인이 폴에게 연락을 해왔다.

"계약금 다 돌려드릴 테니까 제발 아이를 데리고 나가주세요."

하숙집 주인은 다급하게 애원조로 말했다.

"혹시 아시는지 모르겠는데 이 아이는 비정상입니다. 굉장히 심각해요."

폴은 하숙집 주인에게로 갔다.

"무슨 일이 있었나요?"

"옆방에 혼자 사는 할머니가 있는데, 어느 날 할머니를 보자마자 키를 내놓으랍니다. 할머니가 자기 방 열쇠를 훔쳐갔다는 겁니다. 할머니는 놀라서 내가 왜 자네 방 열쇠를 훔쳐가나, 나는 그런 열쇠 본 적도 없네, 잘 찾아보지, 할머니가 이렇게 잘 얘기를 했는데도 거짓말하지 말라며 막무가내였어요."

미셸은 한밤중 새벽 1시, 2시에도 할머니 방을 두드리며 열쇠를 내놓으라고 소리쳤다. 할머니는 놀라서 곧바로 짐을 싸서 이사를 갔다. 미셸의 방 열쇠는 미셸의 화장실에서 발견됐다.

하숙집 주인은 폴에게 계약금, 방값 모두 돌려줄 테니 제발 미셸을 데리고 나가달라고 말했다. 미셸은 그 집에서 나가야 했다.

미셸은 전에 홈리스로 살 때 가끔 들르던 인근 대학의 기숙사를 생각해냈다. 그녀는 폴에게 그 기숙사의 로비 구석에 자기 짐을 가져다달라고 했다. 그곳에는 한쪽에 학생들을 위한 미팅룸과 스터디룸이 있고 소파와 테이블이 있어 학생들이 잠깐씩 휴식이나 공부를 할 수 있었다. 폴은 미셸에게 다른 집을 구해보라고 설득했지만, 그녀는 자기주장을 고집하며 기숙사 로비 자기가 말한 곳에 짐을 내려달라고 요구했다. 폴이 그곳은 잘 수 없는 곳이고 결국은 쫓겨날 테니 다른 장소를 구해야 한다고 권유를 계속하자 그녀는 느닷없이 얼굴 모습을 바꾸며 소리를 질렀다.

"목사님, 계속 이러시면 목사님께 소송을 걸 거예요!"

폴은 어이가 없었다. 그러나 미셸이 한번 어떤 생각에 사로잡히면 벗어날 수 없다는 것을 알기에 설득을 포기하고 미셸과 그녀의 짐을 대학 기숙사 로비에 내려주었다. 그는 미셸에게 말했다.

"경비원한테 걸리면 안 될 텐데……"

"목사님, 걱정하지 말아요."

미셸은 그러면서 한마디를 덧붙였다.

"목사님, 고마워요."

그러나 미셸은 그다음 날 그곳에서 쫓겨났다. 하룻밤을 스터디룸에서 잤지만 다음 날 새벽 경비원이 그녀에게 떠날 것을 명령했다. 폴은 그녀의 전화를 받았다.

"목사님, 한 번만 더 도와주세요. 한 달 치 방세만 내주세요. 그러면 제가 일을 구해서 갚아드릴게요."

폴은 그녀에게 말했다.

"방은 네가 구해라. 한 달 치는 도와줄게."

미셸은 인터넷을 통해 그날 오후 방을 구했고 그날 밤 폴은 다시 그녀의 짐을 옮겨주었다. 폴은 한 달 치 월세를 내며 여주인에게 말했다.

"아는 집 딸입니다. 좋은 방을 주셔서 감사합니다."

이틀 후 여주인에게서 전화가 왔다.

"도와주셔야겠어요. 제발 미셸을 데리고 나가주세요."

여주인의 이야기에 따르면 아침에 출근하려는데 미셸이 현관으로 쫓아 나오며 자기가 일을 알아보러 쇼핑몰에 가야 하니 그곳으로 태워달라는 것이었다. 여주인은 자신이 지금 출근해야 하니 오후에 같이 가보자고 얘기했다. 그러나 미셸은 계속 자기를 쇼핑몰에 데려가야 한다며 나중에는 여주인에게 소리를 질러댔다.

"지금 왜 안 된다는 거예요!"

주인은 그녀의 모습에서 직감적으로 이 여자가 정상이 아님을 알아챘다.

미셸은 또 집을 잃고 길거리로 나서게 됐다. 느닷없이 부모의 집을 찾아오는 일도 있었다. 미셸의 부모는 마지막으로 미셸에게 방을 얻어주고 미셸이 모르는 곳으로 이사했다. 폴의 아이디어였다. 미셸은 이미 성인이므로 부모가 그녀를 돌볼 의무가 없었다. 미셸을 돌보는 일보다 부모가 살아남는 일이 급했다. 부모는 정신적·육체적으로 피폐해 있었고, 미셸의 어머니는 폴의 권유로 정신과 의사를 만나 약을 복용하기 시작한 상태였다. 뇌질환은 당사자뿐만 아니라 그 주변 가족들을 서서히 파괴해간다. 적절하게 대처하지 않으면 그 가족 전체의 삶이 망가져버린다.

폴은 미셸의 부모에게 미셸에 대한 실종신고를 낼 것을 권유했다. 이 실종신고에는 미셸이 정신질환을 앓고 있으며 발견 즉시 병원에 입원해야 한다는 의사의 소견도 포함됐다. 미셸이 부모에 의한 병원 치료를 거부하는 이상 유일한 치료 방법은 강제로 집행하는 것이었다. 폴은 그 한 방법으로 미셸에 대한 실종신고를 통해 경찰이 미셸을 적발하도록 한 것이다.

미셸은 길에서 사람들과 시비가 붙기도 하고, 물건을 훔치려고 한다는 오해를 받아 경찰에 체포되기도 했다. 그런 과정에서 경찰은 실종자 신고 데이터에서 미셸이 병원에 있어야 할 정신질환자라는 리포트를 발견하고 그녀를 병원으로 데려가게 됐다. 이렇게 해서 미셸은 병원에서 치료를 받게 됐다.

그녀는 병원에 1년 이상 머물면서 상태가 좋아졌다. 의사는 그녀 뇌의 어느 한 부분이 정상적으로 작동하지 않는다고 진단했다. 인격장애를 겪고 있으며 증세가 완화될 수는 있지만 약을 반드시 계속 복용해야 한다고 말했다.

미셸이 병원 치료를 통해 안정을 찾고 회복되면서 그녀는 부모에게 계속 퇴원을 요구했다. 매일 집으로 전화를 걸어 "왜 나를 못 나오게 하느냐?"며 어머니를 괴롭혔다. 어머니는 미셸이 병원의 보호관리conservatorship를 받아야 하는 상태이므로 퇴원할 수 없다고 설명했지만 그녀는 받아들이지 않았다.

미셸은 병원에서 부모를 상대로 소송을 냈다. 자신은 병원의 지시대로 잘 따르며 치료를 받았고 이제는 퇴원할 수 있는 단계인데 부모가 이를 허락하지 않는다는 것이었다. 부모와 딸은 이번에는 병원이 아닌 법원에서 만나야 했다. 의사와 병원은 미셸의 인격장애와 불안정성, 위험성으로 인해 부모와 함께 지낼 수 없으며, 계속 병원 관리 아래 있어야 한다는 진단서, 의견서 등의 자료를 제출했다. 부모는 그동안의 각종 사건과 경찰 보고서 등을 통해, 부모가 더 이상 미셸을 돌볼 능력이나 의무가 없음을 말했다. 법원은 병원이 계속 미셸을 치료관리할 것을 명령했다.

이 같은 강제적인 병원 치료를 통해 미셸은 병세가 많이 호전됐다. 미셸은 한 달에 한두 번씩 부모와 함께 병원 밖으로 외출해 해변이나 공원으로 산책을 하고 식사 등을 할 수 있게 됐다. 담당 의사는 미셸이 (반드시) 부모와 함께 하루를 자고 병원으로 돌아올 수 있는 외박도 허락했다. 상태가 많이 좋아졌을 때는 대학교에 다시 등록하는 것도 시도했지만 곧 포기했다. 그녀는 계속 병원에서 입원 치료를 받았다.

미셸은 상태가 좋아지자 어느 날 어머니에게 물었다.

"왜 그때 나를 버리고 이사했어요?"

그녀는 정신이 돌아오면서 과거의 일들을 하나씩 되새기며 의문을 풀려고 했다.

"미안하다. 그런데 그때는 그렇게 하지 않고는 엄마 아빠가 살아갈 수가 없었어. 너무 힘들었어."

미셸은 잠시 침묵을 한 후 어머니에게 말했다.

"이해해요. 엄마 아빠가 마음고생 많이 했어요……"

미셸의 '고백'이었다. 미셸의 어머니는 이 한마디에 눈물이 솟구쳤다. 딸에게서 이런 말을 들을 수 있으리라고는 상상도 못 했다. 지나온 시절의 고통을 넘어 지금 이 순간의 딸에게 감사했다. 미셸의 영혼의 수도꼭지에서 작은 물방울이 몇 방울 떨어졌다. 그 물방울은 어머니의 눈물이 되어 흐르기 시작했다.

환자의 병적인 상태는 완전히 치료되지 않았더라도 가족들의 고백과 감사가 이루어지는 경우가 있다. 이것도 '치료'에 포함된다.

미셸의 어머니는 미셸을 임신했을 때 집에서 쥐를 보고 크게 놀란 적이 있다. 그 무서움은 임신 기간에 수시로 출몰했고 아직도 뚜렷한 기억으로 남아 있다. 미셸은 한 살 전후 높은 계단에서 굴러떨어진 적이 있다. 병원에 가서 진단을 받을 당시 아무런 이상이 발견되지 않았다. 그러나 미셸은 이후 집이나 방에서 걷거나 기어가다가 계단이나 방의 한 공간 경계 지점에 이르면 더는 앞으로 나아가지 않는 행동을 보였다. 또 어린 시절 갑자기 딴사람처럼 변하며 전후가 연결되지 않는 행동을 한 적이 있었다. 미셸의 어머니는 임신 시절 자신에게 일어났던 일과 딸에게 일어났던 트라우마가 딸의 뇌에 손상을 일으켰을 것으로 추정하고 있다.

미셸의 어머니는 왜 그런 일들이 자기와 딸에게 일어났는지 알 수가 없다. 가끔 주변 사람들이 하는 "하나님이 뜻이 있어서" "하나님의 영광을 드러내려고"라는 격려와 위로의 말들은 사치스럽고 공허하게만 들린다. '당신들이 이 고통을 한번 당해보라. 감히 그런 말이 나오는가.'

그런데 미셸의 어머니는 어느 순간부터 아픈 딸로부터 감사와 사랑을 느꼈다. 딸이 주말에 병원에서 외출을 나와 관광지를 구경한 후, "엄마, 오늘 좋았어. 모처럼 바깥 구경하고 좋은 사람들을 만나 즐거웠어" 할 때가 있다. 보통 사람들 사이에서는 별다른 말이 아니고 그저 인사말일 수도 있는 이 말이 아픈 딸의 입에서 나왔을 때 어머니는 기쁨이 벅차오른다. 딸에게 감사하고 주변의 모든 것에 감사해진다. 딸을 병원에 다시 들여보내고 밖으로 나오면서 미셸의 어머니는 눈물지으며 남편에게 말했다.

"참 감사하네요."

다음 날 미셸의 어머니는 폴에게 전화를 걸었다.

"목사님, 미셸의 입에서 좋았다는 말이 나왔어요. 듣기 힘든 긍정적인 표현이에요. 저는 감사할 뿐이에요."

아스퍼거를 앓는 민수의 어머니가 폴에게 다시 물었다.

"미셸의 이야기도 잘 들었습니다. 그 아이 부모의 변화도 알겠습니다. 저도 아픈 민수를 통해서 많이 반성하고 깨달았어요. 그렇지만 아직도 아프고 고생하는 미셸이나 민수는 무엇입니까? 그 젊은이들이 왜 다른 사람들을 위한 도구로 사용되며 희생을 감수해야 합니까? 하나님은 꼭 그런 희생의 방법을 택해야만 합니까?"

폴은 이 대답이 이해가 될까 의심하며, 그러나 대답을 하지 않는 것보다는 낫겠다 싶어 말했다.

"미셸의 아버님 얘기를 전해드릴게요. 그분은 미셸의 병과 씨름하면서 세상은 불공평하고 하나님은 해결해주는 존재가 아니라고 믿었죠. 우리가 무얼 잘못했고 악하게 살았다면 미셸과 우리 가족에게 닥친 어려움에 할 말이 없을 테지만, 이건 너무 이해가 안 되는 인생이라고 말하곤 했지요. 그만큼 미셸의 부모는 성실하고 선하게 살았습니다. 그는 최근 아내까지 우울 증상이 나타나는 것에 낙담하며 삶의 불공정함과 하나님의 침묵에 분노했습니다. 그런 미셸의 아버님이 요즘 어떤 작은 것들에서 감사함이 오는 것을 느끼기 시작했습니다. 미셸이 아버지, 어머니에게 하는 "많이 힘들었죠?"라는 한마디가 그렇게 감사할 수가 없었습니다. 자식과 함께 밥을 먹을 수 있다는 것, 사랑하는 딸과 함께 하루를 지낼 수 있다는 것, 남들에게는 지극히 당연해서 거들떠보지도 않던 일상적인 것들에 대해 감사가 나왔습니다. 그리고 이 세상 불공평함의 뜻을 조금씩 알게 됐습니다. 이 세상에서 가장 불공평하게 살고, 불공평하게 대접받은 사람은 예수님이라는 것을 알게 됐습니다. 예수님의 마지막 기도에 하나님은 응답하지 않으셨고 그의 죽음을 내버려두셨습니다.

우리는 이 세상에서 공평하고 공정하게 살 수가 없습니다. 잠깐 잠깐의 즐거움과 쾌락 속에서 불공평을 잊고 시간을 채워갈 뿐이죠. 그러다가 결국 우리에게 닥치는 것은 죽음입니다. 이 세상 것들 중에서 가장 공평한 것은 죽음이죠. 누구에게도 예외는 없습니다. 몇백 년 살 것처럼 건강하고, 영원한 부를 누릴 것 같던 인생들이 결국은 다 무덤으로 들어가 눕습니다. 우리의 인생이 그저 죽음으로만 끝난다면 허무할 뿐입니다. 죽기 위해 산다는 말을 들어보셨어요? 예수님이 그런 인생이었죠. 죽기 위해 산 거죠. 그의 삶에 예정된 고통을 통과하기 위해 살았습니다.

이 세상이 끝이 아닙니다. 죽음 뒤에 오는 삶이 있어요. 보이는 것이 전부가 아닙니다. 민수의 지금의 삶이 전부가 아닙니다. 민수 어머니의 현재의 삶이 전부가 아닙니다. 이 고통의 뜻은 알 수가 없습니다. 어떤 사람들은 깨달았다고 하지만, 그 사람의 앎이나 깨달음이 나의 정답이 되지 않습니다. 나는 내가 경험하는 답을 가져야 합니다.

미셸의 아버지는 어느 날 찾아온 '감사'를 발견하기 시작했습니다. 그것을 붙들고 놓지 않으면서 또 다른 '감사'들이 찾아오는 것을 보았습니다. 고통은 사라졌냐고요? 아니요, 여전히 옆에 있습니다. 그러나 고통을 붙들지 않고 감사를 붙드는 법을 알게 됐습니다. 그것은 일종의 은혜이기도 합니다. 미셸의 아버지는 그 감사 가운데 예수님의 부활을 믿게 됐습니다. 내 삶도 이걸로 끝장이 아니구나. 나의 부활이 있구나. 새로운 삶이 있구나.

고난 가운데 붙드는 하나님에게서 부활의 믿음이 나오고, 그 믿음 가운데 감사와 사랑의 생활이 시작됩니다. 조금 불편하게 들릴지 모르지만 평안함과 즐거움 가운데 찾는 하나님은 허상일 수가 있습니다. 우리에게 던져진 가장 고통스러운 상황에서 하나님을 놓지 않을 때 실마리가 풀리기 시작합니다.

이 세상의 죽음으로 끝이 아닙니다. 우리의 고통은 그 죽음을 맞이하고, 그 죽음 뒤에 이어질 영원한 새 삶으로 가기 위한 과정입니다. 민수의 고통과 어머님의 고통도 그곳으로 가는 길의 한 부분입니다. 그 길에서 터져나오는 물을 찾아야 합니다. 그냥 길에 쓰러져 악의 포로가 되어서는 안 됩니다. 고통

222

가운데 우리를 부활의 삶으로 이끌어갈 생명수를 만나는 것, 그것이 우리의 싸움의 목적입니다."

그래도 민수의 어머니는 의문을 놓지 않았다. '민수의 아픔을 통해 내가 변화하며 하나님과의 관계를 새롭게 했다면, 그러면 민수는 나를 변화시키는 도구로만 사용된 것인가. 민수는 하나님을 인식하지 못하는데, 구원이라는 뜻도 모르는데, 그가 하나님을 만날 수나 있는 것인가. 그게 뭔가. 아이의 인생이 너무 불쌍하다.'

폴은 민수 어머니에게 요한복음 얘기를 해주었다.

"한 눈먼 사람이 있었습니다. 제자들이 물었습니다. '눈먼 사람으로 태어난 게 부모 잘못입니까, 아니면 본인의 잘못입니까?' 예수께서 답하기를 '부모의 죄도 아니요, 본인의 죄도 아니다. 그 맹인을 통해서 하나님이 하고자 하는 일이 있다'라고 했습니다. '왜 우리 아이가 이렇게 됐습니까?'라는 질문에 이 아이를 통해 하나님이 하시는 일이 있다고 답하겠습니다."

민수의 어머니는 여전히 받아들일 수가 없었다.

"그런데 왜 꼭 제 아이를 통해서 일을 하셔야 합니까?"

사람들이 볼 때는 눈먼 사람이 불쌍해 보였다. 그러나 눈먼 사람이 스스로 불쌍하다고 말했나? 민수의 어머니가 보기에는 민수가 불쌍했다. 그러나 민수는 스스로 불쌍하다고 말하지 않았다. 그는 자신이 불행하다고 느끼지 않았다. 그가 아픈 것을 인식 못 하는 상황일 수도 있고 아픈 것을 알면서 그 아픔을 받아들이는 극복의 상태일 수도 있다. 폴은 여동생의 얘기를 했다.

"여동생 선혜가 조현병이 나아지고 가족들과 잘 지내고 있을 무렵 유방암 판정을 받았습니다. 암은 여러 곳으로 퍼져 시한부 인생의 선고가 내려졌습니다. 제 가족들은 동생이 불쌍해서 견딜 수가 없었습니다. 똑똑하고 예쁜 아이가 젊은 시절을 고난 가운데 보내고 이제 나을 만하니까 또 다른 병으로 생을 마감하게 된 겁니다."

그러나 그때 정작 환자인 선혜는 웃었다. 의사로부터 암에 대한 설명과 함께 얼마 못 산다는 말을 들었을 때 낙망하고 있는 오빠에게 말했다.

"오빠, 나는 괜찮아. 이제 하나님 만나고, 엄마 만나게 됐잖아. 나는 이제 정말 괜찮은데…… 아버지가 나 때문에, 그리고 동생들이 얼마나 힘들까 그게 걱정이야."

어떤 경우 우리는 환자보다 더 아플 때가 있다. 우리가 아픈 환자를 위해서 아무것도 해줄 수 없기 때문이다. 아무런 손을 쓸 수 없는 우리의 무기력 때문에 아픈 것이다.

기쁨 속의 환자 성진

교회 부목사의 아들 성진은 어릴 적에 선천적인 뇌장애로 뇌수술을 받았다. 수술 후 그는 휠체어를 타고 머리에 여러 개의 장치와 전기선들을 달고 살게 됐다.

그런데 성진은 항상 행복했다. 그를 보는 모든 주변 사람이 그것을 인정했다. 그는 학교 성적도 우수했다. 손재주가 많아 그림을 잘 그리고 무언가를 만드는 것을 좋아했다. 사람을 앉혀놓고 그 모습을 데생으로 그려주기도 했다. 그림을 받은 사람은 놀라움에 성진을 껴안고 칭찬해주곤 했다. 성진은 또 종이접기를 잘했는데 여러 가지 모양의 새들을 기막힌 솜씨로 접어 사람들에게 나누어주었다.

그는 항상 웃고 즐거워했다. 삶의 새로운 기쁨을 얻기 위해 노력했다. 성진의 부모는 그를 통해 성장했다. 장애자인 아들이 저렇게 밝은 삶을 이루어가는데 온몸과 정신이 멀쩡한 우리가 불행해져서는 안 된다고 결심했다.

"불행은 개인의 주관적 느낌일 뿐이라는 걸 알았습니다. 성진이가 불행한 것이 아니라 성진을 바라보는 나의 시각이 불행한 것이었습니다."

부모는 성진을 통해 드러나는 삶도 이 세상에 표현되어야 할 다양한 삶의 모습의 하나임을 알았다. 그들은 성진의 휠체어를 밀고 교회에 갈 때 주변에서 보이는 동정과 위로의 말을 사양했다. 주변 사람들은 성진의 가족에게서 나오는 기쁨과 당당한 모습에 오히려 압도됐다.

성진과 부모는 미국의 여러 곳을 여행 다니며 장애인과 그 가족들에게 용기를 주었다. 장애인과 가족들이 모인 자리에 참석해 밝은 웃음과 종이접기, 그림 그려주기로 사람들에게 위로와 도전을 주었다.

부르는 곳이면 어디든지 달려가서 사람들에게 놀라움과 즐거움을 선사하던 성진은 열일곱 살의 나이로 이 세상을 떠났다. 그는 뇌질환으로 짧고 불편한 삶을 살았지만 불행한 삶은 살지 않았다. 성진의 부모는 말한다.

"항상 감사했습니다. 성진을 통해 감사하는 삶을 배웠습니다."

주변에서 보기에는 안타까운 삶의 모습일지 모르지만 당사자 본인에게는 아름답고 귀한 삶이었다. 뇌질환자, 장애자에게 내리는 우리의 평가는 편파적이고 왜곡돼 있다.

민수의 어머니가 치료되기 시작한 것은 그녀가 어느 순간 민수의 입장으로 내려왔을 때이다. 그녀의 억울함, 하나님에 대한 원망과 회의는 그녀가 자신의 평가의 잣대를 내려놓았을 때 사라졌다.

민수는 수요일 저녁마다 교회 주차장 안내를 했다. 수요예배 때 주차 공간이 넉넉지 않은 주차장에서 차량을 안내하고 배치하고, 주차장 주변을 정리하는 일이었다. 복잡한 일을 잘 수행할 수 없는 민수에게 이 같은 단순하지만, 다른 사람에게 봉사할 수 있는 일은 잘 맞는 일이었다. 그는 수요일이면 하루도 빠짐없이 교회로 가서 열심히 이 일을 했다.

어머니의 마음은 달랐다. 젊은 남자가 할 일이 없어 수요일 저녁에 교회 주차장에서 별 소득도 없는 일을 하고 있다는 것이 불만이었다. 그는 민수에게 더 '나은' 일들과 모습들을 끊임없이 기대했던 것이다.

어느 날 교회 목사가 예배 후 주차장에서 일을 끝낸 민수와 함께 어머니를 만났다. 어머니는 속마음을 얘기했다.

"민수가 불쌍해요. 젊은이가 남들처럼 밖에서 활발한 활동이나 여가도 즐길 줄 모르고, 이런 일밖에 못하니까요."

목사는 민수 어머니의 눈을 들여다보며 말했다.

"민수가 아니면 누가 이 일을 할까요? 매주 수요일 저녁에 하루도 빠지지 않고 예배드리러 오는 사람들의 차량을 안내해주고 차량 소통을 원활히 해주는 일을 누가 할 수 있을까요? 어머니는 왜 하필이면 우리 아이가 수요일 저녁에 교회 주차장에서 그런 일이나 하고 있다고 생각하세요? 그건 어머니의 입장에서 보는 편견입니다. 민수는 어머니의 입장과는 전혀 다른 무엇보다도 값진 일을 하고 있습니다. 민수가 아니면 이 귀한 일을 누가 할 것입니까? 일류 대학을 나온 젊은이가 이곳에 와서 하겠습니까? 좋은 직장을 다니고 저녁에는 친구들과 식당과 술집에서 인생을 즐기는 젊은이들이 이곳에 와서 이 일을 하겠습니까? 민수의 자리에서 생각해보세요. 그는 그 일에서 힘과 보람을 얻습니다. 무엇보다 교인들은 아무것도 아닌 것 같은 그의 봉사를 통해 수요예배를 누리고 있습니다. 부모님과 이 세상은 인정하지 않더라도, 그를 기뻐하고 칭찬하는 또 다른 세계가 있습니다. 생각을 바꾸어보세요."

민수의 어머니는 눈에 덮여 있던 껍질이 벗겨지는 듯 갑자기 밝은 시야를 의식했다. 무언가 생각의 한 꺼풀이 벗겨졌다. '그렇다. 나의 불행이다. 민수의 불행이 아니다.'

민수는 그가 처한 세계에서 최선을 다하고 있었다. 수요일 저녁의 교회 주차장 봉사는 일반인들이 할 수 없는 특별한 일이었다. 오직 민수만이 이 일에 선택받은 특권을 누리는 것이었다. 내가 불행하지, 민수가 불행한 것이 아니었다.

그 후로 민수의 어머니는 수요일 저녁이 오기만을 기다린다. 수요일 저녁 어두침침한 교회 주차장에서 민수가 누리는 특권을 함께 누리기 위해서이다. 민수의 어머니는 민수가 움직이는 교회 주차장을 보며 "그 풍경을 나는 이제 사랑하려 하네"라고 말할 수 있게 됐다.

스트리트 처치

다시, 첫 장에서 언급했던, 아프간 전쟁에서 돌아온 브라이언의 얘기로 돌아간다.

브라이언의 어머니에게서 종화에게 전화가 왔다. 그가 며칠째 집에 돌아오지 않는다는 것이다. 입원 치료 후 집에 돌아와 많이 좋아진 그였다.

방에 있으면 답답하다며 집을 나가 걸어서 돌아다니곤 했다. 때로는 집에서 몇 블록이나 떨어진 거리를 걷고 있는 그를 차를 타고 가다가 발견하곤 했다. 스타벅스 커피숍의 바깥 테이블에 앉아 있는 모습도 보였다. 그런 그가 집을 나간 지 이틀이 되도록 돌아오지 않았다. 브라이언의 어머니는 종화에게 연락한 후에 브라이언과 아프간에서 함께 근무했던 당시 동료 소대장 케일에게도 브라이언을 찾아봐달라고 부탁했다.

종화와 케일은 브라이언의 부모와 함께 차를 타고 동네 몇 블록을 돌아보았지만 그의 흔적을 찾을 수가 없었다. 그가 사흘째 집에 돌아오지 않으면서, 브라이언의 부모는 경찰에 신고를 했다. 케일도 다른 제대군인들과 함께 브라이언을 수소문하며 찾아다녔다.

가끔 로스앤젤레스나 샌타모니카의 ATM을 통해 그의 계좌에서 현금이 빠져나갔다. 그러나 그 근처의 거리나 숙소를 찾아보아도 브라이언의 모습은 나타나지 않았다. 브라이언의 부모는 그의 은행 계좌를 신고하거나 닫지 않았다. 브라이언이 살아 있다는 증거로 여겼기 때문이다. 약을 먹지 않으면 그는 다시 PTSD(외상후스트레스장애)에 빠져들 수 있다. 그렇게 3개월이 지나고 있었다.

일요일 새벽 5시.

어슴푸레한 새벽, 종화는 교회의 부엌에서 열두 명의 교

230

인들과 모여 샌드위치를 쌌다. 그날 LA 다운타운의 홈리스들에게 나누어줄 아침 식사용 샌드위치 300개를 만들었다. LA 다운타운에서 의류업을 하는 한 사업가가 음식비, 차량비 등을 모두 제공하며 7년째 계속되는 '스트리트 처치'이다.

기타와 앰프, 음식을 놓을 접는 테이블들과 의자 100개를 밴에 싣고, 네 대의 차량으로 나뉘어 다운타운의 4가와 타운길의 교차로로 향했다. 그날은 종화가 근무하는 방송국 TV 뉴스팀에서 다큐멘터리 제작을 위해 촬영을 나오기로 했다.

샌드위치를 나누어주는 곳은 사거리의 작은 공터이다. 대낮에도 걸어다니는 것은 물론 차를 타고 지나가는 것도 꺼려지는 지역이다. 노숙자들이 곳곳에 자리를 잡고 있고, 거리를 걸을 때면 여기저기서 역겨운 냄새도 풍긴다.

아침 6시 30분이 되면서 다운타운 일대에서 잠을 자거나 돌아다니던 홈리스들이 모여들기 시작했다. 스트리트 처치팀을 기다리던 몇 명의 홈리스들이, 도착한 차량에서 의자와 테이블을 꺼내어 행사장을 만들어갔다. 이들은 집 없이 거리에서 먹고 자는 홈리스들이지만 매주 일요일 아침 배식 때마다 나타나서 음식 배급과 예배 진행을 도왔다.

음악을 맡은 팀은 기타와 마이크 앰프를 설치했다. 배식 담당자들은 샌드위치와 음료수, 스낵, 과일들을 테이블에 가지런히 깔았다. 자원봉사 홈리스들은 배식을 받으려는 홈리스들을 줄을 세우고, 질서를 잡았다. 약물 중독자, 아직 술이 덜 깬 사람들, 남자, 여자, 노인, 젊은이 그리고 전혀 홈리스 같지 않으면서 거리에서 생활하는 사람들이 시간에 맞추어 이 거리의 예배장으로 모여들었다.

홈리스들에게 배식이 시작될 무렵, TV 뉴스 촬영팀이 도착했다. 행사를 진행할 담당자가 홈리스들에게 TV 뉴스팀의 촬영이 있을 거라며 양해를 구했다. 이의를 제기하는 사람은 없었다. 홈리스들은 샌드위치와 스낵, 음료수를 받아 가면서 꼭 '땡큐'라는 말을 했다.

카메라맨 제리는 일요일 아침, 대부분 상점이 문을 닫고, 썰렁하기 이를 데 없는 다운타운 슬럼가에서 이 같은 나눔 행사가 벌어지는 것이 신기하다며 열심히 촬영했다.

식사가 끝날 때쯤이면 찬양팀이 기타 반주에 맞추어 복음성가를 부르기 시작한다. 홈리스들은 식사가 끝났지만 자리를 뜨지 않고 찬양팀의 연주에 맞춰 노래를 부른다. 때로는 손을 높이 들며 노래하기도 하고, 흥에 겨워 몸을 흔들기도 한다. 이때쯤이면 경찰 순찰차가 나타나 주변을 천천히 한 바퀴 돌고 조용히 떠난다.

다음 날 종화는 방송국으로 출근해 전날의 '스트리트 처치'에 대한 글을 끝내고 프로듀서와 함께 편집을 시작했다. 카메라맨 제리는 편집 작업에도 함께한다. 장난기가 많지만 여러 가지 다양한 촬영과 편집에 능하다.

몇 달 전 종화가 제리와 살인사건 현장을 취재 갔을 때다. 남편이 봉제공장에서 일하고 있는 아내를 찾아가 총격 살해한 사건이었다. 사건 현장에는 노란 줄들이 일반인의 출입을 막고 있었다. 아직도 현장에 시신이 있다는 뜻이기도 하다.

이 같은 사건의 보도에서 촬영의 핵심은 검시관들이 플라스틱 백에 싸인 시신을 카트에 싣고 나오는 장면이다. 사람이 죽었다는 내용을 한 번에 보여주는 장면이기 때문이다. 시신이 나오기까지 증거 수집의 절차를 거치면서 몇 시간이 걸리는 수가 있다. 제리는 사건 현장 맞은편 건물의 담벼락에 카메라를 올려놓고 사건이 발생한 1층짜리 건물을 천천히 찍고 있었다. 어느 순간 그가 종화를 불렀다.

"이것 좀 보세요."

그는 자신의 TV 카메라 뷰파인더를 가리키며 말했다. 종화는 그의 카메라를 들여다보았다. 건물 한쪽으로 열린 창문을 통해 물체가 보였다.

"여자가 책상에 엎드려 있죠? 죽은 여자예요."

또 다른 카메라맨도 제리의 카메라를 들여다보았다.

"피도 보인다."

어차피 피 흘리며 숨겨 있는 사람의 영상은 보도되지 못하므로 촬영할 필요도 없었다. 다만 증거자료나 인물 확인용으로 촬영해 보관할 필요가 있을 뿐이었다. 제리는 카메라를 최대한 줌인해서 숨진 여자의 머리와 얼굴을 클로즈업했다. 그러고는 또 우리를 불렀다.

"보세요. 클로즈업했어요. 피가 많이 났네요."

취재팀은 그런 걸 뭐하러 찍냐고 제리를 나무라면서도 카메라에 눈을 갖다 댔다. 여성은 뒷머리에 총격을 받고 책상 앞으로 엎어져 있었다. 얼굴은 카메라 쪽으로 향해 있었고 피가 목 뒤로 흘러내려 있었다. 사건 현장이 멀어서 육안으로는 이런 장면을 볼 수 없었지만 카메라의 줌인 기능이 숨진 여성의 얼굴까지 식별할 수 있도록 한 것이다. 제리는 이런 일들을 즐겼다. 그는 카메라로 현장의 세부적인 것들을 찾아내어 찍었다.

'스트리트 처지'의 촬영 내용도 그랬다. 제리는 여러 가지 감정적인 장면들을 잘 잡아 찍었고, 홈리스 개개인의 표정들을 줌인해서 찍으면서 그들의 얼굴에 나타난 여러 가지 복잡하고 다양한 인상을 잡았다. 그들의 삶이 그 얼굴에 나타나 있었다. 프로듀서는 이 다큐멘터리 뉴스의 배경음악으로 〈스윙 로 스윗 채리엇Swing Low Sweet Chariot〉을 골라 틀어놓았다.

제리의 촬영 화면에서는 한 남자가 배급받은 샌드위치를 들고 스트리트 처치의 뮤지션들을 바라보고 있었다. 자리에 앉지 않고 뒤쪽에 서서 응시하고 있었다. 제리의 카메라는 샌드

위치를 든 그의 손에서 얼굴 쪽으로 천천히 옮겨갔다. 그러고
는 제리의 장기대로 최대한 줌인해 들어갔다. 종화는 줌인해
들어가며 화면에 나타난 홈리스의 얼굴을 보며 깜짝 놀랐다.

"거기 잠깐 멈춰봐."

화면에 크게 나타난 얼굴을 다시 한번 확인했다. 수염이
자랐지만 그는 틀림없이 브라이언이었다. 옷은 다른 사람들에
비해 깨끗했고 눈은 또렷했다.

종화는 아무 소리 하지 않고 뉴스룸을 나와 차를 타고 다
운타운으로 향했다. 어제 일요일에 스트리트 처치를 진행했던
장소에 도착해서 차를 주차하고 인근을 뒤지기 시작했다. 거
리에는 천막을 치고 아직 자고 있는 홈리스들도 있었다. 천막
안을 들여다보면 소리치며 욕을 하는 홈리스들도 있었고, 종
화를 알아보고 반갑게 인사하는 홈리스들도 있었다. 그러나
브라이언의 모습은 보이지 않았다. 다시 차를 타고 더 넓게 동
네를 돌며 브라이언을 찾았지만 그의 모습은 없었다.

종화는 뉴스룸에 들어와 다시 화면을 찾아보았다. 틀림없
이 브라이언이었다. 건장한 체격에 똑바른 걸음걸이. 홈리스
들이 모이는 곳에 있었으나 그들과 어울리는 모습은 아니었
다. 종화는 제리에게 왜 그를 찍었느냐고 물었다.

"홈리스처럼 보이지 않고 많이 다른 분위기여서 찍었어
요. 어쩌면 홈리스들과는 어울리지 않는 사람 같기도 하고. 이

235

사람이 왜 여기 있을까 하는 생각이 잠깐 들었어요."

종화는 그날 '스트리트 처치' 방영 프로그램 제작과 편집을 마치고 브라이언의 부모에게로 향했다.

"어제 홈리스 TV 촬영을 다녀온 후에 테이프를 리뷰하다가 카메라에 우연히 잡힌 브라이언을 보았어요. 바로 현장으로 찾아갔지만 브라이언은 그곳에 없었어요. 다시 그 지역을 찾아봐야 해요."

브라이언의 어머니와 아버지는 종화의 소식에 서로 손을 잡고 눈물을 흘렸다. 브라이언의 어머니는 가끔 집에 들르는 브라이언의 동료 소대장 케일에게 연락해 도움을 청했다. 케일은 남가주에 있는 몇몇 부대 동료와 친구들에게 연락했다. 브라이언이 다운타운 인근에서 홈리스로 지내고 있는 것이 발견됐다고 통보했다. 이들은 동료와 가족들 중에서 자원자 몇 명을 모았다. 그리고 브라이언 '수색 작업'이 시작됐다.

카메라 화면에서 복사한 브라이언의 사진들을 한 장씩 들고 다운타운 홈리스 지역을 다녔다. 이틀이 지나도록 브라이언을 찾지 못했지만 그의 소재에 대한 단서가 나왔다. 브라이언의 사진을 본 한 홈리스가 브라이언에 대해 자세하게 말했다.

"그 친구는 은행 계좌가 있는 부자로 알고 있습니다. 내가 베테랑 퇴역군인인 걸 알고 나를 현금으로 몇 번 도와주고, 싸움질에서도 구해주었어요. 알고 보니 아프간에서 근무했던 것도 비슷한 시절이었더군요."

이 홈리스는 퇴역 후 전쟁 외상후스트레스장애로PTSD로 아내와 이혼했다. 그는 처음에는 자신의 질병을 몰랐다. 재정 관리 능력을 상실하면서 집도 잃고 거리의 삶에 나서게 됐다고 말했다.

"홈리스들을 돕는 자원봉사자들 중 한 간호사가 내가 전쟁 외상후스트레스장애라며 병원을 소개해주었죠. 그런데 병원이 워낙 바쁘고 대기 기간이 길어 잘 안 가게 되더라구요. 그리고 집보다는 밖에서 지내는 것이 스트레스가 없어 이렇게 길로 나섰지요."

그는 브라이언이 어디 있을 거라고 말해주었다.

"바닷가로 자주 가요. 720번 버스를 타고 샌타모니카 비치로 가서 종일 지내다가 오기도 하고 거기서 자기도 합니다."

720번 버스는 로스앤젤레스 다운타운에서 윌셔 길을 따라 샌타모니카 비치까지 운행하는 버스이다. 브라이언이 다니고 싶어 했던 UCLA도 그 버스를 타고 지나간다. 브라이언의 홈리스 친구는 구체적인 팁도 주었다.

"아마 밤에는 오션 애비뉴와 샌타모니카 대로가 만나는, 바다가 내려다보이는 벤치나 낮은 해송 밑에서 자고 있을 겁니다."

종화는 720번 버스를 타고 샌타모니카로 향하고, 브라이언의 제대군인 동료 두 명은 차로 샌타모니카로 향했다. 720번 버스 안에서 브라이언이 갔던 길을 따라가며 그가 보았을 광경들을 같이 보았다. 웨스트우드 대로의 UCLA를 지나며 브라이언이 아마 여기서 내려 UCLA에도 자주 갔을 것으로 생각했다.

대학은 후방이야. 후방에서는 일선의 전투장에서 무슨 일이 벌어지는지 알려고 하지 않지. 크리스천에게도 전방과 후방이 있는 거 같아. 그래도 나는 상관없어. 싸움은 우리 군인들이 하는 것만으로도 충분해. 후방에 있는 사람들은 인생을 즐기고 열심히 공부하며 살면 돼. 그게 우리 군인들이 존재하는 이유지.

그가 몇 년 전 아프간에서 보내온 편지글이다.
"제대하면 UCLA에서 공부하고 싶어."
브라이언은 제대 후 전쟁 일선에서의 긴장된 삶과 후방에서의 흥청거리는 삶 사이에 의문을 가지며 혼돈을 겪었다. 정체성의 혼란도 왔다.
"나는 전쟁의 군인이어야 하는가, 아니면 후방의 민간인인가."
그리고 적의 포격과 벙커 속에서의 전투에서 입은 부상과 충격 때문에 찾아온 PTSD로 떠돌이의 삶을 택했다. 자살 시도도 했다.

병과 죄와 악

점점 어두워지는 혼돈 속에서 그 원래의 뜻을 잃어버린 단어들이 있다. 법률적인 단어와 의학적인 단어들이 혼용되면서 서로 경계를 넘나드는 비슷한 부류의 단어들이 됐다. 병자와 죄인과 악인이다.

죄인과 악인의 구분이 모호하고, 악인과 병자의 구분이 모호하다. 죄인은 병자는 아니다. 죄인은 법적 혹은 신학적 의미가 담겨 있고, 병자는 의학적 의미이다. 죄인이 악인이 아닐 수가 있고, 악인이 죄인이 아닐 수가 있다. 선한 사람이 죄인이 되는 경우가 있듯이, 역으로 극악한 악인이면서 죄인으로 벌받지 않은 사람도 무수하다.

의학과 신학 용어에 대한 새로운 해석과 발견을 낳으면서 죄인은 병자일 수 있고, 악인도 병자일 수 있다. 죄인은 악인일 수도 있고 악인이 아닐 수도 있다. 이 세 부류의 인간에 대한 의문과 호기심은 앞으로의 의학과 신학의 과제이다. 아직 연구가 시작도 되지 않거나, 연구 자체가 거부되고 있거나, 불가능하다고 여기는 학자들도 있다.

때로는 고통도 죄나 악의 범주에 포함시킨다. 그러나 의학의 발달은 이런 악인과 죄인들 중 상당수가 병자로 나타나는 것을 확인하고 있다. 문제는 병자가 치료를 받지 않으려 하는 것이고, 자신이 병자임을 인정하지 않는 것이다. 악인이 돌이키지 못하거나, 스스로 악인임을 깨닫지 못하는 것도 마찬가지이다.

병은 흔히 고통이 있어야 병으로 인정되고, 발견되면 치료가 시작된다. 그러나 대부분의 성인병은 고통이 없고 현대에 들어와서야 심각한 질병으로 인정이 됐다. 당뇨, 고혈압, 암 등이 그것이다. 췌장암 같은 경우는 고통이 거의 없어 인식이 되지 않아 암으로 발견이 됐을 때는 이미 늦은 경우가 허다하다. 나병은 그 대표적 예이다. 뼈가 문드러지는 충격에도 환자는 고통을 모른다. 고통을 느끼는 신체의 기능이 전혀 작동하지 않기 때문이다.

필립 얀시는 그의 유명한 책《내가 고통당할 때 하나님 어디 계십니까?》에서 나병 환자와 고통의 관계를 묘사했다. 고통은 '신체에 이상이 있다, 이에 대한 대처나 치료를 해야 한다'는 신호로서 고통이 없이는 신체가 제대로 작동할 수 없고, 생명의 유지에 필수적인 활동도 불가능하다. 얀시는 인도의 나병 환자 병원에서 일하는 브랜드 박사가 나병 환자를 통해 깨달은 통증의 병리학을 통해 고통은 인생에게 영적으로 축복으로 다가온다는 메시지를 설파했다. 다음은 그의 책에서 고통이 없는 나병 환자의 한 예를 옮긴 것이다.

240

어느 날 브랜드 박사는 현장 연구 중에 병원 뒤 창고에서 몇 가지 비품들을 꺼내야 했다. 문을 열려고 했지만 오래되어 녹슨 자물쇠는 꼭 끼워져 열쇠고리가 돌아가지 않았다. 이때 그 앞을 지나던 열 살 소년이 이 광경을 보았다. 잘 먹지 못해 쇠약했지만 남을 돕는 즐거운 정신을 가졌다. 브랜드 박사는 이 소년을 좋아했다.

"오, 박사님, 제가 해볼게요."

소년은 자물쇠를 그의 손안에 쥐더니 열쇠를 힘있게 돌려 자물쇠를 열었다. 브랜드 박사는 말문이 막혔다. 브랜드 박사의 반밖에 안 되는 체구의 나약한 소년에게서 어떻게 이런 힘이 나올 수가 있을까?

그는 곧 숨길 수 없는 단서를 찾았다. '문고리 밑의 바닥에 핏방울이 떨어졌네?' 브랜드 박사는 즉시 소년의 손을 검사했고, 소년의 검지가 뼈가 보이도록 갈라져 있는 것을 보았다. 열쇠를 강제로 돌리기 위해 소년은 검지의 살이 모두 찢어지는 힘을 가했지만 그 때문에 발생한 고통을 조금도 느끼지 못하고 있었다. 살갗과 속살, 지방이 모두 찢어지며 하얀 뼈가 드러나 있었다. 소년에게는 주머니 안에서 손가락으로 동전을 뒤집는 것이나, 작은 돌멩이를 하나 집어 올리는 것이나 그리고 지금처럼 손가락이 부서지게 열쇠를 돌리는 것이나 모두 같은 감각이었다. 브랜드는 이후 그의 연구에 박차를 가해 나병이 신체의 자생적인 염증이나 조직 파괴가 아니고, 외부에서 가해지는 힘에 대해 전혀 고통을 느끼지 않기 때문에 발생하는 이차적 감염의 병임을 밝혀냈다. '고통 없음 painlessness'이 나병의 발병 원인이었다.◆

싸움에서는 치러야 할 고통이 있다. 고통이 없는 상태는 마리화나, 마약에 취한 상태와 다름이 없다. 고통이 우리의 잘못된 길을 알려준다. 고통을 통해서 병을 깨달을 수 있다. 그러니 나병처럼 고통이 없는 병들이 더 치명적이다. 고통은 죄나 악이 아니다. 많은 경우 고통은 육체적 질병을 발견하는 수단이고, 죄나 악을 극복할 수 있는 통로이기도 하다. 정신질환자, 뇌기능장애자들의 고통은 발견되기 어려워서 치료가 어렵다. 대다수 사람이 정신질환자의 범주에 포함되지만 나병처럼 고통을 느끼지 않기 때문에 병자라고 인식하지 못하며 살아간다.

브라이언은 아프간의 육체의 전장에서 후방으로 돌아오자마자, 영혼의 전쟁터에 섰다. 그의 영혼은 납치되었다. 병자가 됐다. 병자는 악인이 될 수 있고, 죄인도 될 수 있다.

◆ 필립 얀시, 《내가 고통당할 때 하나님 어디 계십니까》, 이영희 옮김, 생명의말씀사, 2010.

이 병자가 악인이나 죄인이 되기 전에 찾아오는 것이 선한 자들이 치러야 할 싸움이다. 브라이언 같은 병자들이 반드시 찾아져야 하는 이유이다. 이들 중 어떤 이들은 고통을 자각하지 못하는 삶으로 내몰리면서도 그것이 치명적이라는 사실을 모른다. 이 환자들을 찾아오는 싸움은 의료적인 것과 영적인 것을 모두 포함한다. 과학적인 왼쪽 뇌와 직관적인 오른쪽 뇌가 모두 필요하다.

코로나도의 가로등

버스를 타고 샌타모니카에서 내린 종화는 6월의 상쾌한 샌타모니카 길을 따라 바닷가로 향했다. 쇼핑몰의 야외에서는 기타를 든 악사들이 연주와 노래를 하고, 상가와 식당들에는 활기가 넘쳤다. 젊은 관광객들이 삼삼오오 모여서 사진을 찍었다. 겉으로 보는 세상은 행복과 아름다움으로 가득 차 있다.

브라이언의 아프가니스탄 근무 동료였던 케일에게서 전화가 왔다. 샌타모니카 해변에 먼저 도착해 오션 애비뉴로 브라이언을 찾아보는 중이라고 했다. 걸어서 바다가 내려다보이는 길 위에 섰다. 높이 솟은 야자수의 부채 같은 잎들이 바닷바람에 흔들렸다. 바다는 푸른색과 은빛 반짝임으로 가득 찼다.

기후가 온화하고 아름다운 이 지역으로 홈리스들이 많이 몰리고 있었다. 날씨가 춥거나 더운 미국의 동부, 중부에서도 홈리스들이 이곳으로 왔다. 슬리핑백 하나만 있으면 하늘 밑에서, 거리 어디에서나 잠자리 찾기가 쉬웠다. 얼어 죽거나 비 맞을 일은 드물었다. 더욱이 샌타모니카 시는 홈리스들에게 우호적이어서 그들을 배척하는 정책을 시행하지 않았다. LA 카운티의 5만 명이 넘는 홈리스들 중에서 9,000여 명이 샌타모니카에서 배회했다.

야자수 사이들로 꾸불텅하며 자라난 해송들이 무용수처럼 가지들을 뻗고 있었다. 그 해송 나무 밑 그늘에 한 홈리스가 슬리핑백을 깔고 앉아 있었다. 종화는 그에게 다가갔다. 브라이언이 아니었다.

바닷가 길을 따라 남쪽에서 케일과 동료가 올라오는 것이 보였다.

"이틀 전에 브라이언과 같이 있던 사람을 만났습니다. 어제 샌디에이고로 갔답니다. 코로나도로 간다고 하더랍니다. 왜 샌디에이고로 갔는지……"

코로나도는 샌디에이고의 관광명소이다. 그곳의 호텔은 유명 영화의 촬영장이기도 했고, 코로나도 섬과 육지를 연결하는 아름다운 긴 다리가 있었다.

"샌디에이고는 어떻게 갔을까요?"

244

"LA 다운타운으로 가서 기차를 타고 간다고 했답니다."

종화는 브라이언의 행동이 놀라웠다. 정신질환의 고통 가운데 집을 나왔지만, 그는 행선지를 정해 잘 다니고 있었다. TV 화면에서 본 그의 표정은 안정돼 있었다. 화면에서 그가 뚫어져라 응시한 쪽은 그날 스트리트 처치에서 찬양팀 옆에 서 있던 종화의 위치였다. 그는 종화를 발견하고 망설이다가 잠시 후에 그 자리를 떠난 것이다.

케일은 샌디에이고로 가겠다고 말했다.

"엘 토로에 있는 해병대 제대 커뮤니티에 도움을 청해야겠어요. 그곳에서 시간 되는 제대 장병들이나 가족들과 함께 샌디에이고로 갈 겁니다."

엘 토로는 LA 남쪽 해병대 기지가 있는 군사도시로서 샌디에이고까지 한 시간 정도면 갈 수 있다.

종화와 케일 팀은 이틀 후인 주말 토요일 아침 일찍 샌디에이고로 향했다. 브라이언의 부모는 샌디에이고 코로나도가 건너다보이는 힐튼호텔에 하룻밤 숙소를 정했다. 엘 토로의 해병대 가족들 중에서는 여섯 명이 '브라이언 수색 작업'을 지원하기로 했다.

수색팀은 토요일 낮 종일 아름다운 코로나도 섬을 뒤지고 다녔다. 쇼핑몰로, 호텔 상가로, 바닷가로. 그러나 허탕이었다.

케일이 제안을 했다.

"브라이언이 이동을 하지 않을 때 우리가 그를 찾아 나섭시다."

"언제 브라이언이 이동을 하지 않죠?"

"잠잘 때죠. 어떤 이유인지 브라이언은 지붕이 있는 숙소에서는 잠을 자지 않습니다. 사람들이 함께 자는 숙소보다는 야외에서 잠을 잡니다. 그러니까 홈리스 쉼터나 건물 안은 수색 대상에서 제외하고 길거리로만 찾아다녀봅시다."

그날 밤 10시부터 팀들은 어딘가에서 브라이언이 잠들어 있기를 기대하며 수색에 나섰다. 이들 여섯 명은 샌디에이고의 코로나도 섬과 발보아 공원 인근을 뒤졌다. 종화는 브라이언 부모가 묵고 있는 힐튼호텔 인근의 미드웨이 항공모함 박물관 쪽을 브라이언의 부모와 함께 천천히 걸으며 그를 찾았다. 브라이언이 해병이었기 때문에 그가 미드웨이 항공모함에 가까이 있을 것 같다는 불확실한 추정이었다. 미드웨이 항공모함의 웅장한 야경을 보고, 브라이언의 흔적을 찾으며 다시 호텔로 돌아오는 길이었다. 시간은 밤 11시가 넘었다.

그 아름다운 관광지역에 고통처럼, 홈리스들이 하나둘 모여들어 잠자리를 챙기거나 잠들어 있는 모습이 보였다. 어떤 홈리스는 거리의 의자에 앉은 채 잠을 청하고 있었고, 어떤 홈리스는 의자 밑의 그늘로 슬리핑백을 깔고 잠들어 있었다. 힐

튼 호텔에 거의 도착할 무렵 바닷물이 들어온 조그만 길의 다리 위에 길게 누워 있는 슬리핑백이 보였다. 그 슬리핑백은 그 옛날 세쿼이아 국립공원에서 캠핑하던 때 종화의 옆에 깔려 있던, 두 개의 붉은 묶임 줄이 나와 있는 슬리핑백이었다.

종화는 낯익은 그 슬리핑백 앞에 가서 앉았다. 슬리핑백 속의 사람은 머리까지 슬리핑백의 지퍼를 올리고 그 안에 묻혀 있었다. 종화는 그 슬리핑백의 머리 쪽으로 다가가 조그맣게 불러보았다.

"브라이언?"

슬리핑백 안의 머리가 살짝 움직이더니 잠시 침묵이 흘렀다. 그리고 슬리핑백의 지퍼가 천천히 내려졌다.

"종화?"

브라이언이었다. 그는 눈을 잘 못 뜬 채로 종화를 물끄러미 올려다보았다. 브라이언의 아빠와 엄마가 달려와 그의 머리맡에 무릎을 꿇었다.

"브라이언!"

브라이언은 슬리핑백에서 몸을 일으키며 다리 난간에 몸을 기대었다. 그는 부모를 보면서도 여전히 아무 말이 없었다. 그의 부모가 그를 안고 있는 동안 종화는 케일에게 전화를 했다.

그와 일행들은 10분도 채 안 돼 도착했다. 케일은 브라이언의 손을 잡으며 말했다.

247

브라이언이 자고 있던 샌디에이고 해변의 길.

"소대장님, 이제 집에 갑시다. 전투는 벌써 끝났어요."

브라이언은 그렇게 '수색대'에 발견돼 병원으로 향했다.

브라이언은 3개월간 병원에 머물며 치료를 받았다. 그는 홈리스로 지내는 동안 샌타모니카의 도서관에 드나들며 그곳의 홈리스케어 프로그램의 도움을 받은 것으로 나타났다. 정신질환 홈리스들을 진료하고 적절한 처방을 하는 프로그램도 포함돼 있었다. 브라이언은 이 프로그램을 통해 정기적으로 상담을 받기도 했다.

브라이언의 가장 큰 증상은 환청이었다. 집이나 사무실 같은 갇힌 공간에 있으면 환청이 더 뚜렷했다. 그는 이것이 환청인 줄 알았기 때문에 이것에서 벗어나려고 길거리로 나가거나 시끄러운 장소에 머무르곤 했다. 그것은 집 안이 위험하다거나 적의 공격이 임박했다는 등의 경고와 위협이었다.

병원에서 3개월을 지낸 어느 날 브라이언을 면회했던 케일이 종화에게 전화를 했다.

"브라이언의 환청이 떠났습니다."

"예? 어떻게요?"

"오늘 면회하러 갔는데 얘기하더군요. 며칠 전부터 너무 조용해서 좋다고요. 귀에서 수시로 떠들어대던 그놈이 사라졌다면서 이렇게 머리가 조용해지니 살 것 같다고 말했어요."

지배자의 병 심호인과 아버지

오늘도 아버지와 아들은 만나자마자 티격태격 언쟁이 붙는다.

"야, 호인아, 담배 좀 그만 피워라. 집에 담배 냄새가 배잖아!"

아버지는 일을 끝내고 집에 돌아와 거실 소파에 앉았다. 뒷마당에서 담배를 피우는 아들의 모습이 거실 유리문을 통해서 보인다. 속이 부글거린다. 그래서 거실문을 열고 아들 호인에게 소리를 지른 것이다.

"담배 꺼, 인마!"

"밖에서 피우는데 뭐가 집에서 냄새가 나요?"

아들은 퉁명스레 답을 하며 계속 담배 연기를 뿜어댔다.

"이놈아, 집에 담배 피우는 놈이 너 하나밖에 없잖아. 네 방에서도 나고, 몸에는 냄새가 뱄고. 네 근처에 가면 담배 찌든 냄새가 진동해. 너만 모르지."

아버지는 화가 솟구쳐 더 큰 소리를 질렀다.

"말 안 듣냐? 일도 안 하면서 담뱃값은 어디서 나냐?"

둘의 언쟁이 격화되면서 거실에 들어온 아들은 손에 잡히는 컵을 집어던지며 자기 방으로 갔다. 아버지는 쫓아가서 아들에게 소리를 지른다.

"야, 이 자식아. 너는 눈에 뵈는 게 없냐? 아버지 말이 그렇게 우습게 들리냐? 집에서 빈둥거리고 놀 거면 부모 말이라도 잘 들어야 할 거 아냐. 무얼 잘했다고 집어던지고 지랄이냐. 이 자식이……"

아버지는 아들의 어깨를 잡아 돌려세우려고 했다. 아들은 뒤돌아서며 아버지의 얼굴을 주먹으로 때렸다. 아버지가 아들을 맞받아치며 순식간에 싸움이 붙는다. 소란에 놀란 어머니가 뛰어와서 엉겨 있는 둘을 말렸다. 아버지는 젊은 아들을 이

길 수 없다. 폭행을 당하는 아버지와 어머니의 비명이 가구 넘어지는 소리와 함께 계속되고 방에 있던 딸이 뛰쳐나와 그만 하라며 소리를 질렀다. 비명과 유리 깨지는 소리가 요란했다.

경찰이 출동했다. 이웃집에서 신고한 것이다. 이 이웃은 호인네 집에서 싸우는 소리가 들려오면 그것이 매우 위험한 신호임을 잘 알고 있다.

아들 심호인은 조울증 환자다. 매닉 상태에 이르면 스스로 자제가 안 되면서 아버지가 주는 자극에 폭력으로 반응했다. 그러나 아버지는 아들의 병세를 인정하지 않았다. 그에게 아들은 '게으르고 의지가 약한 놈'일 뿐이었다.

폴은 호인 어머니의 전화를 받고 집을 찾아가 아버지를 만났다. 아버지는 단호했다.

"그애는 병자가 아닙니다. 우리가 잘못 키웠습니다. 고생을 안 해서 애를 망친 겁니다. 세상 물정을 모르고 살며 아직도 정신을 못 차리고 있습니다."

몇 년에 걸쳐 그는 아들을 정신 차리게 만들어야 한다며 지속해서 아들을 나무라고 꾸짖었다. 처음에는 침묵 속에 무반응하던 아들이 차츰 말대꾸를 하기 시작하더니 아버지에게 대들며 언쟁을 벌였다. 집 안의 물건을 집어던지기 시작했다. 급기야 아버지를 폭행하고 말리는 어머니도 때렸다. 그렇게 몇 년의 세월이 흐르고 있었다.

폴은 호인과 대화를 했다. 그의 이야기를 들어주었다.

"아버지는 저한테서 차키도 빼앗았어요. 위험하다며 운전을 못하게 하죠. 집에서 할 일이 없어요. 그래서 담배를 피우면 담배도 못 피우게 해요."

폴은 자신이 목사라는 것도 내세우지 않고, 그를 붙들고 앉아서 기도를 하지도 않았다. 어느 때 어느 환자와의 기도는 뜻하지 않은 부작용을 불러오는 일도 있기 때문이다. 그의 얘기를 조용히 들으면서 그를 이해해갔다. 폴은 호인이 조울증 환자임을 알 수 있었다. 어머니는 병원에서도 호인이 조울증 진단을 받았다고 말했다.

"호인이가 집에서 난리를 칠 때 경찰이 출동해 병원에 가서 조울증 진단을 받고 병원에 입원했습니다. 그런데 병원에서는 사흘 만에 호인이를 퇴원시켰습니다."

정신병원에는 환자들이 많아 입원환자가 조금 나아지는 기미가 보이면 환자들을 바로 퇴원시킨다는 것이다.

"호인이는 무얼 좋아하니?"

"농구를 좋아해요. 그런데 요즘은 같이 놀 친구가 없어서 못해요."

"그래? 그럼 다음에 우리 만나서 농구를 하자."

폴은 호인을 만날 때마다 함께 나가 농구를 했다. 그런 폴에게 호인은 차츰 호감을 느꼈다. 자기 속마음을 알아주고 대화를 나누어주는 폴에게 신뢰가 갔다. 폴을 만나는 날이 기다려졌다. 폴은 결코 아버지를 이해하라든지, 힘을 내어 잘해보자는 등의 조언을 하지 않았다. 뇌질환자들은 그 같은 바람직한 행동을 하지 않으려는 것이 아니라, 그러고 싶어도 할 수 없기 때문이다. 그래서 병자인 것이다.

그날도 폴은 호인과 농구를 하고 식사를 같이한 후에 호인의 집으로 돌아왔다. 폴이 어머니와 함께 차를 나눈 후 자리에서 일어서자 호인도 일어서며 폴에게 무슨 할 말이 있는 듯 머뭇거렸다. 그러면서도 입을 열지 못했다. 폴은 일어선 채로 1분 정도 가만히 기다렸다.

손을 만지작거리며 멈칫거리던 호인은 간신히 한마디를 했다.

"고맙습니다."

폴은 그의 손을 잡아준 후 집을 나와 차를 탔다.

차 안에서 폴은 잠시 눈을 감았다. 그도 호인에게 고마웠다. 그리고 먼저 세상을 떠난 누이동생을 떠올렸다. 동생이 아플 때 이런 대화와 사랑을 주지 못한 자신에게 또 한 번 후회가 밀려왔다. 폴은 아픈 자들에게 주는 모든 대화와 사랑 그리고 함께하는 시간을 하늘에 있는 누이동생도 보고 있는 모습을 상상해보았다.

위험한 나르시시스트

    며칠 후 폴은 다시 호인의 아버지를 만났다. 호인의 아버지는 감정이나 이해심이 거의 없고 자기주장이 강한 성격이었다. 자기 일에 몰두하고 열심히 살며 집안의 가장으로서 가족이 필요한 물질적인 것들을 충족시키는 것이 아버지의 역할이라고 생각하고 있었다. 가족 내에서 자기가 내린 판단이 곧 법이었고, 그 판단에서 벗어나는 남의 말은 결코 인정하지 않았다. 여가에는 골프를 치고 여행을 즐기며 자기가 하고 싶은 것을 했다. 교회에도 열심히 출석했다. 그러나 자신의 의지가 곧 신앙이었다.

    그는 전형적인 자기애성 인격장애NPD에 가까이 간 인물이었다. 정신치료 상담가 조지프 버고 박사의 분류에 따른다면 호인의 아버지는 NPD는 아니더라도 '위험한 나르시시스트'일 것이다. 나르시시즘의 스펙트럼 분류에서 NPD는 가장 오른쪽에 있는 극한 상황으로서 인구의 1퍼센트이지만, '위험한 나르시시스트'는 그보다는 조금 상태가 좋으면서 인구의 5퍼센트 정도에서 나타난다.[*] 이 같은 성격은 고치기가 힘들다. 일종의 병일 뿐만 아니라(그러나 본인이나 주변 사람들은 그를 병자로 보지

---

    [*]   Joseph Burgo, *The Narcissist You Know*, Touchstone, 2015.

않는다) 그 사람의 생존 방식이기 때문이다. 대인관계, 경제생활이나 조직생활에서 그가 살아남고 번영하는 삶의 수단이기 때문에 이 같은 성격이나 태도를 스스로 바꾸기란 불가능하다. 그에게는 변화한다는 것이 생존경쟁을 포기하라는 말과 같다.

일반적으로 사람들은 화가 났을 때 분노를 표출한다. 그러나 NPD들은 우월성superiority의 과시와 함께 분노를 쏟아낸다. (…) 그들은 어떤 때 스스로의 분노조차 받아들이지 않는다. 격한 분노의 장광설 외침 중에서도 "나는 소리 지르는 것이 아니야!"라고 소리친다. NPD들이 감정을 인정하고 받아들이는 것을 회피하는 극단적인 상태이다.[•]

호인 아버지의 경우는 나르시시즘의 지배자적 증상, 그리고 감정이나 그 표현을 두려워하는 '감정공포emotion phobia' 증상이 있는 사람이다. 다른 사람들의 느낌이나 고통에 대해 감정을 드러내지 않거나 느끼지 않는 상태로서 감정표현에 두려움을 가졌다는 의미이다. 아들의 고통이나 상한 감정을 인정하기를 거부하는 그의 '감정공포'는 그 자신 속에 있는 실패에 대한 두려움이나 공포이기도 했다. 그는 이 공포를 아들에 대

[•] 크레이그 맬킨, 《나르시시즘 다시 생각하기》, 이은진 옮김, 푸른숲, 2017.

한 우월성으로 표출했고, 폭언과 폭력으로 바꾸어 표현했다. 그리고 아들의 병을 계속 악화시켰다.

NPD에서 가장 큰 문제의 하나는 호인의 아버지처럼 자신이 병들었다는 것을 인식하지 못하거나 인정을 거부한다는 점이다. 오히려 자신이 가장 올바르고 선하다는 자부심을 가지고 살아간다. 그 결과는 회전하는 칼날처럼 주변의 많은 사람에게 상처를 주는 것이다.

케임브리지 대학과 하버드 대학의 정신과 병원 의사와 교수를 지냈던 크레이그 맬킨 박사는 그의 책《나르시시즘 다시 생각하기》에서 우리 주변 곳곳에 숨어 있는 나르시시스트에 대해 말해주고 있다. 깜찍하고 예쁜 연인에서 유능한 직장상사, 가장 가까운 가족 구성원에 이르기까지 우리 주변에 '잠복' 해 있는 유해한 NPD 환자들은 우리 예상을 뛰어넘어 의외로 많다. 맬킨 박사는 배우자나 동료, 가족들이나 자신에게서 다음과 같은 징후가 있을 때 주저하지 말고 즉시 대처 방안을 세울 것을 권고한다.

— 나에 대한 감정적·신체적 학대에도 불구하고 내가 그 사람을 떠나지 않고 있는 것을 발견할 때
— 병이나 실직, 알코올 중독 같은 혹독한 환경 속에서도 자신이 병들지 않았다거나 괜찮다며 처한 위험들을 존재하지 않는

것처럼 부정할 때

— 다른 사람들을 조정하며 자기의 우월성과 남을 이용하는 조작자manipulator로 드러날 때(이런 사람들은 강한 공격성으로도 나타난다)

— 치료나 개선을 위한 변화를 거부하며 자신의 감정을 속이거나 드러내는 것을 막을 때

— 어떤 경우 며칠씩 이어지는 침묵 속에서(분노와 퇴행의 불안함으로 이동한 것을 뜻한다) 비난이나 무관심으로 주변을 어둡게 만들 때

이런 여러 가지 징후들이 계속되면서도 이로 인해 야기되는 주변인이나 상대방의 고통을 전혀 알 수 없는 사람에 대해서 혹은 스스로 NPD의 위험성을 자각하면서, 당사자나 자신에게 정직하게 물어보아야 한다. 이 사람을(혹은 나 자신을) 내가 과연 고칠 수 있는가? 고쳐지지 않는다면 다음 선택은 무엇인가?

정신과 의사나 심리치료사, 상담가들은 중증 나르시시스트로부터의 '출구 전략'을 제시할 수 있어야 한다. 그 속박과 질병의 관계를 어떻게 안전하게 풀고 나오는가에 대해서 의료적, 법적, 심지어 신체 안전 문제까지도 꼼꼼히 고려하는 전략이 필요하다. 극단적으로 병적인 나르시시스트의 경우 결코 피해자를 놓치지 않으려는 위험한 집착을 보일 수 있기 때문이다.

이때 적극적인 제삼자의 개입이 필요하다. 이 제삼자는 정신과 의사나 전문상담가나 심리치료사여야 한다. 혹은 아픈 경험과 그를 통한 전문적 지식이 있으면서 헌신을 할 수 있는 폴 같은 목사도 중요한 역할을 맡을 수 있다.

호인의 아버지의 경우 나르시시스트 기질에서 벗어날 수도 있고 아니면 그 자리에서 버티며 자신의 변화나 병에 대한 인식을 거부할 수도 있다. 그가 치료받을 의지가 있는가가 관건이다. 이때 전문가들은 그의 변화와 가족들의 구조를 위해 여러 가지 시도를 해봐야 한다.

사랑이라는 무기

폴은 호인의 아버지를 설득해야 했다. 그러지 않으면 호인의 병이나 이 집안의 갈등은 결코 호전될 수 없었다. 아버지는 이 집안의 핵심이자 문제의 핵심이기도 했다.

"아버님, 호인이와 대화를 해보고 같이 지내보니까 많이 아픈 아이가 확실합니다. 아버님의 인식의 변화가 없으면 아드님의 치료는 불가능합니다."

그러나 아버지는 여전히 변함이 없었다. 그는 자신의 지식과 경험 이외의 것은 인정하려 들지 않았다. 강력한 부정

denial의 나르시시스트였다.

"호인이는 치료받을 애가 아닙니다. 의사를 만날 정도도 아닙니다. 철이 안 들고 유약한 아이입니다."

폴은 호인에 대한 의학적인 증거도 말하며 아버지를 설득했다.

"그렇지만 의사도 호인의 정신질환에 대해 진단을 내렸고 병원에도 입원하지 않았습니까. 그애는 의학적으로 말해 정신적으로 아주 아픈 환자입니다. 다른 대우가 필요합니다. 그애의 병을 인정해주셔야 합니다. 스트레스도 많이 줄여야 합니다."

"의사도 만나고 약도 처방해서 먹었지만 아무런 변화도 없잖아요. 병원에서는 사흘 만에 나오고…… 그애의 병이란 것은 게으름 때문에 생긴 나약한 정신 상태일 뿐입니다. 그런 상태는 더 고생을 해보고, 세상이 살기 힘들다는 걸 경험해봐야 고쳐집니다. 그애가 무엇이 부족해서 스트레스를 받는답니까? 호강에 겨운 소리지요."

호인의 아버지와는 대화가 이어지지 않았다. 그는 비극을 감지하고 있으면서도 그에 대한 해결책에 부정으로 일관했다. 그의 부정에는 자신의 병을 감추려는 것, 자신의 분노와 걱정, 내면 깊이 숨어 있는 소외감을 감추려는 무의식적인 의도가 있었다.

폴은 집으로 돌아오는 차 안에서 더 이상 시간을 끌 수가 없다고 생각했다. 폴에게 마지막 방법이 남았다. 그를 붙들고 일대일로 결판을 내는 것이다. 호인을 주제로 하지 말고 그 아버지를 주제로 해서 그의 영혼과 담판을 벌이는 것이다. 이런 담판에는 호인의 아버지에 대한 순전한 사랑이 필요했다.

며칠 후 폴은 다시 호인의 아버지에게 전화해 약속을 정했다. 그는 폴이 목사여서 존중하기도 했지만, 폴의 인품에 대해 나름대로 신뢰를 주고 있었다. 그가 폴과의 약속을 거부하지 않는 이유이기도 했다.

호인의 집에서 아버지와 만난 폴은 거실 소파에 호인의 아버지와 나란히 앉아 얘기를 시작했다. 호인의 어머니는 그 옆에 앉았다.

폴은 목사의 입장에서 얘기를 풀어나갔다. 자신의 고통스러웠던 오랜 세월의 삶을 속속들이 얘기해주며, 정신질환의 세계에 '빚진 자'로서 뛰어들게 된 경위도 말했다. 폴이 동생 선혜와 함께한 고난의 경험과 가족들이 지나야 했던 어려움의 시절들도 말해주었다. 호인의 아버지는 폴의 고백 같은 이야기들에 진지해지며 마음이 누그러지는 모습이었다.

20여 분이 지난 후 폴이 호인의 아버지에게 말했다.

"제가 잠깐 아버님을 위해 기도해도 될까요?"

호인의 아버지는 폴의 제안에 다소 놀라는 기색이었다.

그러나 명색이 크리스천인데 목사가 기도를 해준다니 거절할 이유가 없었다.

호인의 아버지는 목사가 소파에 그와 나란히 앉은 채로 기도할 줄 알았다. 그러나 폴은 소파에서 내려와 호인의 아버지를 향해 바닥에 무릎을 꿇고 앉았다. 그러고는 소파에 앉아 있는 호인 아버지의 두 손을 잡았다.

호인의 아버지는 조금 당황스러웠다. 자신은 앉아 있고, 목사가 바닥에 무릎을 꿇은 채로 자신의 두 손을 잡고 고개를 숙였을 때 자신도 바닥으로 내려앉아야 하는가 생각했다. 목사와 자신의 위치가 바뀌어야 한다고 순간적으로 생각도 했지만, 그럴 시간은 이미 지났고 움직일 공간도 없었다. 폴의 기도가 시작됐다. 그는 아들이 아닌 아버지에 대해 전심으로 기도했다.

"하나님 아버지, 아들 때문에 너무나 힘든 시간을 보내고 계시는 호인이 아버님을 불쌍히 여겨주옵소서. 아들의 아픔과 방황을 지켜보며 괴롭고 답답하고 화도 나고 속도 많이 상하시겠지만, 아버지로서 아들을 사랑하는 그 마음만은 하나님께서 기억해주옵소서. 하나님, 호인이가 많이 아픕니다. 호인이가 아프다는 사실을 인정하고 받아들일 수 있는 마음을 아버님에게 허락해주옵소서. 다른 사람과 비교하지 않게 하시고, 있는 그대로의 호인이, 아픈 호인이, 아무것도 못하고 방황하

는 호인이를 불쌍히 여길 수 있는 마음을 주옵소서. 호인이가
아프다는 사실을 외면하고 싶고, 인정하고 싶지 않아도 이제
는 더 이상 지체하지 않고, 아픈 호인이를 긍휼히 여기고 진심
으로 품을 수 있는 마음을 주옵소서. 사람의 노력이나 의지가
아닌 성령께서 역사하시사, 하나님의 사랑을 아버님에게 부어
주셔서 그 사랑의 힘으로 호인이를 사랑하고 용서하고 이해하
고 공감할 수 있는 아버님이 되게 하여주옵소서. 지금까지 그
오랜 시간 동안, 그 누구에게도 말 못 하고, 남모르는 눈물을
몰래 흘리며 참아온 시간이 헛되지 않게 해주시고, 이제부터
는 하나님의 사랑의 힘으로 아버님도, 호인이도 변화되어 서
로의 아픈 마음을 어루만져주고 위로할 수 있는 놀라운 역사
가 나타나게 하여주옵소서. 오늘부터 이 가정에 절망과 탄식
과 한숨과 분노와 슬픔이 사라지고, 하나님께서 부어주시는
감사와 기쁨과 평안이 넘쳐나게 하여주옵소서. 아픈 호인이를
통해 살아 계신 하나님을 다시 만나는 놀라운 역사가 있게 하
여주옵소서. 예수님의 이름으로 기도하옵나이다. 아멘."

폴은 사실대로 기도했고, 이것이 이 가정의 치료를 위한
마지막 호소라는 심정으로 기도했다.

기도를 마치고 호인의 아버지를 올려보았을 때 그 아버지
는 울고 있었다. 아버지의 두 뺨에서 눈물이 하염없이 흘러내
렸다. 쇳덩어리 같은 그의 마음이 녹아내려 평생 처음 아버지

로서, 아니 한 인간으로서의 순전한 감정이 살아났다.

그러고는 평생 갇혀 있던 울음이 터졌다. 자신의 내부에 얼음처럼 꽁꽁 얼어 있던 자기만족과 그로 인한 무감각의 차가운, 섬뜩한 얼음들을 보았다. 호인의 아버지는 그때 자신이 녹아내리는 것을 느꼈다. 사랑은 한 신실한 목사의 기도를 통해 중증 나르시시스트의 마음을 녹였다. 아들 환자가 아닌 아버지의 정신질환이 치유되는 순간이었다.

"결혼 후 남편 우는 모습은 처음 보았어요."

옆에서 함께 눈물을 훔치던 부인의 말이었다. 부인은 남편도 울 수 있다는 것을 믿을 수가 없었다. 전혀 눈물이 없던 남편이었다. 그렇게 강하고 뻣뻣하며 감정이 없던 남편이 지금 아내 앞에서 흐느끼고 있는 것이다.

네가 낫고자 하느냐?

그 후 호인의 아버지는 달라졌다. 폴이 하는 얘기를 머뭇거리면서도 따르기 시작했다. 그 순종은 마치 순한 양 같았다.

아버지는 골프를 치러 나가면서 아들 방에 들어가 말을 건넸다.

"골프 치러 같이 갈래?"

"?"

아들은 신기함 속에 "그래요"라며 따라나섰다. 아버지가 아들에게 권유한 것도 기적이고, 아들이 이 말을 받아 따라나선 것도 기적이었다. 아들은 아버지의 권유로 테니스도 함께 다녔다. 아버지는 어설프고 어색하지만 아들에게 부드럽게 얘기했다. 화내지 말라는 폴의 말에 따라 가끔 올라오는 화도 참았다.

폴은 과거 호인의 아버지가 아들에게 "이 새끼, 저 새끼" 하며 욕을 했던 것도 알고 있었다. 거실에 걸려 있는 달력에는 어느 날짜들에 작은 메모들이 적혀 있었다. 폴은 호인의 부모가 자리에 없을 때 재빨리 그 달력들을 들치며 메모들을 보곤 했다. "오늘 또 지랄." "호인 새끼 또 미친 짓." 이 같은 메모들이 한 달에 두 번꼴로 적혀 있었다. 호인이가 아버지와 싸우며 소란을 벌이고, 이웃집 신고로 경찰들이 출동한 흔적들이었다. 폴은 호인의 아버지에게 그 얘기도 직접 했다.

"호인이에게 나쁜 욕 하지 마세요. 아버님과 하나님의 귀한 아들입니다."

호인의 아버지는 얼굴이 벌게지며 그러겠노라고 받아들였다. 아버지는 확실히 바뀌고 있었다.

아버지는 폴의 기도 속에 울음을 터뜨린 며칠 후 아들 방에 들어갔다. 아들은 아버지가 최근 며칠간 자신에 대한 태도가 바뀐 데 대해 의문과 놀라움을 함께 가지고 아버지를 주시하고 있었다. 아버지는 책상에서 컴퓨터로 게임을 하는 아들 옆으로 가서 책상 옆의 침대에 앉았다. 그리고 아들에게 조용하게 말했다.

"아빠로서 호인이에게 할 말이 있다."

"뭔데요."

호인도 작은 목소리로 답했다.

"아빠가 그동안 너에게 몹쓸 짓을 많이 했다. 아빠가 죄지은 것이 많구나. 네가 아픈 것도 무시하고 아빠 생각대로만 행동했다."

그리고 아빠는 아들이 상상도 할 수 없는 말을 했다.

"이 아빠를 용서해다오. 네가 이렇게 고생한 것이 다 아비 잘못이다."

아들 호인은 그 순간 마음속에 있던 커다란 돌덩이 하나가 싹 치워지는 듯한 느낌이 왔다. 머리가 맑아지며 마음 한구석에 한 줄기 빛 같은 기쁨이 흘러들어왔다. 호인은 그것이 '희망'이라는 단어라고 생각됐다. 호인도 나지막한 목소리로 대답했다.

"땡큐, 아빠."

아버지는 아들의 손을 잡고 눈을 감았다.

아들 호인은 놀라움 속에 인정하기 시작했다. '아빠가 옛날 아빠가 아니다.'

호인은 정서적 안정과 함께 자존감을 서서히 회복했다. 의사가 처방한 약도 제때 잘 복용했다. 아버지도 아들이 의사와 만나는 것을 적극적으로 도우며 치료에 협력했다. 호인은 난생처음으로 아버지의 관심과 사랑이라는 감정을 접하게 됐다. 그것은 신비스러웠다.

아버지라는 사람이 예전의 모습에서 달라지거나, 달라지려고 노력하는 모습은 믿을 수 없는 것이었다. 아버지의 말투가 달라지며 어떨 때는 아들의 기분을 조심스럽게 알아보려는 태도도 보였다. 아버지 변화의 진지함을 알아차리면서, 호인은 무엇보다도 아버지로부터 흘러오는 부드러운 솜 같은 사랑의 느낌에 안심했다. 아버지와 아들의 폭력성도 사라졌다. 부모와 자식이 함께 낫기 위해 마음을 합했다.

호인은 밖으로 나가 일자리도 구했다. 직장에서 비록 한 달 이상을 버티지 못했지만 부모들은"더 이상 바라지 않습니다"라며 아들에 만족해했다.

호인은 그 후 독립해 나가 보딩 케어하우스boarding carehouse (미국의 소규모 민간 시설로 식사와 잠자리를 제공하는 곳)에서 스스로의 삶을 꾸려나가며 지내게 됐다. 정신장애자로서 정부에서 주는 지원금도 받을 수 있었다.

필요할 때는 언제든지 아버지나 가족들과 소통했다. 가족들은 호인이 독립적인 삶을 살아갈 수 있도록 경제적 지원도 계속했다. 호인의 삶은 완벽할 수도 없고, 또래의 다른 젊은이들과 많이 동떨어진 방식의 삶이었지만, 호인은 잘 적응해갔고, 아버지는 그 같은 아들의 삶에 감사해했다.

예수가 병자를 고치기 전에 먼저 그에게 물어보았다.
"네가 낫고자 하느냐?"
병자가 낫고자 하는 자신의 의지가 있을 때, 예수는 병을 고쳤다.
호인의 아버지는 중증의 나르시시스트였지만 마음 한구석에 낫고자 하는 작은 불씨가 있었다.
그가 폴의 방문을 받아들이고, 마지막에 폴의 기도를 묵묵히 받은 것은 그가 낫고자 하는 숨은 의지를 드러낸 것이다.
병자가 낫고자 하는 의지가 있을 때 희망은 있다. 정신질환자들에게서 이 의지를 찾아내고 지켜내야 하는 것이 의학과 신앙의 의무이다. 이 의지를 찾아내고 지켜내는 무기가 가장 연약해 보이는 '사랑'이라는 것이다.

4부

역전시키는
삶

•

우리는 과거의 기억과 함께 고통을
붙들어야 한다. 그렇지 않으면
자신에게 진실하지 못한 것이다.
구원은 기억에 달려 있다.

미로슬라브 볼프

백전백패 수전

이선주, 미국 이름 수전.

부모에게 불만이 많았다. 어릴 적 남동생과 싸우고 어머니에게 억울한 마음을 호소했다. 어머니의 입에서는 뜻밖의 말이 나왔다.

"네가 잘못했겠지. 하나밖에 없는 남동생 이해해야지."

언제나 수전 편인 줄 알았던 어머니의 이 말에 수전은 충격을 받았다. 그 후로 수전은 자기가 집에서 제대로 대접받지 못한다고 생각하기 시작했다. 남동생은 공부, 운동, 모든 것에 뛰어났다. 수전의 학교 행사가 동생의 행사와 겹치면 부모는 당연히 동생의 행사장으로 향했다. 수전은 항상 찬밥이었다. 수전은 소외감 속에서 자라나며 마음속의 미움도 함께 커갔다. 동생은 예일대학에 입학해 부모와 주위의 축하를 한 몸에 받으며 지냈다.

수전이 UC 계열의 좋은 대학에 입학했을 때 부모는 당연한 것으로 여기며 별로 기뻐하는 분위기가 없었다(부모는 그렇지 않다고 말하는데 그 말이 맞을 수도 있다).

"착하고 예민하고 똑똑한 아이들에게 뇌질환이 잘 찾아옵니다. 발병해서 저희 정신건강가족미션에 찾아오는 청년들이 대부분 뛰어난 아이들이었습니다. 이들 청년은 마음이 고와서 불만이나 미움, 고통을 밖으로 내어놓거나 발산하지 못하고 자신 안에 쌓아갑니다. 마음의 병은 풀리지 않는 스트레스로 깊이 축적되고, 어느 순간 어떤 계기로 인해 뇌기능장애로 발현합니다."

폴의 말이다.

수전은 자신이 가족 내에서 차별받으며 자랐다고 여긴다. 어머니의 말은 다르다. 수전의 동생이 특별히 뛰어났고 학교 활동, 지역사회 봉사가 많아 뒷바라지하느라 어쩔 수 없었다고 한다. 차별은 결코 아니었다고 말한다.

세월이 가면서 수전은 집에서 부모가 보기 싫어졌다. 아버지가 차를 타고 들어오는 소리가 나면 아버지와 마주치는 것을 피해 밖으로 나갔다. 그녀는 점점 가족들이 싫어졌고 말다툼도 잦아졌다.

가족과의 갈등과 함께 수전은 신앙생활도 제대로 할 수가 없었다. 그녀는 이 갈등의 삶을 고치고 싶었다. 견디다 못해 다니고 있는 교회 청년부 목사와 상담을 했다. 수전은 자신이 가족들에게서 차별과 무시를 받고 있고, 가족들이 미워서 참을 수가 없는 심정을 얘기했다. 그러나 목사의 대답은 또 뜻밖이었다.

"수전, 그런 문제는 수전의 신앙심으로 넉넉히 이길 수 있을 텐데. 믿음이 약해지면 그렇게 돼. 노력을 더 해보지그래."

목사는 의심과 미움을 이기기 위해서 교회 봉사와 말씀 공부에 더욱 힘써보자고 말했다. 수전은 목사도 자신의 편이 아니라고 생각했다.

목사의 잘못은 아니다. 그는 자신의 경험과 신앙에 비추어 자기가 할 수 있는 조언을 했을 뿐이다. 정신질환이나 상담에 대한 지식이 없었던 그가 할 수 있는 당연한 조언이었다. 실제로 그 같은 조언과 활동을 통해 청년들은 상처를 치유하고 새로운 활력을 찾기도 한다. 그러나 뇌기능장애자들의 반응

방식은 다르다.

뇌기능장애, 정신질환자들은 발병이 되거나 병이 심해지기 전에 주변에 여러 형태로 구조요청 신호를 보낸다. 때로는 받아들일 수 없는 비정상적인 형태로도 발신한다. 이 시그널을 놓치면 이 병과의 싸움은 발견이 안 되고 깊어지며, 치료의 길도 험해진다. 많은 사람을 가르치는 교사나 상담사, 단체 지도자들은 필수적으로 정신건강과 그 질병들에 대한 지식과 상담 기술을 습득해야 한다.

이미 뇌기능장애가 시작됐던 수전은 분노했다. 믿고 상담했던 목사가 미워졌다. 그는 친한 교회 언니를 찾아갔다.

"언니한테만 말하는데 우리 청년부 목사가 나를 성추행했어."

"아니 어떻게 그런 일이⋯⋯"

"상담하러 갔더니 상담 도중에 손을 잡고, 다리를 만지고 그러더라고."

"그런 사람으로 안 봤는데. 실수로 그런 건 아닌가?"

"아니야. 내가 당했으니 확실히 알지."

"믿을 수가 없네. 어쨌든 이런 일은 가만히 있으면 안 돼. 대책을 세워야지."

이 말은 곧 퍼져나가며 교회에서는 소동이 벌어졌다. 교회 지도부에서는 담당 청년부 목사를 불러 사실을 조사했다.

청년부 목사는 그런 일은 없었다며 수전이 상담해왔던 일을 얘기했다. 그는 억울함을 말했다. 교회 지도부는 수전한테서 자세한 경위를 듣고자 했다. 그러나 수전은 인터뷰에 응하지 않았다.

여러 차례의 시도에도 불구하고 수전과의 면담이 불가능해지자 교회 측은 어머니와 면담을 했다. 교회로부터 사건의 소식을 들은 어머니는 딸에게 확인했지만 딸은 화를 내며 횡설수설했다. 어머니는 교회 측과 얘기하면서 수전이 가족들에게서 차별받고 있다며 반항적으로 지내왔고, 가족과 어울리지 않으며 겉도는 상황이라고도 말했다. 교회 측은 청년부 담당 목사와 여러 차례 인터뷰를 가진 후에, 그 같은 일은 없었다는 결론을 내렸다.

수전은 교회를 떠났다. 그리고 다른 교회를 다니기 시작했다. 그녀는 이 교회의 목사와도 똑같은 내용, 즉 가족 문제로 믿음생활이 어렵다는 상담을 했다. 그리고 이전 청년부 목사와 비슷한 답을 받자, 또 소문을 냈다. "목사님이 나를 성추행했다." 그녀는 이렇게 교회를 전전하면서 성추행 분란을 일으켰다.

폴이 그녀를 만났을 때 그녀는 심각한 뇌기능장애에 빠져 있었다. 수전은 어릴 적부터 부모라는 '권위'에 의해 상처를 받으며 미움을 키워왔다. 그녀는 발병하면서 가정에서 그 권위

를 파괴하는 행동으로 일관했다. 그리고 그녀가 도피처, 위안
처로 여기며 의지했던 교회의 권위에서조차 거부를 받았다고
느끼자 이번에는 그 교회의 권위를 파괴하는 똑같은 행동 패
턴을 보인 것이다.

목사와 자녀들

《목적이 이끄는 삶》이라는 베스트셀러로 유명한 남가주
새들백 처치의 릭 워렌 목사. 수만 명의 교인이 있고, 트위터에
200만 명이 훨씬 넘는 사람들이 따른다.

워렌 목사의 아들 매튜는 젊은 나이에 권총으로 자살했
다. 매튜는 오랫동안 우울증, 경계성 인격장애borderline personality
disorder의 정신질환을 겪었다. 경계성 인격장애를 가진 사람은
다른 사람을 잘 믿지 못해 대인관계가 불안정하며 폭력이나
폭식, 때로는 사치의 성향을 보이면서 반복적으로 자살을 시
도한다. 양극성 장애bipolar disorder 증상과 혼동되는 경우도 있
는데 정신과 의사들이 고치기 힘든 질환의 하나로 보기도 한
다. 매튜는 온라인에서 불법으로 구매한 총으로 캘리포니아
오렌지카운티에 있는 그의 집에서 생을 접었다.

많은 사람에게 구원을 전했던 릭 워렌 목사도 자기 아들

의 죽음을 막을 수 없었다. 믿지 않는 자들은 "그래 너의 하나님이 어디 있느냐!"라고 혀를 끌끌 찼고, 신앙인들까지도 워렌은 물론 하나님에게까지 의심의 눈을 돌렸다.

워렌 목사의 성격과 목회 활동에서 재산에 이르기까지 갖가지 험담이 쏟아져나왔다. 그중에서도 그의 동성애 반대 입장에 연계된 모함과 독설이 주를 이루었다. 릭 워렌 목사는 오바마 대통령이 동성결혼을 합법화하자 이를 공개적으로 비난하고 반대한 목회자로서, 동성애 커뮤니티의 큰 반발을 사며 공격 목표가 됐었다. 그의 아들의 죽음은 좋은 공격 소재가 됐다. '매튜가 동성애자였으며 릭 워렌은 이를 감추기 위해 매튜를 압박했다, 워렌은 동성애와 동성결혼을 반대한 업보로 아들이 그렇게 된 것이다……' 워렌 목사는 이들의 공격에 대응하지 않았지만 아들 매튜가 동성애자가 아님을 밝히기도 했다.

아들의 죽음 6개월 후 처음으로 CNN의 인터뷰 요청에 응한 워렌 목사에게 CNN의 피어스 모건이 질문했다.

"아들의 죽음 앞에서 당신의 믿음이 흔들렸습니까?"

워렌 목사는 답했다.

"아닙니다. 나는 하나님에 대한 믿음이 전혀 흔들리지 않았습니다. 그러나 하나님의 계획에는 의문을 제기했습니다."

이 말은 하나님의 존재, 그의 죽음과 부활에 대한 모든 믿음이 흔들리지 않았지만 하나님이 꼭 매튜의 죽음을 허락했어야 하는가에 대해서, 즉 하나님이 처리하는 방식에 대해서 의문을 제기했다는 뜻이다. 그 의문에 대한 하나님의 설명이 없었음을 얘기했다. 워렌 목사는 나중에 설명이 없는, 침묵하는 하나님에 대해서 알게 되고 그 의미를 찾게 된다.

어둠의 세력, '침묵의 암살자'는 우리의 주변 곳곳에 있다. 릭 워렌처럼 목회자의 자녀들 혹은 배우자들, 여러 유명한 예술가, 과학자, 연예인들 또한 뇌질환에 시달리고 있다. 창피함과 두려움으로 감추어진 경우도 있다. 이런 것들이 드러나 치료의 빛 앞으로 나와야 한다. 그때 역전이 시작된다.

따돌림의 치명성 임수현

임수현은 어려서부터 피아노에 뛰어났다. 음이나 곡을 들으면 바로 피아노로 칠 수 있는 절대음감을 가졌다는 평을 들었다. 아버지는 목사가 되기 위해 신학교에 다니고 있었고 어머니는 교회에서 반주를 했다.

수현의 아버지는 한국에서 대학을 나와 아내와 함께 미국으로 와서 비즈니스를 일구어 성공했다. 그 과정에서 '새로 태어난born again' 크리스천이 된 그는 목사가 되기 위해 신학 공부를 시작했다. 수현의 어머니도 한국의 음악대학에서 피아노를 전공한 재원으로서 주변의 부러움을 사며 젊은 시절을 지냈다. 결혼하고 미국에 와서 남편의 사업 등 모든 것이 잘 풀렸다. 남편이 신앙을 가지게 되고 3남매도 건강하게 잘 자라면서 가족은 만족한 삶을 살고 있었다.

큰딸 수현은 다른 사람들에 대한 사랑과 배려도 남달랐다. 초등학교 때 당시 유행하던 롤러스케이트를 사면서 가난한 친구의 롤러스케이트도 사달라고 어머니에게 간청했다. 어머니는 딸의 말을 들어주었고 딸은 그 롤러스케이트를 가난한 친구에게 전해주며 기뻐했다. 친구들과 사귈 때도 항상 그룹의 리더로서 다른 아이들을 이끌어주는 역할을 했다.

수현이 중학교에 다니던 어느 날 어머니는 수현이 조금 바뀐 것을 눈치챘다. 말이 없어지고 친구들과 노는 일이 줄어든 것 같았다.

어느 날 수현의 어머니가 교회 부엌에서 다른 교인들과 일을 하며 얘기를 나누고 있을 때, 친한 교인 한 사람이 수현의 어머니에게 할 말이 있다고 했다. 그녀는 부엌을 나와 아무도 없는 곳에서 수현의 어머니에게 얘기했다.

"수현이가 요즈음 교회에서 혼자 지내는 것 같아요. 친구들과 어울리지 않고요. 예전에는 항상 친구들 중에서 리더였잖아요."

"그래요?"

수현의 어머니는 본인도 그런 것을 잠깐씩 느낀 적이 있었다. 이 교인은 수현의 어머니에게 자기의 관찰을 말해주었다.

"제가 가끔 아이들 놀고 있는 걸 부엌 창밖으로 내다볼 때가 있는데, 아이들이 수현이를 끼워주지 않고 따돌리는 경우를 몇 번 봤어요. 수현이는 애들과 따로 떨어져 혼자 있더라고요."

이 교인은 수현과 그 주변에서 벌어지는 상황이 일시적인 것이 아님을 알고, 수현의 어머니에게 그 심각성을 알리게 된 것이다.

그날 저녁 어머니는 딸에게 물어보았다.

"친구들하고 무슨 일이 있니?"

"아니, 별일 없어요."

"내가 보기에 친구들과 요즘 잘 지내는 것 같지 않아서 그래."

어머니는 딸에게 무언가를 캐내려고 계속 질문했다.

"어려운 일이 있으면 엄마하고 얘기해서 풀어야 하지 않니? 엄마가 해결해줄 수 있는 일들도 있을 거잖아. 무슨 일인지 얘기를 해봐. 엄마가 걱정이 많이 된다."

아니라고 버티던 수현은 얼마 후 어머니에게 말했다.

"나를 싫어하는 친구가 있어요. 그애가 나에 대한 나쁜 말을 퍼뜨리고 친구들을 데리고 갔어요. 내가 친구들에게 접근하려고 하면 그애가 친구들을 몰고 다른 곳으로 가요. 인터넷에도 좋지 않은 말을 퍼뜨리고요."

수현의 어머니는 그 '나쁜 친구'의 어머니를 만나보게 됐다. 두 어머니는 이 일을 서로 잘 해결해보기로 마음을 모았다. 그러나 어머니로부터 일종의 훈계나 권고를 들은 그 '나쁜 친구'는 수현에게 좋은 방향으로 돌아서지 않았다.

수현은 계속 따돌림을 당했고 혼자 지내는 시간이 많아졌다. 목회에 뜻이 있던 수현의 아버지는 신학교를 마치고 목사 안수를 받은 후 목회를 시작했다. 어머니는 교회의 피아노 반주자로 봉사했다. 수현은 다른 지역의 고등학교로 진학했다. 그러나 어릴 적의 발랄함은 점차 사라졌다. 학교 성적도 많이 떨어졌다.

수현의 어머니가 이즈음 수현에게서 발견한 것은 옷을 전혀 어울리지 않게 입는다는 것이었다. 어릴 적부터 위아래로 맞춰서 깔끔하게 옷을 입던 수현은 이즈음에는 아무렇게나 입었다. 아니 아무렇게가 아니라 보는 사람이 이상하다고 느낄 정도로 어색하게 옷을 입었다. 머리 모양도 다듬지 않고 지냈다. 수현은 사회에서 떨어져나가는 듯한 모습을 보이면서 학교에도 가지 않으려고 했다. 점차 분노를 표시하기도 했고 잠을 자지 않는 날들이 늘어났다. 가족들에 대한 의심이 많아지고 수현답지 않은 폭력적인 모습도 나타났다.

여기에서도 폴의 가족과 같은 경우가 진행되기 시작했

다. 수현의 목사 아버지와 어머니는 수현을 놓고 기도하기 시작했다. 그녀의 영혼을 구해달라며 수현을 붙들고 간절히 기도했다. 그들은 전문가나 의사를 만나볼 시기를 점점 놓치고 있었다.

2년쯤 지난 후에 수현은 정신과 전문의를 찾았다. 조현병으로 진단이 나왔다. 수현은 약을 먹으며 치료를 시작하게 됐다.

아버지 임 목사는 목회에 전념하는 일이 힘들 것이라는 생각이 들었다. 교인들에게 가족 문제를 감추고 목회를 한다는 것도 마음에 걸렸다. 몇 주간을 고민한 후 결정을 내렸다. 그는 교회 담임목사직을 사임하기로 했다.

임 목사가 그 같은 결정을 교인들에게 발표하자 교인들은 목사의 유임을 원했다. 목사를 이해한다며 교회 지도자들과 교인들이 한결같이 임 목사를 위로했다. 그런 과정을 통해서 임 목사는 목회를 계속하기로 결심했다.

아픈 수현에 대한 간호는 전적으로 어머니가 맡게 되었다. 임 목사 부부의 고난은 이것으로 멈추지 않았다. 둘째 딸 명혜에게서도 증세가 나타나기 시작했다.

명혜는 대학 졸업을 앞두고 강박 증세를 보였다. 결국 임 목사의 둘째 딸도 정신과 치료를 받게 됐다. 첫째 딸 수현만큼 명혜도 똑똑하고 착하며 신앙심 깊은 딸이었다. 부모는 왜 이런 시련이 잇달아 그의 가정에 찾아오는지 알 수가 없었다. 눈물과 원망의 기도에도 하나님은 침묵하셨다. '하나님은 항상 옳고 인간이 잘못했기 때문이다'라든지, '인간의 고통을 들어 하나님의 의를 위해 쓰신다'는 신정론 같은 것들은 옳고 그름을 떠나 부부에게는 그저 사치스러운 이론에 불과했다.

역전시키는 삶

중세 유럽에서 수백만 명의 무고한 사람들이 흑사병으로 죽어갈 때, 기독교 신자들이나 저명한 신학자들이 던진 질문은 두 가지로 요약된다.

"하나님은 악을 막을 수 있는데 막지 않는다."

이는 악에서 뿌려지는 고통을 방치하시는 하나님을 뜻하며, '사랑의 하나님'이라는 개념을 부정하게 된다.

"하나님은 악을 막으려 하지만 막을 수 없다."

이는 악을 다스리고 이겼다는 하나님의 전지전능을 부정하는 논리가 된다.

성 아우구스티누스, 토마스 아퀴나스 같은 신학자들이 이 두 명제에서 파생되는 모순적인 신정론을 변호하기 위해 깊은 통찰력을 제시하지만, 그 변론들은 '살아남은 자들'에게만 통

하는 진리였다. 나치 유대인 수용소의 비극과 고통까지 가지
않더라도, 정신질환자들과 그 가족들의 고통에서도 이 신정론
은 그것이 비록 옳은 말이라 하더라도 힘을 발휘하지 못한다.
아픈 자들에게 해결책으로 다가오지 못하는 것이다.

　　고통은 '주체로서의 고통'이 있고 '객체로서의 고통'이 있
다. 다른 사람의 불행을 지켜보는 대부분 사람은 고통의 주체
로서가 아니고 성경 속 욥의 친구처럼 객체로서의 고통의 위
치에서 바라본다. 그들은 냉정하게 사리를 분별할 여유가 있
다. 그러나 주체로서 고통을 받는 자는 아무런 해석이나 이론
이 필요 없다. 견디어내는가 아니면 못 견디고 죽는가의 문제
일 뿐이다. 집 안의 가구, 식기들을 가차 없이 파괴하며 가족들
을 위협하는 정신질환자 앞에서, 집 안의 칼을 모아 방으로 가
지고 들어가서 벽에 칼을 던지는 정신질환자 아들(그는 해병대
시절 칼 던지기를 배웠다. 남들만큼 잘 던지지 못해 발병 후 생각날 때
마다 칼 던지기 연습을 했다) 앞에서, 그 고통과 공포를 겪는 가족
들 앞에서 신정론이니 변신론이니 하는 하나님 변호는 아무런
힘도 능력도 없을 뿐 아니라 해결책은 더욱 아니다. 그것은 '객
체적 고통'에서 살아남은 자들의 변론이었다.

　　이 같은 상황에서 수현의 어머니는 살아남는 것이 '믿음'
이 되었다. 두 딸과 함께 우선 살아남아야 믿음이 있고, 교회가
있었다. 그녀는 두 딸의 병간호에 매달렸다. 남편의 목회에 방

해되지 않으려고 그녀는 가족의 병 문제를 최소화했다. 남편은 딸들에 대해 아무런 얘기도 하지 않았다. 아내에게 맡기고 자신은 목회에만 전념했다.

"오랜 기도와 고난의 세월이었습니다. 저는 그 세월 동안 많이 깎여지고 다듬어졌습니다. 하나님께만 매달리면서 저의 참모습을 보게 됐습니다."

한국의 부잣집 딸로 자라면서 피아노를 배우고, 명문대학에서 음악을 전공했던 어머니, 임 목사의 부인은 자기 자신에 대한 자부심도, 남편에게 가졌던 기대도 자랑도 다 내려놓았다. 두 딸의 고난 앞에서 그녀는 '삶은 고통을 견디는 가운데 아픈 사람들을 위해서 헌신하는 것'임을 깨달았다. 나머지는 모두 헛것이었다.

수현 어머니가 아픈 두 딸을 돌보면서 보여주는 밝은 모습, 그리고 여전히 교회에 헌신하고 아픈 이웃을 찾아다니는 모습은 고난 가운데 있는 여인이 아니다. 그녀는 항상 웃었고 적극적으로 일을 맡았다. 주변 사람들은 수현 어머니의 어디에서 그런 힘이 나오는지 신기해했다.

'예수님의 십자가를 진다'는 뜻을 깨달은 고통의 주체자들이 살아가는 삶이 있다. 이들은 '항상 기뻐하고, 범사에 감사하고, 쉬지 않고 기도한다.' 어떻게 보면 초현실적인 사람들이다. 다른 세계에 사는 사람들이다.

287

수현의 어머니는 이제 많이 늙었다. 그녀의 남편은 양로병원에서 휠체어와 몸에 연결된 튜브에 의지해 살아가다 2020년 3월 12일 소천하였다. 두 딸은 쉰 살을 훌쩍 넘겼지만 자립하지 못하고 있다. 수현의 어머니는 아직도 집에서 두 딸을 보살핀다. 지칠 대로 지치는 매일매일 속에서도 그녀는 항상 웃는다. 그녀의 카카오톡 글에는 언제나 기도와 감사가 넘친다. 그녀에게는 부활의 소망만이 삶의 전부이다.

"수고하고 짐 진 자들아 다 내게로 오라." 그녀는 이 "수고"와 "짐"이라는 말을 너무도 뚜렷이 실감하고 있다. 인간의 몸으로서 그 수고와 짐을 졌던 예수는 수현 어머니의 수고와 짐을 잘 알고 있다. 그 고통도 자신의 것처럼 잘 알고 있다는 것을 수현 어머니는 안다. 옆에서 바라본 고통이 아니라, 실제로, 주체로서의 고통을 겪었기 때문이다.

"수고와 짐을, 그 모든 고통을 아시는 분 앞에 모두 내려놓을 날, 그분을 만나는 그날을 기다리며 오늘도 기쁨으로 견디고 있습니다."

십자가의 고난은 부활의 통로이다. 신앙의 딜레마를 역전시키는 삶이다.

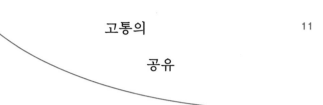

고통의
공유

무료한 삶 속에서

　미국 남가주의 정신건강가족미션MHFM에서 프로그램 디
렉터로 일하는 피터는 매주 화요일이면 뇌질환 남녀 청년들과
함께 골프 레인지에서 공을 쳤다. 수요일이면 뇌질환 청년들
과 함께 산을 찾아 하이킹을 했다. 금요일 밤을 '무비 나이트'라
고 이름 붙이고 이들과 함께 영화관을 찾았고 가끔은 모여 포
커도 쳤다.

골프 레인지에서 골프공을 치는 것은 혼자 하는 운동이다. 다른 사람들과 호흡을 맞추는 단체 운동이 아니라서 정신질환자에게는 권하기 좋은 오락이다. 초록색 풀과 나무, 맑은 공기를 마시며 걷는 하이킹은 뇌 기능 회복에 큰 도움이 된다. 이 야외 활동에 따라나서기까지의 회복 과정이 힘들지만 일단 이 과정에 들어서면 뇌기능장애자들, 정신질환자들의 생활의 질은 크게 개선될 수 있다.

MHFM의 이 모임에는 아직 환청을 듣는 청년, 다른 사람들이 자기를 항상 보고 있다는 청년, 강박증이 심한 청년, 공황장애가 있는 청년, 조현병에서 회복하고 있는 청년, 약물중독에서 벗어나고 있는 청년들이 포함돼 있다.

"활동이 가능한 뇌기능장애자들이 계속 집에 혼자 있는 것은 좋지 않습니다. 동굴 속에만 틀어박혀 있으면 증세가 치료되지 않고, 악화하기도 합니다. 어렵더라도 이들을 바깥으로 끌어내는 노력을 계속해야 합니다."

피터의 말이다.

정신질환자, 뇌기능장애자들은 다른 사람들과의 교제가 힘들다. 다른 사람들과 같은 자리에 있기 힘들고 대화에 어려움을 느끼기도 하지만, 주변 사람들이 다가오지 않기 때문에 교제가 더 힘들어진다. 정신질환자들은 항상 병이 악화하는 환경에 놓이게 된다. 사회와 격리되는 병이기 때문이다. 피터는 그것이 안타까웠다.

"우리 청년들이 너무 불쌍해요."

사회에서 낙오된 이들 뇌기능장애 청년들은 병원에서 어느 정도 회복된 후 가정으로 돌아온다. 그리고 부모나 가족이 모두 일을 나간 후 집에 홀로 남겨지는 생활을 하는 경우가 많다. 가족의 한 구성원이 뇌기능장애 청년을 전적으로 맡아 돌볼 수 있다면 그 청년은 그나마 행운이다. 직장을 잡아 파트타임이라도 일을 하게 되면 이 장애 청년은 주변의 모든 뇌기능장애자들의 부러움의 대상이 된다. 다시 대학에 복학해 학업을 계속할 수 있다면 부모와 가족들은 감사와 희망으로 가득 찬다.

정신질환자, 뇌기능장애자들과 그 가족들의 소원은 소박하다. 가족 내 정신질환자와 대화가 통하고, 밥과 약을 제대로 먹고, 잠을 제때 제대로 자면 그것이 행복이다. 여기에 조금 더 진전돼 환자가 친구를 사귀고, 학교에 가고 외출을 하며, 일주일에 하루라도 일을 간다면 환자의 보호자들은 큰 걱정을 놓을 수가 있다. 그러나 많은 뇌기능장애자들이 친구 없이 집에 혹은 병원에 홀로 머무른다. 피터는 이들을 찾아다니는 것이다.

피터는 청년 시절에 우울증, 양극성 장애 등을 겪었다. 그 병들의 괴로움과 어려움을 잘 안다. 환자들이 얼마나 외롭고 괴로운지도 스스로 경험했다. 지금은 그의 노력과 의지 그리고 은혜를 통해서 기적적으로 회복됐다. 비즈니스를 통해 재산도 모았다. 그리고 일찌감치 은퇴하고는 폴과 함께 MHFM의 정신질환자, 뇌기능장애자들의 세계로 뛰어들었다.

피터는 MHFM에서 한국말을 잘하지 못하는 영어권 2세 한인 청년들, 뇌기능장애자들 중에서 외부 활동이 가능한 청년들을 찾아다니며 그룹 활동을 시작했다. 부모들이 골프장이나 등산 출발지로 청년들을 데리고 오거나, 청년들이 직접 운전해서 그룹 활동에 참여하도록 했다. 교통편이 없어 집에 홀로 있는 청년들은 피터가 직접 픽업했다. 처음에는 서로 대화가 없던 청년들이 골프를 치고, 산을 다니면서 조금씩 말을 시작했다. 테이블에 둘러앉아 함께 포커게임을 할 때는 모처럼의 베팅에 몰두하며 청년들 사이에서 가끔 큰 웃음도 터져나왔다. 인원은 많지 않아 두세 명이 모이는 때도 있지만, 다만한 사람이라도 그룹 활동을 통해서 회복이 이루어지고 희망과 행복감을 갖게 된다면 그것으로도 큰 성과였다.

"아픈 청년들이 서로 만날 기회를 주고, 그들 나이 또래의 일반 청년들이 겪는 삶을 그들도 겪으며 성장하게 해야 합니다. 그러다가 어느 순간 깨어남으로 병을 이기는 경우도 있습니다. 병이 낫지 않더라도 그들에게 행복한 환경과 시간을 조금이라도 더 만들어주어야 합니다. 힘들지만 계속 시도해야죠."

일주일에 한두 번씩 서로 얼굴을 대하면서 서로의 증상과 먹는 약에 관해서 이야기를 나누며 마음을 여는 청년들도 생겼다. 남자 청년들만 있던 그룹 활동 모임에 여자 청년들도 한 두 명씩 참가했다. 6~7명이 합승해 산으로 가는 밴 안에서는 블루투스를 연결해 좋아하는 노래들을 들으며 대화도 나눈다. 대화는 주로 피터가 이끄는데, 일방적일 때도 있지만 청년들은 묵묵히 그런 대화들도 즐긴다.

증상이 뚜렷이 드러나는 청년들도 가끔 참가했다. 양극성 장애 진단을 받은 캐티는 합승 밴 안에서 한 시간 이상 계속 큰 소리로 자기 얘기를 했는데, 누구도 대꾸하지 않았고 누구도 불편함을 말하지 않았다. 그들은 서로 병자임을 알고 있었기에 이해할 수 있었다.

피터는 뇌질환 청년들, 신경증 청년들도 다른 청년들과 마찬가지로 이성에 대한 바람이나 느낌이 있다는 것을 잘 알았다. 그는 자주 이성에 대해 농담을 하며 청년들이 남녀 간의 교제에 관심을 가지도록 유도했다.

"외부 활동을 할 수 있는 정신질환 청년이 좋은 여자친구를 만나면 삶의 자극제가 될 수 있습니다. 이성 교제와 함께 회복이 빨라진다면 바람직하고 결혼까지 이어지면 성공적이죠. 물론 다 그 같은 해피엔딩을 바랄 수는 없지만, 청년들이 삶에서 낙오되지 않게 여러 가지 시도를 해야 합니다."

그는 뇌기능장애 청년들과 공식 일정이 없는 날에는 정신병원에 입원해 있는 환자들을 찾아다닌다. 그들의 부모들이 찾아가보지 못하는 병원으로 면회를 가서 함께 시간을 나누다가 온다. 병원에 입원해 있는 환자들의 횡설수설 '정신 나간 소리'를 다 들어주고 온다.

어떤 여성 환자는 처녀이면서도 자신이 키우는 아이가 있다며 그 아이에 대해 이야기한다. 물론 환상 속의 이야기이다. 피터는 그녀의 이야기를 오래 들어주고 온다. 때로는 피터가 이들과 함께 지내다가 스트레스에 빠지곤 한다. 그때는 폴이 그와 함께 시간을 나누거나 대화를 한다. 피터는 이 그룹 활동을 하면서 아픈 청년들에 대한 관심과 사랑에서 벗어날 수가 없다.

"정신질환은 착하고 똑똑한 청년들이 많이 걸립니다. 남에게 스트레스나 미움, 분노를 풀어내지 못하고, 자신이 다 감당하며 참고 지내다가 뇌기능장애가 오는 겁니다. 대부분 그들은 희생자들이에요. 악한 환경과 사회구조에서 버티지 못하거나 살아남지 못한 순수한 영혼들이 많아요. 악한 사람들은 정신질환에 걸리지 않습니다. 악한 사람들은 이 순수한 청년들에게 그 스트레스를 다 떠넘겨 병들게 하고 자신들은 살아남죠."

MHFM에서 피터는 이들 아픈 청년들을 찾아다니고, 폴은 아픈 청년들의 부모, 가족들과 시간을 나눈다. 피터는 아픈 환자였고, 폴은 환자의 가족이었기에 누구보다도 그들의 처지를 잘 이해하기 때문이다.

마리화나 중독으로 뇌질환을 겪은 한 청년은 하이킹을 다

정신장애 청소년들과 함께한 등산.
목적지에 이르니 "행복하라"라는 돌 메시지가 놓여 있다.
이 산의 이름은 Mt. Disappointment, '낙담의 산'이다.

니면서 정신적 건강뿐만 아니라 육체적 건강도 회복해갔다. 이 그룹 하이킹에는 그의 어머니도 따라나섰다. 두 달 정도 꾸준히 산행하면서 무표정하던 청년의 얼굴에 생기와 웃음이 돌기 시작했다. 그가 먼저 사람들에게 인사를 하기도 했다. 과거에 했던 운동도 다시 시작했다.

또 다른 청년은 골프에 재미를 붙이며 프로 강사에게 레슨도 받았다. 몇 달 후에는 스스로 운전하고 나와 골프 레인지를 찾을 정도가 됐고, 다시 몇 달 후에는 파트타임으로 짧은 시간 일을 할 수 있게 됐다. 이 두 청년 모두 이 같은 야외 활동과 함께 약을 계속 복용하면서 육체적으로 영적으로 안정을 되찾아갔다.

그러나 MHFM 그룹에서 활발하게 활동하며 정상인으로 회복된 줄 알았던 또 다른 청년은 어느 날 그룹을 떠나더니 처방 약 복용을 자기 뜻으로 중단했다. 이 청년은 마리화나를 피우면서 심한 환청 증세에 빠졌다. 피터가 그를 그룹으로 되돌리기 위해 전화 통화와 이메일로 여러 차례 접근을 시도했지만 그는 돌아오지 않았다. 얼마 후 피터와 폴은 그가 다시 발작을 겪으며 입원했다는 소식에 가슴 아파했다.

MHFM 야외 활동 프로그램의 청년들 중에는 '푸드 닥터 food doctor'로 불리는 채식주의자도 있었다. 다른 청년들이 그와는 함께 식당을 갈 수 없을 정도로 그는 철저한 채식주의자였다. 그는 산으로 향하는 밴에서 동행한 청년들에게 음식과 건강, 채식에 대한 해박한 정보들을 풀어놓으며 청년들을 즐겁게 했다. 그는 아픈지 안 아픈지 구별할 수 없을 정도로 회복됐지만, 학교에서의 스트레스를 이겨낼 수 없는 증상이 있었다. 그는 MHFM 야외 활동 프로그램 몇 개월 후에 필리핀에 있는 여자친구에게로 떠났다.

한 여성 청년은 MHFM의 야외 활동 하이킹에 참여하면 일상생활에서 활력을 찾는다고 했다. 그러나 그녀는 가끔 찾아오는 신경쇠약 증세로 이 프로그램에 지속적으로 참여할 수가 없었다. 그녀는 밖으로 나오고 싶지만 집을 벗어날 수 없는 강박증으로 갈등했다. 피터는 그녀와 전화와 이메일을 주고받으며 그녀가 다시 프로그램에 참여할 수 있을 때까지 접촉을 계속했다.

아픈 자들 중에서도 홀로 있는 자들을 찾아다닌다는 것, 무료함 속에 병들어 있는 사람들과 함께 시간을 나눈다는 것은 기약 없는 막막한 시간일 수도 있다. 그러나 그 시간 속에서 보석처럼 찾아지는 회복과 치료 그리고 사랑이 있다.

MHFM을 통해서 폴과 피터는 환자 가족들을 위한 프로그램도 지속적으로 운영했다. 400여 명 가족들이 등록해 함께 서로의 짐을 메고 가고자 했다. 매주 토요일에는 정신질환, 뇌기능장애, 가정 문제 전문가들을 초청해 환자 가족들을 교육하고 정보를 나누었다.

가족들이 환자를 보호하고 치료하는 의학적인 원리, 대화 방법, 증상 파악 등 기본적인 것을 소개하는 것은 물론, '환자 가족들이 어떻게 살아남아야 하는가'도 전문가들을 통해 교육했다. 환자 가족들은 이를 통해 자신들이 정신질환을 앓고 있는 환자를 어떻게 잘못 대해왔는지 알게 된다. 환자의 가족들은 또 자신들도 환자의 부류에 속할 수 있음을 깨닫고는 놀라고 당황하기도 한다.

매주 모임에서 환자 가족들은 지난 한 주간 환자와 가족들에게 일어났던 일들을 나누며 정보를 교환하거나 서로를 위로하고 격려한다. 가족들은 서로 감출 것이 없는 공동체로 발전해나갔다. 계절별로 환자와 가족들이 함께 소풍을 가기도 하고, 환자를 떠나서 가족들만 휴식 시간을 갖는 단기 여행 프로그램도 준비했다.

폴과 피터 그리고 함께 일하는 의료·심리·상담 전문가들은 MHFM을 통해 그늘진 부분을 양지바른 곳으로 만들기 위해 헌신하고 있다. 환자 청년들을 돕는 전문가들은 정신과 전문의, 교도소의 재소자 정신상담사, 목사, 상담전문가, 임상심리학자 등 다양한 분야에서 현역으로 일하는 사람들이다. 이들은 주말마다 자원봉사 시간을 내어 환자와 가족들을 위한 교육과 상담을 꾸준히 계속하고 있다.

호스피스 병원에서 일하는 간호사 겸 소셜워커가 그녀의 일을 소개한 적이 있다. 그녀는 죽음을 앞둔 사람들을 간호하며 대화하는 것은 물론, 시체를 닦는 일도 했고, 남편이나 아내, 자식과 부모를 죽음으로 잃은 사람들을 위로하는 일들을 수십 년간 해왔다. 그녀는 죽는 사람이나 그 가족들을 위로하는 가장 좋은 방법은 그냥 '함께 그 자리에 앉아 있는 것'이라고 말한다. 말은 별로 소용이 없다고 했다. 특히 자식을 잃은 부모에게 위로나 격려의 말이 효과를 보는 경우는 거의 없다고 한다. 가끔 손을 잡아주기도 하지만 그것마저도 무의미할 때가 있다고 한다. 그냥 그 자리에 함께 있는 것만이 가장 좋은 일이라고 간호 학생들을 가르쳤다. 이 함께하기란 어떤 경우 시간 소모적이고, 단조로우며, 성과가 없는 무료한 일로 보일 때가 많다.

정신질환자와 그 가족들에게 소규모 그룹을 형성해주는 것은 그들의 '생존'에 커다란 힘이 된다. 특히 환자 가족들은 어려운 삶을 함께 나눌 수 있는 그룹의 한 일원이 되는 일을 적극적으로 추구해야 한다. 고통과 죽음을 이기는 것은 그것을 통과하는 것이다. 삶에서 부정할 수 없는 그 통로로 나아가는 것이다. 혼자서는 나아가기 힘들다. 커뮤니티가 필요하다. 이 분야는 나눔과 공유가 해결의 실마리를 제공한다.

피터가 종일 뇌기능장애 청년들과 함께 지내는 것은 디지털의 속도로 돌아가는 테크노크라시technocracy 시대에 무료하고 비생산적인 것으로 보일지도 모른다. 그러나 가치 있는 일들은 종종 그늘진 곳의 무료한 삶에서부터 시작된다. 이 시대의 문화가 인터넷을 매개로 한 공유, 나눔의 문화라고 할 때, 이를 통해 실질적인 치료의 방법을 개발하고 적용한다면 진정한 공유의 의미가 실현될 수 있을 것이다.

공유의 의미

페이스북을 열면 수많은 '엄지손가락' '좋아요'가 오간다. 트위터, 인스타그램, 카카오톡도 마찬가지이다. 새로운 밀레니얼 세대는 경험과 지식과 감정을 실시간으로 현장에서 공유한다. 이것들을 통한 정보의 습득은 그 이전 어느 세대의 평생 업적보다 많고 빠르다.

인터넷 작동의 핵심은 '공유'이다. 공유는 시간과 장소의 제약을 뛰어넘은 새로운 개념의 기술자본주의 원리가 됐다. 이 공유가 단순히 좋은 정보와 경험을 나누고 서로 엄지손가락으로 격려하며 때로는 선한 일로 함께 뭉치는 것으로 끝난다면, 그 세기적 개념은 유치한 것에 머물고 만다. 더군다나 이 공유가 같은 유형의 집단끼리의 결속 강화 혹은 동조하는 이데올로기의 확산으로만 이용된다면 이 공유는 분열과 파괴의 역할을 수행할 뿐이다.

공유와 나눔이란 이제까지 지내온 인류의 역사에서 발견된 것과는 다른 사랑의 실천 방법의 하나이다. 다만 사람들이 그것을 제대로 활용하지 않거나, 많은 경우 왜곡하고 있다. 현재 인터넷 세대의 공유와 나눔은 정보와 지식 분야에 치중돼 있다. 그 정보의 나눔에서 사물(실제 사건과 물질)로의 공유와 나눔으로 진보하는 중이다. 벌써 실생활에 일부가 된 것들이 많다. 차를 나누어 타는 우버, 집을 나누어 쓰는 에어비앤비, 사무실을 나누어 쓰는 공유 오피스들. 궁극적으로는 개인이 차를 소유할 필요가 없게 되고, 비즈니스 공간은 공유의 개념으로 바뀐다. 소유의 삶에서 공유의 삶으로 옮겨가며 인간의 삶은 더욱 간편해지고 시간은 여유가 많아진다. 꿈같은 이야기일지도 모르지만 '소득의 공유'가 이루어지는 시대도 도래할지 모른다.

그런데 이 같은 사물, 물질의 공유와 나눔이 인간의 편리함이 될 수는 있어도 인간이 갈구하는 행복의 완성에는 이르지 못한다. 고통과 불행은 여전히 존재한다. 고통은 삶과 화학적으로 혼합돼 있어 분리나 제거가 불가능하기 때문이다.

인류의 영적 개발의 도약은 '고통의 나눔과 공유'로 시작된다. 고통의 나눔과 공유란 고통이 있는 곳에 공간적으로, 시간적으로 함께함을 뜻한다. 그것은 고통을 당하고 있는 사람들의 불편한 자리와 시간에 사람들이 함께 있는 커뮤니티 혹은 소규모 그룹을 뜻하기도 한다. 매우 단순한 개념이다. 빅데이터를 통한 공유 개념처럼 복잡하지 않다. 그것은 관심을 통해 보이는 '사랑'이라는 개념이기도 하다.

사랑은 인간 스스로가 의지적으로 행사하는 '내재적 사랑'이 있고, 인간 외부의 존재에서 흘러오는 '외재적 사랑'이 있다. 외재적 사랑은 신적인 사랑이라고 해도 좋을 것이다. 인공지능과 빅데이터가 내재적 사랑에 대해서는 수치화해서 공식을 찾아내고, 화학물질을 만들어 사랑의 감정이라는 것을 발생하게 할 수 있을 것이다.

그러나 '외재적 사랑'은 인공지능과 빅데이터의 분야가 아니다. 우선 인공지능과 빅데이터 오퍼레이터와 사용자들이 이 외재적 사랑의 존재를 믿지 않을 확률이 높기 때문이고, 그 외재적 사랑의 존재를 믿는 인공지능, 빅데이터 오퍼레이터들이라도 그것에 대한 정보 수집과 측량 방법을 찾을 수 없거나 아예 불가능할지도 모른다.

'내재적 사랑'이란 인간 내에서 나오는 감정의 한 부분이다. 이 사랑은 분노, 동정, 연민, 기쁨처럼 조건과 환경에 따라 그 정도가 다르며 인간의 의지로도 조정이 된다. 그러나 '외재적 사랑'이란 조건과 환경을 뛰어넘은 무조건적인 외부로부터의 흐름이자 덮침으로써, 우리의 의지와 상관이 없고 조절도 되지 않는다.

내재적 혹은 외재적 사랑은 '덕virtue'으로도 정의할 수 있다. 19세기의 유명한 공리주의 철학자 헨리 시즈윅이 덕이라는 것에서 "질서(코스모스)를 찾으려고 했지만 혼돈(카오스)만 발견했다"라는 실패담은 내재적 사랑에서 외재적 사랑을 연구하려고 했음을 의미한다. 외재적 사랑은 조건과 이유, 근거나 공식이 없다. 공식이 있다면 '신의 공식'이고 무한수의 수학 공식일 것이다. 인간의 논리로는 당연히 혼돈만 발견된다. 그것은 신의 사랑이기 때문이다.

내재적인 사랑, 나로부터 나오는 덕은 주관적일 뿐이다. 개인의 가치관, 경험에 따라서 수만 가지의 덕에 대한 주장들이 나올 것이다. 그 덕에 대한 잣대는 '나'이다. 나의 가치, 나의 주장, 나의 진리, 나의 사랑이 곧 변질된 오늘날의 '덕'의 개념이다. 이 같은 덕의 나눔은 없는 것보다는 낫지만 궁극적인 덕, 사랑의 실천은 아니다. 인간의 의지 혹은 본능에서 나오는 사랑, 내재적 사랑은 봄, 여름, 가을, 겨울의 사계절처럼 바뀌게 마련이다. 뜨거웠다가 식고, 얼음처럼 차가워지고, 녹기도 할 것이다.

고통의 나눔과 공유는 바뀌지 않는 외재적인 사랑의 경험, 그 경험에서 나오는 실천으로 이루어질 때 그 의미가 실현

된다. 외재적인 사랑은 나로부터 나오는 것이 아니라, 구하는 사람에게 '찾아오는 것'이다.

고통과 불행에 대한 공유와 나눔은 첫째, 고통과 불행에 대한 올바른 지식에서 시작돼야 하고, 둘째로는 시간적·공간적 함께하기로 진행된다. 특별히 정신질환, 뇌기능장애나 영적인 고통에 처해 있는 사람들에게 이 같은 접근 방법은 모든 관련자에게 훈련돼야 한다. 전문적 의학 치료와 수술 분야에는 그 매뉴얼이 다 만들어져 있듯이 정신질환자에 대한 환자와 주변인, 치료사들에게 각각 맞추어진 매뉴얼이 구비돼야 할 것이다.

과학과 신앙의 만남에서

과학과 신앙은 이질적이고 서로 모순되는 것으로 인식됐다. 대체로 과학은 신을 부정하고, 신앙은 이성의 신에 대한 논리적 도전을 부정했다. 아이러니하게도 정신질환, 뇌기능장애는 과학과 신앙의 만남에서 치료와 회복이 이루어지는 경우가 많다. 여기서 신앙이란 밀어붙이기식의 기복신앙이 아니다.

한 청년이 있었다. 그는 조현병 환자였다. 그의 조현병 증세가 나타났을 때 의사의 처방을 따르기도 했지만, 그의 부모는 또 다른 방법도 시도했다. 교회의 중책들을 집으로 초청해 아들의 회복을 위해 기도회를 가진 것이다. 청년은 처음에는 기도를 받다가 두 번째부터는 이를 거절했다. 그는 교인들의 기도와 외침, 안수라는 것을 참을 수가 없었다. 어떤 날은 교인들이 이 청년의 몸을 잡고 누르며 완력으로 압도하면서 기도했다. 청년은 그런 식으로 자신의 병이 고쳐지지 않는다며 "멈추라"고 외쳐댔지만 이들 자칭 '믿음의 확신자들'은 더욱 달려들었다. 부모는 조현병이라는 아들의 뇌기능장애를 교인들의 '안수기도'로 고치려 한 것이다. 그것도 강압적으로.

그 이후 이 청년은 부모와 얼굴을 마주치지 않았다. 교회에 발을 끊었다. 다행히 증상이 초기였던 그는 약을 복용하며 회복해갔다. 그러면서 그는 부모와 거리를 두려고 뒷마당에 텐트를 치고 지냈다. 어머니가 해주는 음식을 거부하며 스스로 식생활을 해결했다.

폴이 그즈음에 그의 어머니의 연락을 받고 그 집을 방문했다. 청년은 뒷마당 텐트 앞에서 책을 읽고 있었다. 어머니가 뒷마당으로 나가 아들에게 폴을 소개하려 하자, 아들은 손을 쭉 펴서 내저으며 말했다.

"목사라면 가까이 오지 마십시오."

그의 목소리는 단호했다. 청년의 어머니가 말했다.

"이 목사님은 달라. 그냥 너하고 대화만 해보려 하시는 거야."

"말을 할 필요도 없습니다. 가까이 오지 마세요."

폴은 웃으며 말했다.

"그래요, 알았어요."

이 청년의 사례는 무지한 확신에 찬 종교인들의 정신질환 접근 방식이 어떤 결과를 만들어내는지를 잘 보여준다.

증상이 악화하지 않았던 이 청년은 후에 혼자 여행도 다닐 정도로 정상이 됐다. 그리고 교회는 나가지 않지만 뒷마당 텐트에서 성경과 그에 관련된 책들을 읽으며 신앙을 지키고 있다.

정신질환에 대해 계몽받지 못한 사람들의 무지는 이 부류의 질병들을 악화시키는 것은 물론 때로는 환자들을 신앙의 고리에서 끊어내기도 한다. 여러 가지 분야에서 과학은 신앙의 성숙에 기여할 수 있다. 의학은 많은 정신질환과 뇌기능장애의 치료에 기여하고 있다. 이에 대한 올바른 지식을 갖추고 영적인 접근을 추가한다면 새로운 차원의 치료가 이루어질 수 있다. 과학과 신앙의 만남에서 이루어지는 치료란 병든 육체, 정신과 영혼의 회복 과정을 모두 포함한다.

천재 수학자 파스칼은 스스로 신의 존재를 경험한 '은혜'

를 말했다. 그는 신은 이성적·논리로서 증명되는 것이 아니라 개인의 마음에 찾아온 '믿음'이라는 것으로 증명된다고 강조했다. 비슷한 시대의 계몽주의자 볼테르가 유럽에서 흑사병 창궐로 인한 수백만 명의 죽음, 천주교와 개신교 사이에 벌어진 200년간의 살육과 전쟁이 신의 한계성을 말해준다고 주장한 반면, 파스칼은 신의 은혜로서 주어지는 믿음이라는 것만이 유일하게 신을 지각할 수 있는 통로라고 말했다. 즉 어떤 사람은 신을 만나고 어떤 사람은 신을 만나지 못하는 것은 당연할 수도 있다는 논리였다.

그 후 칸트는 많은 논쟁을 일목요연하게 정리했다. 이성은 신이 존재한다는 것을 증명할 수 없고, 신이 존재하지 않는다는 것도 증명할 수 없음을 명확한 논리로 증명했다. 파스칼이나 칸트의 주장들을 간추린다면, 과학이나 신앙은 서로 혼합될 수 없는 다른 영역으로서, 그 증거 수단이 같을 수 없다는 것이다. 과학이 이론으로 증명된다면 신앙은 이론이 아닌 직관 혹은 영감으로 증명된다는 의미도 있다.

정신질환, 뇌기능장애는 일반적인 육체적 질병과 달리 과학적이기도 하지만 영적인 문제로까지 거슬러 올라가게 된다. 이 질환은 병, 환자, 죄, 죄인, 악, 악인, 악마 그리고 신의 섭리라는 복합적인 구성물과 함께 과학적이면서도 영적인 대처를 요구한다.

의학자를 포함한 과학자들이 병, 죄, 악과 그 상호관계들에 대해 더욱 깊이 파고든다면 이 미지의 분야는 신비나 어둠 속의 모호함에서 그 모습을 더 많이 드러낼 것이다. 환자와 가족들, 치료자들, 커뮤니티나 믿음의 지도자들은 이 질병의 실체에 대해 더 과학적인 접근 방법을 택함으로써 영적인 치료 접근과 균형을 이루어나갈 수 있을 것이다.

죽고 싶은데 살고 싶다

예수는 고통과 불행을 해결하기 위해 이 세상에 온 것이 아니라, 그것들을 가진 사람들과 함께하기 위해서 왔다. 그는 스스로 극심한 고통을 겪었다. 왜 신이라는 존재가 그런 선택을 했을까?

이 세상의 고통은 제거될 수 없다. 그 고통은 통과의식이기 때문이다. 예수가 십자가에서 그의 신성을 비웠을 때 이 세상의 악들이 쏟아져 들어오며 그 비운 공간을 채웠다. 그는 모세가 광야에서 장대에 매어 단 뱀의 모습처럼 되었다. 신성이 없는 곳에는 오로지 악이 존재할 뿐이다. 빛이 사라진 곳에는 자동적으로 어둠이 채워진다. 예수는 자신의 신성을 비움으로써 십자가에서 인류의 고통을 고스란히 몸으로 받았다. 그 메시지는 그를 믿는 사람들이라면 그렇게 따라 할 수 있어야 함을 뜻한다. 이 세상의 고통을 함께하라는 메시지이다.

스탠리 하우어워스가 정신질환을 앓고 있던 아내와의 삶 속에서 체험한, 고통 가운데 내놓은 고백이 있다.

우리의 삶이 우연적이라는 말은 삶이 우리의 통제를 벗어나 있다는 의미다. (⋯) 나는 예수님을 따르는 것이 결과를 예상하거나 보장할 수 없다는 뜻이라고 생각하게 되었다. 통제하지 못하는 상태로 사는 법을 배우는 것이 대안을 발견하는 방법이다. 그 외의 방법으로는 대안을 찾을 수 없을 것이다.

그의 삶의 목표는 간단했다. 살아남는 것이었다.

살아남기는 대부분 정신질환자, 뇌기능장애자와 그 주변 인들의 삶의 모습이며 목표이기도 하다. '내가 유한하고, 연약한 존재라는 것 그리고 삶은 불안전할 뿐만 아니라 불완전하다는 것을 깨닫는 것'이 살아남기의 시작이다. 그때 진정한 기도가 고백으로 나온다. 십자가를 함께 진다는 의미를 알게 되고, 고통의 좁은 길을 통해 관문을 지날 수가 있으며, 그 통과 의식을 통해 부활의 삶으로 들어갈 수 있다. 그곳에서부터 고난이 멈춘다.

죽고 싶은데, 그럼에도 살고 싶은 것은 영혼이 아픈 자들의 이중적 증상이면서 속성이다. 전자에서 후자로 움직이게 도와주는 것이 의학과 신앙의 목표여야 한다. 우리는 '살고 싶다'가 아니고, '살아남아야 한다.' 다시.

살아남기

어머니를 살해한 니콜라스는 감옥에 있다. 스텔라는 여전히 집에서 그늘진 삶을 살아가고 있다. 그녀의 아버지는 오늘도 그 집의 리더이다. 등산에 따라나섰던 청년들이 회복되며 취직을 하거나 학교 등록을 했다. 한 청년은 다시 마약을 복용하며 어둠의 길로 들어갔다. 아들을 자살로 잃은 성진의 부모는 회한 속에 살고 있다. 20대에 정신병원에 들어간 청년은 20년째 거기에 머물고 있다. 미셸은 병원에서 치료받으며 회복했지만 대학교 복학에는 실패했다.

자살의 유혹을 이긴 브라이언은 제대군인들을 위한 홈리스 봉사를 하고 있다. 남편 스콧을 자살로 잃은 성희는 신앙생활을 통해 다른 삶을 찾아가고 있다. 아들의 질환을 이해하고 용서를 구한 호인의 아버지는 기쁨을 얻었고 겸손을 배웠다. 능력 있는 남편을 잃은 의부증 부인은 자녀에게 그 증세를 뿜어내고 있다. 병상의 남편을 잃고 정신질환을 앓고 있는 두 딸을 기쁨으로 간호하던 수현 어머니는 이제 나이가 들어 넘어져 엉덩이뼈가 부러졌다……

고통이나 아픔은 끝나지 않는다. 우리는 아픔을 끝내기 위해 산다기보다 이 아픔이 우리에게 다가올 새로운 세상의 관문임을 깨닫기 위해 살아야 한다. 이 아픔 속에서 살아남는다는 것은 아픔을 제거하는 것이 아니고 견디어내는 것이다. 고난과 아픔으로부터 '살아남기' 위한, 마지막 전선에서 버티는 '경험적인' 수칙들이 있다.

소규모 그룹으로 모인다.

이 작은 그룹은 10명 정도 규칙적으로 모여 함께하기를 통해 서로를 살려가게 된다. 서로 고난을 나누며 삶을 견디는 것이다.

도망친다.

죽음의 위협이 다가올 때 맞서지 말고 피해야 한다. 피할 장소나 의사, 전문가를 마련해두고 그들에게 달려간다. 도망친다는 것은 포기하는 것이 아니다. 다윗은 도망쳐 다니다가 결국 왕이 된다.

'이 또한 지나가리라.'

어두운 동굴이라도 빛을 보며 나아간다. 이 세상은 지나간다. 그다음의 세상에 누릴 회복과 기쁨을 바라본다. '지나가리라'는 소망을 잃지 않는 것도 살아남는 힘이다.

마지막으로 하나님의 임재에 집중한다.

고통은 소멸될 수도 있고, 평생 나와 함께 있을 수도 있다. 그 고통에 집중하기보다는 하나님의 임재에 집중한다. 그가 침묵하더라도 옆에 서 있는 변함없는 그의 존재에 집중하는 것이다. 이 같은 시선의 변화는 훈련을 통해 이루어진다.

이 책의 원고를 마치고 우연히 그날의 〈LA 타임스〉를 보게 됐다. A7 페이지에 특이한 전면광고가 눈에 들어왔다. "An Open Letter to My Daughters(나의 딸들에게 보내는 공개편지)."

수수께끼의 광고였다. 광고비가 1만 달러가 훨씬 넘는 전면광고다. 그 넓은 지면에 시 형식으로 쓰인 이 글은 아버지가 두 딸에게 보내는 사과의 편지였다. 가족 간의 이야기로도 보이고, 스토리텔러나 드라마 제작자의 자기 작품 속 주인공에 대한 이야기로도 보이고 혹은 미래세대에 대한 기성세대의 반성과 약속으로도 보이는 글이었다. 그러나 그런 것들에 상관없이 아버지의 딸들에 대한 공개사과의 단어들은 진지했다. 번역해본 그 글의 일부이다.

사랑하는 에스메와 사라

과거의 실수로부터 배울 수 없었던 나의 세대의 무능력을 나는 사과하고 싶다. 우리의 두려움과 무지는 미움과 탐욕을 키우고 우리의 인간성을 몰아냈구나. 그래서 메워질 것 같지 않은 간격을 만들어버렸다.

나 자신의 게으름과 어리석음을 사과한다. 참으려는 노력 없이, 좋은 일로만 다 압도할 수 있다고 믿으면서 그랬다.

고통이 사려 깊은 행동으로 바뀌지 않는다면, 부끄러움과 일그러짐투성이의 신념들은 의미가 없다는 것을 안다. 그래서 너희들에게 힘을 주고, 격려하고, 너희들을 명예롭게 높일 수 있도록 모든 일을 하겠다는 약속의 선언으로 이 광고를 냈다……

너희들을 사랑한다.

아빠가.

딸을, 아들을, 가족을 학대했던 모든 아빠가 이런 광고를 낸다면 어떨까. 그 뒤를 이어 어머니들이, 남편들이, 아내들이 그리고 아들과 딸들이 모두 이와 같은 공개편지를 쓸 수 있다면, 가족은 회복되고, 질병과 고통은 이해가 되고, 세상이라는 이 거대한 정신질환의 병동은 더욱 희망으로 나아갈 수 있을 것이다.

부록

김지수
×폴 김

인터뷰

●

　미국에서 활동하는 폴 김 목사에게 연락을 취한 건 《아주 정상적인 아픈 사람들》(2019년 초판 제목은 《죽고 싶은데 살고 싶다》)라는 그의 책을 본 후였다. "영혼의 싸움터를 추적한 르포"라는 부제를 달고 나온 책은 25년간 정신질환자 가족과 함께해 온 정밀한 사례집이자 고통의 이유를 묻는 치유의 보고서다.

　《아주 정상적인 아픈 사람들》에서 그는 가족이라는 정신질환의 전쟁터를 누비는 종군 의사처럼 현장을 기술한다. 드러나지 않을 뿐 우울증과 신경증, 조현병과 자기애성 인격장애는 부부끼리, 부모 자식끼리 그 상처를 주고받으며 놀랍도록 광범위하게 퍼져 있었다.

그가 묘사한 미국의 한인 사회는 한국 사회 정중앙의 환부를 확대경처럼 드러낸다. 무정한 부모 앞에서 자살을 시도하는 명문대 출신의 젊은이들, 망상에 빠져 칼을 든 청년들, 거리를 떠도는 홈리스들…… 현장으로 응급 출동하는 폴 김과 함께, 그들의 역동을, 회복의 기적을, 막지 못한 참변을, 가슴으로 읽는다.

그는 '정신병을 수치로 여기는 한국인의 체면 문화가 병을 키우는 주요인'이라고 지적한다. 무엇이든 잘해내려는 고도의 생존력도 오히려 가족을 파괴하는 스트레스로 작용한다고.

정신질환은 착하고 똑똑한 청년들이 많이 걸립니다. 남에게 스트레스나 미움, 분노 등을 풀어내지 못하고 자신이 다 감당하고 참고 지내다가 뇌기능장애가 오는 겁니다. 악한 사람들은 정신질환에 걸리지 않아요. 악한 사람들은 순수한 사람들에게 그 스트레스를 다 떠넘겨 병들게 하고 자신들은 살아남죠.

폴 김은 미국 내 비영리기관 정신건강가족미션의 소장으로, 정신과 의사들과 함께 20~30대 청년 질환자들을 주로 돕고 있다. 1996년 선교사로 도미 후, 23년 만에 한국에 나온 폴 김을 만났다. 그 자신, 상처 입은 치유자다. 여동생이 조현병으로 오랫동안 고통 받았고 그에 대한 죄책감으로 미국에서 뇌질환 환자와 가족을 돌보는 일을 시작했다.

책에 등장하는 모든 사례가 100퍼센트 실화입니까?

팩트 그대로입니다. 각색은 안 했어요. 다만 그 부모에게 실례가 될까 해서 사는 지역이나 성별은 조금 달리했어요. 지나치게 폭력적인 사례들도 뺐습니다.

어떻게 그들을 만나게 됐나요?

정신건강가족미션이라는 단체를 운영하면서 아픈 사람들과 그 가족들을 만나는 사역을 하고 있어요. 방송과 신문을 통해 알려지면서 저를 찾아 도움을 구하는 분들이 많습니다.

현대사회의 거의 모든 사람이 알게 모르게 정신적 장애를 겪으면서 정신질환의 거대한 스펙트럼에 포함돼 있다고 하셨어요. 그 사실을 어떻게 깨달았나요?

처음엔 부모님들이 찾아와요. 우리 애가 문제가 있는 것 같다

정신건강가족미션 폴 김 소장.

는 거죠. 대화를 나누다보면 자녀만의 문제가 아니었어요. 유전자의 영향도 있지만 만약 이 부모를, 이런 환경을 만나지 않았더라면 건강하게 살 수도 있었을 거예요. 부모와 사회가 아픈 아이들을 만드는 경우가 많아요. 가장 약한 사람이 병자가 되는 거죠. 방치하다 병을 키우는 경우도 많았고요.

조현병 환자인 여동생의 사례가 절절하게 다가왔습니다. 대학에 진학하면서 증세가 시작됐다고요.

저희 집안이 3대째 크리스천입니다. 교회와 집만 오가던 제 여동생은 대학에 가서 문화 충격을 받았어요. 선배들이 고린내 진동하는 농구화에 막걸리를 담아서 마시라고 강권했는데 그걸 거부하지 못하고 마셨대요. 따돌림당할까봐. 87학번이라 시위가 한창이던 때라 학교 가면 전경들이 핸드백의 생리대까지 뒤지고, 교수들은 "교문 밖에서 친구들은 피 흘리는데 너희들은 뭐 하느냐?"고 질타를 했다더군요. 수치심에 괴로워했는데, 가족들이 그 메시지를 제대로 못 읽었어요.

여동생은 그에게 "적응할 수 없으니 다른 학교에 가고 싶다"고 도움을 요청했지만, 폴 김은 "굳이 왜 그러느냐"고 무시했다. 어느 날부터 여동생은 학교에 가지 않았다. 깔끔 떨던 아이가 열흘이 넘도록 씻지 않아 냄새가 진동했다. "그때 대화를 시도했어야 했는데 놓치고 말았다"고 폴 김은 가늘게 한숨을 쉬었다.

증세가 어떻게 진행됐나요?

방에 틀어박혀 온종일 누군가와 얘기를 하더군요. 저를 보고 씨익 웃기도 하고 허공을 향해 큰 소리로 웃기도 했어요. "오빠, 이 소리 안 들려?" 하며 맨발로 뛰쳐나갈 때도 많았어요. 한겨울 새벽, 동생의 피 묻은 언 발에 양말과 신발을 신겨 데려올 땐 참 많이 울었어요. 그 세월이 10년이었어요.

많은 가족이 질환을 방치해서 병을 키우는 경우가 많다고 하셨지요. 왜 그렇게 늦게야 병원에 갔습니까?

당시에는 조현병의 증세를 몰랐어요. 환청이나 환각이라는 것도 몰랐죠. 우리 교회 담임목사는 저희보다 더 몰라서 무조건 기도와 믿음으로 이겨내라고 했어요. 어느 날 동생이 울면서 "오빠, 나 귀신 들린 거 아니야" 애원을 하더군요. 그때 어머니가 병원 얘길 하셨어요. "뭔가 잘못된 것 같다"고.

심할 때는 칼로 가족을 위협하던 여동생은 병원에서 치료 받자 평범한 대화가 가능할 정도로 회복됐다. 하지만 치료 시기가 늦은 탓에 정상적인 사회생활을 할 수는 없었다. 폴 김은 동생을 보살피며 목사가 됐고, 선교사로 파송돼 미국에서 정신질환의 전쟁터에서 힘겹게 싸우는 한인 가족을 돕는 일을 하게 됐다.

일반 가정에서 구성원의 뇌질환 상태를 좀 더 일찍 감지할 수는 없습니까?

감사하게도 신은 우리에게 합리적으로 생각할 힘을 주셨어요. 제 동생 경우처럼 상식에서 벗어나는 말과 행동은 금방 표가 나요. 그때를 놓치지 말고 카운슬러와 상의하거나 병원에 가서 물어봐야 합니다. 안타까운 건 부모들은 자식이 이상하다는 걸 알아도 몇 년째 그저 방치해요. 의사에게서 이상 진단이 나오면 당신들의 체면이 깎인다는 거죠. 이웃, 친척 등 공동체에서 손가락질받을까 주저하면서요.

자식을 사랑하면서도 자기 체면이 더 중요하다는 건가요?

놀랍지만 그래요. 자기애성 인격장애자인 부모는 자식이 자기 때문에 병들어간다는 걸 몰라요. 10년간 방에서 나오지 않던 스텔라라는 여성이 있었어요. 해병대 출신이던 그녀의 아버지는 두 딸을 강하게 키우기 위해 어릴 때부터 스텔라 자매에게 서로 폭력을 행사하게 시켰어요. 나중에 제가 아버지를 찾아가서 '이 아이가 아프다'라는 걸 인정만 해줘도 딸에게 도움이 될 거라고 설득했죠. 부모들의 말은 한결같아요. "내가 보면 아픈 애가 아니다. 성격 문제다. 고생을 안 해서 그렇다." 아픈 걸 인정 안 하면 다음 스텝을 밟을 수가 없어요.

미국 사회에서도 유독 한국인들이 정신질환을 감추려 드는 경향이 강하다고 했다. 유교 500년의 체면 문화는 태평양 건너까지 이어져 '자식이 아프면 집안의 수치'라는 인식으로 자리 잡았다.

우울증과 조현병은 반드시 가족이 알아챌 만한 이상징후를 보인다. 폴 김의 여동생은 환청·환시·환후·환미·환촉 등 다섯 가지 환각과 망상을 전부 겪었다고 했다.

여동생 셋이 한방에서 지냈는데 한겨울에 담배 냄새가 난다고 창문을 열어서 동생들이 덜덜 떨면서 지냈어요. 피부를 긁어대며 "오빠 눈엔 안 보이지만, 나는 벌레가 기어가는 게 느껴져"라고 호소했지요. 환각보다 더한 건 망상이에요. 과대망상,

피해망상, 관계망상……

그 망상 때문에 사건 사고가 발생하곤 합니다.

그렇죠. 일면식도 없는 누군가가 자기를 해칠 것 같은 느낌이 드는 게 관계망상이에요. 길 가다가 눈만 마주쳐도 "왜 날 욕하느냐?"고 하는 게 전형적인 증상이에요."

환자 가족으로 또 사역자로 조현병 가족과 함께했는데, 대체 이 뇌질환은 왜 생기는 겁니까?

저는 의학적인 관점과 영적인 관점을 균형 있게 보려고 해요. 일단은 유전과 환경으로 촉발된다는 게 의학적 관점이에요. 스트레스나 강박관념에 대처 능력이 약한 사람이 뇌질환 발병률이 높습니다. 의학적으로는 위장병 같은 신체질환과 다르지 않아요. 그런데 의사가 처방한 약만 잘 먹는다고 치료가 되는가 하면 그것도 아닙니다. 그래서 저는 신체 질환 이상의 무엇이 있다고 보고 있어요.

'아직도 가야 할 길' 시리즈로 유명한 미국의 저명한 정신과 의사인 M. 스콧 펙도 《거짓의 사람들》에서 바로 그 영적인 '악의 실체'를 깊게 파고들었지요. **목사님의 치료 방법이 인상적이었습니다. 처방전도 없고 기적의 능력도 없지만, 오직 '함께한다'고요?**

그렇습니다. 치료 방법과 약이 있다고 해결되는 문제가 아니에요. 그 이상의 무엇이 필요합니다.

그게 직설적으로 말하면 사랑입니까?

좀 더 단순해요. '함께함' 그 자체예요. 고통의 공유죠. 같이 시간을 보내고 옆에서 말을 들어주는 거예요. 뇌질환으로 부모를 구타해서 접근금지 명령을 받은 아이도 버림받았다고 슬퍼해요. "너 많이 힘들겠다"고 처지를 이해해주고 돌봐줍니다. 고통 받는 부모들도 찾아갑니다. "어머니, 마음 압니다. 저도 지켜봤어요." 이런 '함께함'만으로 가족들이 조금씩 희망의 빛을 발견하고 상태가 나아져요.

한국에서도 편견 없는 '가족 치료'가 절실합니다.

압니다. 하지만 미국의 이민 사회가 상황이 좀 더 심각해요. 많은 분이 오해하는 게 있어요. 영어 잘하면 백인과 어울릴 수 있다는 환상입니다. 실상은 안 그래요. 초등·중등학교까진 그럭

저럭 어울려도 고교 이후엔 백인, 흑인, 멕시칸, 한국인 등이 인종별로 그룹 지어 다닙니다. 미국에서 태어나서 한국말을 못할 경우가 가장 심각해요. 대학에 가면 한국인 그룹에도 못 끼니 소외감이 엄청나죠.

정체성 혼돈의 시작이군요.

그렇죠. 청년들이 대학에서 설 자리가 없어요. 친구 없어도 식구들이 따뜻하게 맞아주면 출구가 있어요. 그런데 이민자 부모들은 부자도 빈자도 시간이 없어요. 아이들은 집에서도 밖에서도 혼자죠. 유일한 안식처가 교회인데 교회에서 상처 받는 경우도 많아요.

자기애가 강한 무자비한 부모들이 아이들의 마음을 해치는 경우도 허다하더군요.

애가 죽어가는 걸 보고도 "아빠가 미안하다" 그 한마디를 못해요. "불쌍하지 않으냐?"고 물으면 "내가 잘못한 게 없는데 왜 사과해야 하느냐?"고 반문하죠. 병원에 가지 않는 이런 환자들이 가장 위험해요. 정상인처럼 보이는 환자 때문에 애꿎은 정상인들이 병들어가거든요. 착하고 똑똑해서 희생당한 아이들을 보면 '부모가 이렇게 악할 수 있구나' 싶을 때가 많아요.

한국 사회에도 공감이 안 되고 감정이입 능력이 없는 자기애성 인격장애 NPD 환자들이 점점 늘고 있어요. 스티브 잡스가 반면교사가 되긴 했지만, 사실 나르시시즘 환자는 치료도 거의 불가능한 걸로 알고 있어요.

주로 고학력 '공주병' '왕자병' 환자들이 많아요. 완벽주의자에 사회적 지위도 있어서 객관적인 자기 인식이 힘들죠. 머리가 좋아 상대방의 수를 읽고 논리로 자기방어를 일삼으니 답이 없어요. 약도 없고요. 자기 중심성이 인이 박였으니 타인의 마음 따윈 안 보이는 거예요. 공감이 안 되니 남의 처지는 가볍게 무시하고요.

〈한국 사회는 세계 최고 수준의 정신적 질환과 고통이 만연하다〉는 수전 오코너 박사의 OECD 보고서를 인용하셨어요. 한국인들은 부부끼리, 부모 자식끼리 그리고 학교 시스템에서조차 정신질환자들을 양산하고 있다고요. 따돌림과 폭력적 댓글 문화를 비롯해서 충격적인 보고였습니다.

작년에 LA에 있는 미국인 정신의학단체의 슈퍼바이저 세미나에서도 "왜 LA 한인타운의 한인 자살률이 다른 인종보다 4배나 많은가?"라고 의문을 제기했어요. 한인 사망률의 절반 이상이 자살이에요. 미국인들도 어떻게 한인들을 도와야 할지 고민이라는 거죠.

하지만 한국인들의 사회 적응력은 타 인종에 비해 더 뛰어나지 않습니까? 오히려 생존력을 너무 앞세워서 문제인가요?

큰 맥락에서는 같아요. 가족이 구성원의 우울증을 무시하고 병을 키워서 자살에 이르는 거죠. 제가 장례예식을 인도한 스콧이라는 남자는 겉으로 보면 성공한 기업인이었는데, 추수감사절 전날 권총 자살했어요. 아내와 친구들이 충격을 받았죠. 제가 보니 유서에 모든 게 나와 있어요. "내가 이렇게 살 자신이 없다고 몇 번이나 얘기했잖아"라고. 주변에서 진지하게 듣고 개입했다면 막을 수 있었어요.

왜 그 신호를 보지 못하는 걸까요?

무지해서죠. 한편으론 각자의 삶이 힘겨워서이고요. 한국처럼 미국 한인 사회도 부부가 맞벌이하지 않고는 살기 힘들어요. 한국에서 명문대 나온 부인들도 슈퍼에서 손가락 관절이 나가도록 캐셔를 하죠. 자식 교육을 위해 한국을 떠나왔지만, 정작 아이들은 명문대에 들어가서부터 방황을 시작해요. UC버클리에 100명이 들어가도 졸업 시즌엔 20명이 남고 그 스펙으로도 제대로 된 직장에 들어가는 청년은 최종적으로 7~8명이에요. 한국식 교육으로 입학한 아이들은 첫 학기에 C학점을 받으면 우울증에 걸려요. 일명 C쇼크죠. 백인들은 C학점을 받아도 웃지만, 한국 아이는 실패하면 부모를 실망시킨다는 강박에 자기 인생을 못 누려요.

그 모든 상황을 보았기에 폴 김은 자신의 아이들이 대학에 갔을 때 두 가지를 당부했다고 한다. 첫째, 성적은 B학점을 목표로 할 것. 둘째, 친구를 많이 사귀며 실컷 놀 것. 무리하게 장학금 받으려고 강의실과 집만 오가다 정신질환의 늪에 빠진 청년을 숱하게 봤기 때문이다.

부모들과 그 문제로 이야기를 해보았나요?

네. 하지만 아이 인생에 더는 간섭하지 말라고 하면 분노합니다. 당신들의 존재 가치가 자식을 미국 명문대 보내는 거였으니까요. "내가 희생해서 자식이 좋은 대학 좋은 직업을 갖게 하고 싶었다"는 거죠. 그런데 왜 이렇게 많은 아이가 졸업도 못하고 정신질환에 시달릴까요? 의외로 가난해서 부모가 신경 쓸 여력이 없는 가정의 아이들이 건강해요. 스스로 공부하기로 결정한 아이들이 성공적인 대학 생활을 하죠.

차별이나 편애가 뇌질환을 촉발하는 주요 변수라고도 했습니다.

형제자매 중에 유독 뛰어난 아이가 있는 가정에서 나머지 아이들이 우울증을 겪어요. 탁월한 자녀는 제 갈 길을 잘 가는데, 부모는 명예욕에 유독 그런 그 아이에게만 집중하죠. 제가 만난 아픈 청년들도 형제자매가 다 명문대를 나왔어요. 열쇠는 부모에게 있어요. 진심으로 "네 인생을 살아라"라고 격려해줘야 해요. 뛰어난 형제와 비교하지 말고 "네가 살아 있는 것만으로 기쁘다"라고 온 마음으로 반복해서 말해줘야 합니다.

쉽고도 어려운 일이군요!

그렇지요. 자신은 편애로 상처준 적 없다고 해도 자녀가 비교당한다고 느낀다면 표현 방식에 문제가 있는 거예요. 명문 약대에 입학한 아이가 자살 시도를 했어요. 그애 엄마가 "이제 다 필요 없다. 너만 있으면 돼" 하고는 뒤돌아서 한숨을 쉬어요. 아이들은 공기의 흐름까지 느껴요. 그 이중 메시지 때문에 더 힘들어하죠. 그 아이는 열 번을 자살 시도해서 발목뼈가 다 부서졌어요. "엄마는 위선자"라면서.

어린 시절 상처가 언제 어떤 방식으로 튀어나올지도 모른다는 점에서 모두가 뇌질환의 시한폭탄을 안고 사는 것 같습니다.

맞습니다. UC 얼바인을 졸업한 청년인데 계속 자살 시도를 해서 제가 물었어요. "뭐가 제일 힘드니?" 엄마가 무섭대요. 성장 과정에 폭력은 없었어요. 다만 어릴 때 부부싸움을 하던 엄마가 아홉 살 된 아이를 끌어안고 그랬대요. "너랑 나랑 같이 죽자!" 그때부터 죽임을 당하는 공포가 엄습해서, 엄마를 멀리했답니다. 공부는 잘했지만 불안이 높아 졸업 후에 좋은 직장을 못 잡았어요. 그게 트리거가 돼서 자살 충동에 시달렸고요. 칼로 허벅지를 심하게 자해해서, 제가 그 청년 동의하에 정신병원에 입원시켰습니다. 큰 불행도 씩씩하게 이겨내는 사람이 있는가 하면, 작은 스트레스조차 곪아서 크게 터지기도 해요.

고통을 제거하고 삶을 설명하는 건 불가능하지만, 이토록 고통의 한가운데 있는 사람들을 무어라 위로합니까?

저는 고통은 신이 보내주신 선물이라고 합니다.

《아주 정상적인 아픈 사람들》에는 고통과 감사의 신비한 인과관계에 대한 사례가 나온다. 부모에게 폭력을 일삼던 20

대 여성 미셸은 어느 날 정신병원에 찾아온 부모에게 고백했다. "그동안 미안했어요. 엄마, 아빠 고마워요." 완치는 요원하지만, 부모도 깨달았다. 가끔은 딸아이와 웃으며 산책하는 그 선물 같은 하루가 축복이라고.

환자는 기쁨 속에 있는데 가족은 고통에 잠긴 경우도 있다. 선천적인 뇌장애로 태어난 성진은 휠체어와 전기장치를 달고 살았지만 항상 웃고 즐거워했다. 놀랍게도 그는 자신을 불쌍하게 여기지 않았다. 어느 날 성진의 부모가 말했다. "성진이가 불행한 게 아니라 아들을 바라보는 나의 시각이 불행한 것이었다"고.

그럼에도 불구하고 고통당한 사람들이 꼭 하는 질문이 있지요. "왜 꼭 그게 나여야만 합니까?"

고통은 너무 아프고 슬픈 포장지에 싸여 있어서 그 선물을 자발적으로 풀어보고 싶은 사람은 없어요. 하지만 선물인 것은 분명해요. 고통을 통과해야 '내가 누구인지' '신은 어떤 분인지'를 알 수 있어요. 더 높은 차원에서 내 삶의 진정한 가치를 깨달을 수 있지요.

그 선물은 잊을 만하면 또 새로운 포장으로 배달되더군요. 성경의 욥기처럼 말이지요.

평온하게 말을 이어가던 폴 김의 얼굴이 갑자기 슬픔으로 일그러졌다.

저도 아픈 세월을 많이 보냈어요. 구체적으로 죽음과 자살을 생각했지만, 그 고통이 저를 변화시켰어요. 제가 23년 만에 한국에 왔어요. 그사이 조현병을 앓던 첫째 여동생은 유방암에 걸려 천국으로 갔어요. 가족들은 애통해했지만 그애는 괜찮다고, 하나님 만난다고 기뻐하더군요. 그런데 그 뒤에 셋째 여동생이 또 조현병에 걸렸습니다. 세 자매가 한 방에서 오래 생활했거든요. 어머니 돌아가시고, 둘째가 결혼도 포기한 채 아버지와 함께 오랜 세월 언니와 동생을 돌봤어요. 그런데 지금 그애가 아파요.

그 가정이야말로 영적인 전쟁터군요.

저는 96년에 선교사로 샌디에이고에 파송돼서 지금까지 미국에서 뇌질환 환자와 가족을 돌보고 있습니다. 고통을 알기에 도울 수 있는 거지요. 지금 저의 궁금증은 '무고한' 저희 둘째 여동생입니다. "하나님, 둘째의 인생의 의미는 무엇입니까?" 그 숙제를 풀고 있어요. 고통의 의미를 찾지 못했다면, 시간을 갖고 다시 찾아야 합니다.

그 말이 사람들에게 진정으로 가닿던가요?

조울증이 심한 아들을 둔 어머니를 만난 적이 있어요. 맥도날드에서 만나 위로하고 헤어졌는데 왠지 마음이 급해서 며칠 후 집으로 찾아갔습니다. 그 어머니가 그러세요. 절 만났을 때 이미 자살 결심을 했었다고. 차로 할까, 투신할까, 약을 먹을까만 고민 중이었는데, 저를 만나고 마음을 돌리셨다고 해요. 제가 그랬죠. "어머니 잘못이 아니다. 아들이 아프지만, 그 고통을 겪게 하는 참뜻이 있다. 모르면 찾아야 한다. 반드시 뜻이 있으니 찾으라"고요. "아픔이 감사하다"는 제 고백은 진실입니다. 저는 눈물이 많아요. 그리고 제가 흘린 눈물만큼 감사했습니다. 지금 제 아내도 울며 기도하는 저를 궁금해하다 결혼했지요.

모든 걸 가진 것 같은 스타들도 우울과 고통과 자살이라는 연쇄 고리를 피할 수 없더군요. 책에서 김광석의 사례로 죽음의 유혹을 설명했는데, 우리는 그들이 보내는 사인에 실제적으로 어떻게 반응해야 합니까?

자살 충동이 있는 사람은 100퍼센트 '우울하다'는 사인을 보내요. 그때 정확하게 물으세요. "너 혹시 자살할 생각이 있니?" "죽고 싶은 생각이 들어?" "구체적인 방법도 생각한 거야?" 자살하려던 사람에게 기름 붓는 것 같지만, 직면시키면 그 충동이 현저하게 줄어듭니다. 가정에서 직장에서 누군가 '살고 싶지 않다'는 말을 하면 대충 넘어가지 마세요. 자살을 결심한 사람은 주변부터 정리해요. "이 시계 너 가져라. 내 개 좀 맡아줘라. 우리 집은 나만 없으면 행복할 거야." 이때 타이밍을 놓치지 말고 치밀하게 물어줘야 해요. 언제부터 그랬는지, 무엇이 문제인지. 그러면 풍선에 바람 빠지듯 자살 의지가 빠져요. 더 심각하면 의사와 상의하도록 조치하고요.

하지만 우울증과 달리 조현병은 최근 한국에서 불특정 다수를 공격해서 죽음에 이르게 하는 병으로 알려져 그 공포가 심각합니다. 심할 경우 가족과의 격리를 최우선의 처방으로 제시하셨는데요.

가족과 지낼 수 있느냐 없느냐는 첫째, 폭력성 여부. 둘째, 약을 잘 먹을 수 있느냐예요. 환자들은 약의 부작용을 염려해서 혀 밑에 감추고 안 먹는 경우도 많아요. 약을 먹는다는 건 병을 인정한다는 거죠. 제 막냇동생은 약은 못 챙겨 먹지만 다행히 폭력성은 없어요. 칼로 주먹으로 위협하는 것뿐 아니라 '죽이겠다'고 말로 협박하는 것도 폭력이에요. 이런 상황이 생기면 병원에 강제 조치해야 해요. 어렵다면 빨리 이사하고 접근을 막은 후 경찰에 신고하세요. 병원에 입원하면 자기 병에 인식이 생깁니다. 가족들도 그때부터 변화를 보여야 해요. '네가 어차피 그 모양이지?' 하며 아픈 아이를 똑같이 대해 스트레스를 주면 100퍼센트 재발하니, 진심으로 사랑을 보여줘야 합니다.

안타깝지만 몇 해 전에는 한 조현병 환자가 의사를 찾아와 사망에 이르게 한 사건이 있었습니다.

공격적인 정상인의 폭력성과 조현병 환자들의 폭력성을 비교하면 조현병 환자가 훨씬 낮아요. 사건이 한번 터지면 확대 재생산돼서 병에 대한 오해가 깊어지는 것 같습니다.

난동을 부리는 사람은 극소수며 대부분의 조현병 환자들이 혼자서 숨어 지내며 자기 삶을 슬퍼한다고 했다. 위가 아프면 위장약 먹는 것처럼, 뇌가 아파서 약을 먹는 사람들이라고.

그렇다면 우리는 뇌질환자들과 어떻게 살아가야 합니까?

뇌질환자 부모들이 신기해하며 저한테 물어요. "우리 애가 어떻게 목사님하고는 대화가 되느냐"고요. 저는 제 동생을 겪어 봐서 그들을 대할 때 '이상하다'는 생각을 전혀 안 해요. "너 표정이 쿨해서 인기 많겠다" 농담하며 일반인과 똑같이 대하죠. 그들은 상대의 뉘앙스를 전부 읽어요. 바라는 건 부디 신문 방송에서 '조현병이 사람 죽이는 정신병'이라고 자극만 안 했으면 좋겠어요. 미국의 표준진단체계인 DSM-5 테스트에 따르면 정신질환이 아닌 사람이 거의 없을 거예요. 기자님도 저도 아픈 부분이 있는 환자예요. 다만 당장 약을 안 먹고 병원에 안 간다는 게 차이죠. 이것만 명심하세요. 그 누구도 정신질환에 예외는 없어요.

아주 정상적인 아픈 사람들

ⓒ 폴 김·김인종

1판 1쇄 2022년 8월 22일

1판 2쇄 2022년 11월 30일

지은이 ◆ 폴 김 · 김인종

펴낸이 ◆ 고우리

펴낸곳 ◆ 마름모

등 록 ◆ 제 2021-000044호 (2021년 5월 28일)

전 화 ◆ 070-4554-3973

팩 스 ◆ 02-6488-9874

메 일 ◆ marmmopress@naver.com

블로그 ◆ blog.naver.com/marmmopress

I S B N ◆ 979-11-978269-1-7 (03180)

평행하는 선들은 결국 만난다 ◆ 마름모